长江养老·全球养老金管理前沿译丛

金融科技
养老保障体系的革新力量

The Disruptive Impact of FinTech on Retirement Systems

［美］朱莉·阿格纽（Julie Agnew）
［美］奥利维亚·S. 米切尔（Olivia S. Mitchell） 编

沈国华 译

上海财经大学出版社

图书在版编目(CIP)数据

金融科技:养老保障体系的革新力量/(美)朱莉·阿格纽(Julie Agnew),(美)奥利维亚·S.米切尔(Olivia S. Mitchell)编;沈国华译.—上海:上海财经大学出版社,2023.5
(长江养老·全球养老金管理前沿译丛)
书名原文:The Disruptive Impact of FinTech on Retirement Systems
ISBN 978-7-5642-3862-9/F·3862

Ⅰ.①金… Ⅱ.①朱… ②奥… ③沈… Ⅲ.①金融-科技发展-研究 Ⅳ.①F830

中国版本图书馆 CIP 数据核字(2021)第 181878 号

□ 责任编辑　徐　超
□ 封面设计　张克瑶

金融科技:养老保障体系的革新力量

朱莉·阿格纽(Julie Agnew)
奥利维亚·S.米切尔(Olivia S. Mitchell) 编
沈国华 译

上海财经大学出版社出版发行
(上海市中山北一路 369 号　邮编 200083)
网　　址:http://www.sufep.com
电子邮箱:webmaster @ sufep.com
全国新华书店经销
上海华教印务有限公司印刷装订
2023 年 5 月第 1 版　2023 年 5 月第 1 次印刷

710mm×1000mm　1/16　15.25 印张(插页:2)　257 千字
定价:70.00 元

图字:09-2021-0855 号
Julie Agnew, Olivia S. Mitchell

Copyright © Pension Research Council, The Wharton School, University of Pennsylvania, 2019.

The Disruptive Impact of FinTech on Retirement Systems, First Edition was originally published in English in 2019. This translation is published by arrangement with Oxford University Press. Shanghai University of Finance & Economics Press is solely responsible for this translation from the original work and Oxford University Press shall have no liability for any errors, omissions or inaccuracies or ambiguities in such translation or for any losses caused by reliance thereon.

《金融科技:养老保障体系的革新力量》英文版于2019年出版。本中文翻译版由牛津大学出版社授权出版。上海财经大学出版社全权负责本书的翻译工作,牛津大学出版社对本翻译版中的任何错误、遗漏、歧义或因相关原因而造成的任何损失不负任何责任。

2023年中文版专有出版权属上海财经大学出版社
版权所有 翻版必究

总序一

国势之强由于人,人材之成出于学。上海财经大学一直立足于中国崛起和民族复兴的时代主题,立德树人、探索真理,促进知识创造和知识传播。上海财经大学出版社是上海财经大学主办的综合性财经专业出版社,此次与长江养老合作,共同推出"长江养老·全球养老金管理前沿译丛",旨在把海外养老金管理的先进经验和我国具体实际相结合,形成具有实践意义的养老金融发展目标和路径。

推动我国养老金融的高质量、可持续发展,应进行全面的结构性思考。目前,我国坚持应对人口老龄化和促进经济社会发展相结合,坚持满足老年人需求和解决人口老龄化问题相结合。随着我国人口结构的变化,可以从老龄化本身寻求社会经济发展新动能,养老金融的高质量发展将有效助力社会经济的转型发展:一方面,养老金融通过长期可持续的复利回报积累养老财富,促进银发经济发展;另一方面,养老金融为养老产业提供资金支持,养老产业战略布局与供给侧结构性改革密切相关。

我国养老保障体系顶层设计持续完善,推动养老金融的改革创新。党的二十大报告立足全面建设社会主义现代化强国,提出要健全覆盖全民、统筹城乡、公平统一、安全规范、可持续的多层次社会保障体系。养老保障是多层次社会保障体系的重要组成部分,个人养老金制度的正式落地实施,体现党中央国务院推进积极应对人口老龄化国家战略的决心。未来,金融市场将涌现出更多符合国际发展趋势和中国国情的养老金融产品,以账户制改革为方向的制度创新,以金融机构为主导的投资方式创新,以及以智能投顾为代表的服务创新将持续进行。

同时,我们也注意到,世界百年未有之大变局加速演进,我国发展进入战略机遇和风险挑战并存、不确定因素增多的时期,我国的养老金融的发展也面临诸多挑战,需要政府、产业界、学术界等社会各界的积极探索,需要学术界和实践界的密切配合,需要多学科领域的通力合作。此次系列丛书的出版是一次有益的尝试,长江养老和上海财大出版社精心挑选了涵盖金融科技、基金受托、风险管理和养老金经济与财务研究的四本著作,提出实践中的改革与完善养老金管理的对策,探索养老金融高质量发展之路,这些探索也必将引领我们创造一个社会更加繁荣、人民更加富足的银色经济新时代。

未来,上海财经大学将与各方携手,聚焦社会前沿、科技前沿、经济发展前沿,在战略思路上进行创新,以科研力量服务国家战略,为我国经济社会的高质量发展贡献力量。

上海财经大学校长
刘元春

总序二

作为国民收入再分配的一种手段,全球养老金制度至今已有130多年的历史,是经济制度的重要组成部分,其规模和保障深度、范围与一个国家的经济发展水平息息相关。美国、英国、日本、荷兰等经济水平较高的国家,养老金体系制度建设相对完善,发展较为成熟。

1994年,世界银行首次提出三支柱理论,我国也逐步建立起了多层次、多支柱的养老保险体系。《中国养老金发展报告2021》数据显示,我国各类养老金规模达到13万亿元人民币,与我国GDP规模的比率为11.36%,为我国养老金管理行业提供了广阔的发展空间。另一方面,人口老龄化、人均寿命延长、医疗卫生支出剧增等,凸显了养老金的可持续性压力大、长期投资不足的问题。为此,国家各部委发布一系列推动个人养老金发展的指导意见和实施办法,进一步加强养老保障体系建设,规范个人养老金投资管理,为养老金管理提供了更有利的环境。

借鉴海外养老金管理的优秀经验,能帮助我们更好地探寻中国养老金融机构发展的新思路和新方向。此次,中国太保旗下长江养老携手上海财经大学出版社,共同推出"长江养老·全球养老金管理前沿译丛",聚焦养老金管理的受托、投资、金融科技和风险管理等关键领域,研究海外养老金运作的专业管理经验,以期为我们进一步提升养老金运作效率提供参考。

受人之托、代人理财是养老金管理的本质。《卓越投资:养老基金、捐赠基金和慈善基金会受托人实用指南》一书,全景展示了世界各大养老基金受托人的实践经验和教训。

正如巴菲特所言,"今天的投资者不是从昨天的增长中获利的",养老金投资同样需要忠于现实、投资未来,在国家发展的大趋势中找到值得坚守的长期价值,形成具有养老特色的投资哲学和逻辑体系。《养老基金效率、投资与风险承担》一书正是从这一角度出发,从安全和收益的角度思考如何提升养老金管理的效率。

养老金融以科技创新赋能。《金融科技:养老保障体系的革新力量》一书指出金融科技对养老规划、储蓄、投资产生了颠覆性的影响。在中国,金融科技在养老金管理的运用已迈入积厚成势的新阶段,随着以账户制为核心的个人养老金制度落地,如何解决养老金融服务"最后一公里"的问题,探索具有规模效应的服务模式,金融科技给出了答案。

养老金融更以风险管理立身。《风险管理:全球新监管格局下的养老保障》一书描述了2008年全球金融危机对保险公司及养老金计划产生的不利影响,评估了金融危机如何潜移默化地改变保险公司、养老金计划的风险管理方式,也给了我们更多应对和分散风险的启迪。

知之愈明,行之愈笃。随着积极应对人口老龄化上升为国家战略,养老保障体系的顶层设计日益完善。中国太保始终坚持对行业健康稳定发展规律的尊重,坚持以客户需求为导向,提供全方位、全覆盖、全周期的健康养老产品和服务,以提升人民群众的获得感、幸福感和安全感。展望未来,中国太保旗下长江养老将借鉴国内外优秀的养老金管理经验,坚持长期投资、价值投资、责任投资,努力为广大养老金受益人提供最好的权益。

中国太平洋保险(集团)股份有限公司总裁

序　言

人类社会进入新世纪以来,在全球范围内,金融科技正在以迅猛的势头重塑金融产业生态,科技引领金融赋能行业成为国际性共识,围绕此共识的丰富实践也迅速展开,深刻改变着金融发展的内涵、外延、载体和格局。随着我国个人养老金制度顶层设计的推出与完善,养老保障体系的逐步健全为金融科技发展构筑了广阔舞台,金融科技正成为推动养老保障体系建设提高效能的驱动性革新力量。

金融科技如何融入养老领域,已成为行业共同瞩目的关键议题。从海外的经验来看,以智能投顾为代表的金融科技在养老金领域中广泛应用,并在尝试、革新、优化过程中形成了成熟的模式与形态;同时金融科技的快速发展,也对养老保障体系的配套机制、行业监管、数据存储和安全等方面提出了更高的要求。《金融科技:养老保障体系的革新力量》一书通过描述美国金融科技对养老规划、储蓄、投资和养老金处置产生的影响,指出监管机构、福利计划发起人、学者必须认真思考的问题,对于我国金融科技助力养老保障体系的建设与实践具有非常好的借鉴意义。

在我国,金融科技在养老领域的应用逐步迈入高质量发展的新阶段。金融科技的不断发展将为养老金融领域的痛点难点提出更多的解决方案,通过聚焦客户服务、投资决策、康养生态圈建设等方面,丰富养老金融的内涵和外延,提升养老金融服务深度、广度和温度,促使养老保障体系的变革和发展。

在客户服务方面,金融科技为广大投资者提供更专业、高效、定制的全方位养老财富管理服务。首先,智能投顾迎来发展重要机遇期,智能投顾通过现代投资组合理论、投资分析方法和机器学习,自动地计算并匹配投资风险偏好,提供满足用户养老财富配置的投资建议,在前端、终端和后端持续打造全流程的养老规划服务。其次,金融科技可以根据大量用户信息分析出客户的需求变化和倾向,定向推送符合其风险承受能力的养老金融产品,进行精准营销。同时通过7×24小时不间断智能服务,让广大老年群体更好共享金融科技发展成果。

在投资决策方面,一方面,通过构建具有养老金投资特色的智能投研系统,利用深度学习、自然语言处理等人工智能方法,进行市场数据及基本面的分析,根据养老金投资的属性,关注短期收益与长期回报、兼顾绝对收益与相对收益,构建养老金融知识图谱,优化并改善投资策略质量,提升投研工作效率和投资能力。另一方面,强化科技赋能风险管理,当前经济运行的不确定性增加,金融市场波动加剧,借助金融科技手段更好地识别、监测、预警和防控风险,助力养老金资产的保值增值。

在康养生态圈建设方面,医疗养老大健康产业积累了大量长周期的健康数据和行为数据,布局医疗养老大健康产业是投资实体资产,也是投资"数字资产",金融科技的运用可以发挥数据要素倍增作用,将数字元素注入消费、支付等养老服务全流程,将数字思维贯穿于康养生态圈运营全链条,强化养老服务的科技武装、数据加持,全面提升康养生态圈的协同效用和核心竞争力。

躬逢其盛,与有荣焉。展望未来,在科技迅猛发展的今天,我们大声呼吁不断推进金融科技在养老领域深化应用,运用金融科技手段丰富养老金融市场层次、优化金融产品供给,不断拓展养老服务触达半径和辐射范围,努力实现养老金融服务全生命周期智能化,切实增强人民群众的获得感、安全感和幸福感。这,也是我们养老金融行业的重要责任与使命!

中国保险资产管理业协会执行副会长兼秘书长

前　言

我们很多人在规划退休养老、储蓄、投资和资产处置(本书中的"资产处置",原文为"decumulating""decumulation",主要是指养老金的领取、支用、使用。——译者注)等方面都需要帮助,但金融咨询往往非常复杂,有可能发生冲突,而且成本也很高。计算机化金融咨询服务的出现,有望为我们带来一种兼顾客户金融资产、人力资本、房产价值和退休养老金的综合理财方法。智能投资顾问,或者使用计算机算法提供投资咨询建议和管理客户投资组合的自动化在线服务,有可能改变退休制度和我们制定养老规划的方式。本书介绍了关于金融科技的影响乃至颠覆我们养老规划和退休制度设计的影响的前沿研究成果并提出了相应的应对建议。本书会引起那些寻求提供更好的养老规划产品和服务的政策制定者、研究人员和雇主的兴趣。

在编写本书的过程中,许多人和机构发挥了关键的作用。本书的合编者朱莉·阿格纽(Julie Agnew)深度参与了本书每个章节的编辑和修改工作。我们非常感谢宾夕法尼亚大学沃顿商学院(Wharton School of the University of Pennsylvania)养老金研究理事会(Pension Research Council)顾问委员会及其成员提供了知识和研究方面的支持。此外,宾夕法尼亚大学沃顿商学院养老金研究理事会、伯特纳养老金与退休研究中心(Boettner Center for Pensions and Retirement Research)以及设在沃顿商学院的拉尔夫·H. 布兰查德纪念基金(Ralph H. Blanchard Memorial Endowment)也提供了支持。我们还要向出版我们全球退休保障系列丛书的牛津大学出版社表示深切的感谢。劳伦·苏科维奇(Lauren Sukovich)和劳伦·科尔比(Lauren Colby)为本书的出版进行了精心的准备,并且承担了大量的编辑工作。

60多年来,我们为之工作的沃顿商学院养老金研究理事会和伯特纳养老金与退休保障中心一直专注于养老金和退休方面的研究。本书有助于我们完成对全球养老金和退休保障政策进行研究并开展辩论的使命。

奥利维亚·S. 米切尔(Olivia S. Mitchell)
宾夕法尼亚大学沃顿商学院养老金研究理事会执行理事
伯特纳养老金与退休研究中心主任

撰稿人简介

朱莉·阿格纽(Julie Agnew)是威廉—玛丽学院(College of William and Mary)梅森商学院(Mason School of Business)理查德·C. 克雷默(Richard C. Kraemer)讲席教授。她主要从事行为金融学以及行为金融与个人养老规划理财决策之间的关系的研究和咨询工作。她还是美国教师保险和年金协会(Teachers Insurance and Annuity Association, TIAA)研究所的研究员、沃顿商学院(Wharton School)养老金研究理事会顾问委员会的成员,波士顿学院(Boston College)退休研究中心(Center for Retirement Research)的研究员以及公民与农民银行(C&F Bank)的董事。在这之前,她曾入选弗吉尼亚退休系统缴费确定型计划咨询委员会[defined Contribution Plans Advisory Committee (DCPAC)for the Virginia Retirement System]。阿格纽博士在威廉—玛丽学院获得了经济学学士学位,并且还辅修了数学,后来在波士顿学院获得了金融学博士学位。

约姆娜·阿里(Yomna Aly)是加拿大多伦多大学(University of Toronto)计算机科学专业的硕士研究生,师从负责"优雅老去"技术实验室(Technologies for Ageing Gracefully lab,TAGlab)的科斯明·蒙特亚努(Cosmin Munteanu)博士。约姆娜·阿里的主要研究兴趣是心理学和计算机科学交叉领域的人机交互。她正在开发一个名叫"我的呵护"(MyCare)的信息共享平台,目的是要让家庭护理人员和老年人通过众包健康问题的方式来进行即时合作互动。

贝内特·阿克斯特尔(Benett Axtell)是加拿大多伦多大学"优雅老去"技术实验室的博士研究生,与科斯明·蒙特亚努博士一起开展研究工作。她的主要研究兴趣是为老年人设计新的语音互动方案，目前在研究家庭照片收藏与记忆的数字化管理。

汤姆·贝克（Tom Baker） 是宾夕法尼亚大学法律与卫生学（Law and Health Sciences）威廉·摩尔·默西（William Maul Measey）讲席教授。他的研究领域包括保险法、风险、责任和健康保险交易所，他运用经济学、社会学、心理学和历史学的研究方法和视角来开展研究工作。他是美国法学会（American Law Institute）《法律重述》（Restatement of the Law，美国法学会出版的一种法律汇编文献。——译者注）的记者，并且还是宾夕法尼亚大学莱纳德·戴维斯卫生经济学研究所（Leonard Davis Institute of Health Economics）健康保险交易所研究小组的共同负责人。他在哈佛大学获得了法学学士和博士学位，并曾获得过美国律师协会侵权诉讼与保险实务部（Tort Trial and Insurance Practice Section of the American Bar Association）颁发的终身学术成就奖罗伯特·B. 麦凯奖（Robert B. McKay Award）。

朱莉安娜·卡拉威（Julianne Callaway） 是美国再保险集团（RGA）全球研究与数据分析（Global Research and Data Analytics）团队的战略研究精算师，负责研究开发工作。她还是美国再保险集团股份有限公司（Reinsurance Group of America, Incorporated）全资创新孵化器子公司（RGAx）的员工，负责开发商业概念与市场信息经济模型。在这之前，她曾是韬睿惠信（Towers Watson）公司的高级精算分析师，负责筹措损失准备金、确定自我保险基金缴费金额、开发预测模型，并且还为企业和保险公司开发石棉责任（asbestos liabilities）估算方法。她在密苏里大学哥伦比亚分校（University of Missouri—Columbia）获得了经济学学士和文学硕士学位，并在美国家庭保险公司（American Family Insurance）开始了自己的精算师职业生涯。

彼得·钱德勒（Peter Chandler） 是美国金融业监管局（Financial Industry Regulatory Authority, FINRA）的投资者教育总监（Director of Investor Education），负责开发投资者教育活动、工具和资源，包括美国金融业监管局的"投资者提醒"（Investor Alerts）。他曾在全美证券交易商协会（National Association of Securities Dealers）和纳斯达克股票市场（NASDAQ Stock Market）工作过，

担任纳斯达克大学与投资者项目部主管(NASDAQ's Director of University and Investor Programs)。他在威斯康星大学麦迪逊分校(University of Wisconsin, Madison)获得了英语和哲学学士学位,并在约翰·霍普金斯大学(Johns Hopkins University)获得了市场营销学硕士学位。

本尼迪克特·德拉埃特(Benedict Dellaert)是荷兰鹿特丹伊拉斯谟大学伊拉斯谟经济学院(Erasmus School of Economics, Erasmus University Rotterdam)的市场营销学教授和企业经济系主任。他的研究重点是消费者决策和消费者—企业互动,他与金融服务公司合作,通过在线(风险)沟通和个性化投资咨询服务开展消费者决策支持项目。他同时又是养老金、老龄化与养老研究网络(Network for Studies on Pensions, Aging and Retirement, NETSPAR)的研究主题协调人、伊拉斯谟管理研究院(Erasmus Research Institute of Management, ERIM)和丁伯根研究院(Tinbergen Institute)的研究员,也是英国伦敦大学学院管理学院(UCL School of Management, London)的客座教授。此前,他曾在悉尼大学(University of Sydney)、蒂尔堡大学(Tilburg University)和马斯特里赫特大学(Maastricht University)任职。他在埃因霍温理工大学(Eindhoven University of Technology)获得了博士学位。

斯蒂芬·L. 德谢纳(Stephen L. Deschenes)是资本集团(Capital Group)旗下美国基金(American Funds)投资服务部的产品开发高级经理,之前是该部门缴费确定型业务的高级经理。他还担任过永明金融公司(Sun Life Financial)养老收入解决方案部的总经理、美国万通金融集团(Mass Mutual Financial Group)养老收入部的首席营销官以及富达投资有限责任公司(Fidelity Investments)的产品开发与营销主管。他创立了在线投资咨询网站"艾普达"[mPower,现在属于辰星公司(Morningstar)],率先开展401(k)计划管理方面的投资咨询业务。他在哈佛大学获得了心理学与社会关系学学士学位。

吉尔·E. 菲什(Jill E. Fisch)是宾夕法尼亚大学法学院(University of Pennsylvania Law School)商法索尔·A. 福克斯(Saul A. Fox)讲席教授和法律与经济研究所的共同主任,她著有关于公司法、公司治理和证券监管方面的著作。她曾获得过宾夕法尼亚大学法学硕士课程杰出教学奖(Penn LLM Prize for Excellence in Teaching)和罗伯特·A. 戈尔曼杰出教学奖(Robert A. Gorman Award for Excellence in Teaching)。在这之前,她是福特汉姆法学院(Fordham Law School)T. J. 马洛尼(T. J. Maloney)商法讲席教授和福特汉姆公司法研究中心(Fordham Corporate Law Center)的创始主任。她在康奈尔大学(Cornell University)获得了学士学位,并在耶鲁大学法学院(Yale Law School)获得了博士学位;还曾担任过美国司法部刑事司的出庭律师,并曾在佳利律师事务所(Cleary, Gottlieb, Steen & Hamilton)担任助理律师。

P. 布雷特·哈蒙德(P. Brett Hammond)是资本集团美国基金的研究负责人。此前,他曾领导过明晟公司(MSCI)的应用指数与建模研究团队,担任过美国教师保险和年金协会大学退休权益基金(TIAA-CREF,也简译为美国教师退休基金会)首席投资策略师,曾是美国国家科学学院(国家科学研究委员会)高级管理团队成员,曾经做过沃顿商学院的兼职教授。他擅长目标日期基金、通胀挂钩债券和个人投资咨询业务,还担任过数理金融研究院(Q Group)的董事。他在加州大学圣克鲁兹分校(University of California at Santa Cruz)获得了经济学和政治学学士学位,在麻省理工学院(Massachusetts Institute of Technology)获得了博士学位。

艾莉森·伊丹(Allison Itami)是格鲁姆法律集团(Groom Law Group)的主要合伙人,负责集团与个人退休金账户(IRA)和雇主计划服务提供商(包括跨国金融机构、全美和区域经纪自营商、银行、数据管理公司、保险公司以及州和市政府单位)的合作业务。她还与雇主合作负责起草、维护或终止符合税收规定的养老储蓄计划,并帮助计划受托人设计从政策起草到内部或劳工部审计的合规流程。她在康奈尔大学和明尼苏达大学法学院(University of Minnesota Law School)先后获得了理学学士学位和法学博士学位。

珍妮弗·克拉斯(Jennifer Klass)是摩根·刘易斯律师事务所(Morgan Lewis)的合伙人和监管咨询律师,具有投资管理监管方面的广泛背景以及投资咨询事务方面丰富的实践经验(包括投资顾问注册和解释指导、信息披露和内部控制、监管检查和执法行动)。她在理海大学(Lehigh University)和威德纳法学院(Widener School of Law)先后获得了法学学士学位和博士学位,曾担任高盛公司(Goldman, Sachs & Co.)副总裁和法律副总顾问。

罗伯特·克里兹曼(Robert Klitzman)是哥伦比亚大学内科与外科学院(College of Physicians and Surgeons)和约瑟夫·梅尔曼公共卫生学院(Joseph Mailman School of Public Health)的临床精神病学教授,也是生物伦理硕士项目(Masters of Bioethics Program)主管。他著有医学和公共卫生伦理方面的著作。他曾获得过古根海姆基金会(Guggenheim Foundation)、罗素·塞奇基金会(Russell Sage Foundation)、亚伦·戴蒙德基金会(Aaron Diamond Foundation)、罗伯特·伍德·约翰逊基金会(Robert Wood Johnson Foundation)、洛克菲勒基金会(Rockefeller Foundation)和联邦基金(Commonwealth Fund)的奖励和奖学金。他是纽约州干细胞委员会(NY State Stem Cell Commission)州长任命的委员,也是美国国防部研究伦理咨询小组成员。他在普林斯顿大学和耶鲁大学先后获得了理学学士学位和医学博士学位。

马里恩·拉布雷(Marion Labouré)是哈佛大学经济系的访问学者。此前,她曾在巴克莱银行(Barclays)和欧盟委员会从事养老金、公共财政、投资银行和央行业务的工作。她还曾在巴黎政治学院(Sciences Po Paris)、巴黎多芬纳大学(University Paris-Dauphine)、耶鲁大学和哈佛大学教授经济学和金融学课程。她在伦敦经济学院(London School of Economics)和巴黎多芬纳大学获得了经济学、政府和管理三个硕士学位,后来又在巴黎高等师范学院(Ecole Normale Superieure)获得了经济学博士学位。

大卫·N. 莱文(David N. Levine)是格鲁姆法律集团的主要合伙人,为员工健康、福利、退休和高管薪酬等计划发起人、投资顾问和其他服务提供商提供法律投资咨询服务。他也是缴费确定型机构投资协会(Defined Contribution Institutional Investment Association)执行委员会的成员。之前,他曾担任美国国税局免税与政府实体咨询委员会(IRS Advisory Committee on Tax Exempt and Government Entities)主任。他在《钱伯斯美国雇员福利与高管薪酬指南》(Chambers USA guide for Employee Benefits & Executive Compensation)中得到了认可。他先后在约翰·霍普金斯大学和宾夕法尼亚大学法学院获得了文学学士学位和法学博士学位。

阿姆纳·利亚卡特（Amna Liaqat）是一名在多伦多大学学习信息技术的在读生。她跟随科斯明·蒙特亚努博士在多伦多大学"优雅老去"技术实验室工作。

奥利维亚·S. 米切尔（Olivia S. Mitchell）是员工福利计划国际基金会（International Foundation of Employee Benefit Plans）聘用的教授，同时也是宾夕法尼亚大学沃顿商学院保险/风险管理和企业经济学/政策教授，沃顿商学院养老金研究理事会的执行理事。她还是沃顿商学院伯特纳养老金与退休研究中心的主任。同时，米切尔博士在美国国家经济研究局担任研究助理，在富国银行基金（Wells Fargo Fund）董事会担任独立董事。她还是密歇根大学健康与退休研究（Health and Retirement Study）中心的联合研究员、密歇根退休研究中心（Michigan Retirement Research Center）执行委员会成员、新加坡管理大学（Singapore Management University）资深学者、新南威尔士大学养老金和退休金中心（Centre for Pensions and Superannuation UNSW）投资顾问和沃顿"公共政策倡议"（Public Policy Initiative）委任教授。她先后在哈佛大学和威斯康星大学麦迪逊分校获得了经济学学士、硕士和博士学位。

加里·莫托拉（Gary Mottola）是美国金融业监管局投资者教育基金会（Investor Education Foundation）的研究总监，也是一位在金融服务业有着丰富研究经验的社会心理学家。他在美国金融业监管局负责监督和执行有关美国人理财能力的研究项目，保护投资者免受金融欺诈，并改善财务信息披露报告。他是沃顿商学院的客座教授，也是维拉诺瓦大学（Villanova University）的兼职统计学教授。他在纽约州立大学奥尔巴尼分校（University at Albany）获得了学士学位，在布鲁克林学院（Brooklyn College）获得了硕士学位，最后在特拉华大学（University of Delaware）获得了博士学位。

科斯明·蒙特亚努（Cosmin Munteanu）是加拿大多伦多大学米西沙加分校（University of Toronto Mississauga）传播、文化、信息和技术研究所（Institute for Communication, Culture, Information and Technology）的助理教授，也是多伦多大学"优雅老去"技术实验室的联合主任。他的研究重点是人机交互、自动语音识别、自然用户界面、移动计算、道德规范以及辅助技术。他负责设计和评估旨在改善人类通过自然语言与富信传媒(information-rich media)和技术的接触和交互系统,探索移动设备的语音和自然语言交互、混合现实系统、边缘化用户学习技术、可用隐私(usable privacy)与网络安全、老年人辅助技术,以及人机交互研究方面的伦理问题。他获得了蒂米什瓦拉理工大学(University Politehnica of Timisoara)计算机与软件工程专业的工程文凭和硕士学位,并在多伦多大学获得了计算机科学硕士和博士学位。

埃里克·佩雷尔曼(Eric Perelman) 是摩根—刘易斯—博奇尤斯律师事务所投资管理事务部的合伙人,负责向对冲基金、私募股权基金、风险投资基金、大型金融机构和其他市场参与者提供证券监管方面的投资咨询服务,内容包括监管框架和操作、监管指导和解释、投资顾问合规和控制、内部和监管调查以及美国证券交易委员会的执法行动和监察。埃里克还为客户提供有关资产管理公司和投资咨询公司合并、收购和建立合资企业的财务咨询服务。他在乔治·华盛顿大学法学院获得了法学博士学位,并曾在美国证券交易委员会的执法部和投资管理部担任法律助理。

托马斯·菲利蓬(Thomas Philippon) 是纽约大学斯特恩商学院(Stern School of Business)的金融学教授,他的研究涉猎财务困境、系统风险、金融危机期间的政府干预、资产市场和企业投资等金融和宏观经济学问题。最近,他又把研究重点放在了金融体系演变和欧元区危机的问题上。他被基尔世界经济研究所(Kiel Institute for the World Economy)聘为全球经济研究员,还被国际货币基金组织提名为"25位45岁以下的顶级经济学家"。他获得了颁给欧洲40岁以下最杰出经济学家的伯纳塞奖(Bernácer Prize)、迈克尔·布伦南和布莱克·罗克奖(Michael Brennan & Black Rock Award)、法国最优秀青年经济学家奖(Prize for Best Young French Economist)以及布拉特尔最优秀公司金融论文奖(Brattle Prize for the best paper in Corporate Finance)。他毕业于巴黎理工学院(Ecole Polytechnique),并在麻省理工学院获得了经济学博士学位。

史蒂文·波兰斯基(Steven Polansky) 是美国金融业监管局监管项目办公室(Office of Regulatory Programs)的高级主管,负责跨公司审查事务。在这之前,他曾在美国金融业监管局国际部工作,负责分析国际监管发展趋势以及美国金融业监管局与欧洲、亚洲金融监管机构和国际金融机构的关系。此外，他还专注于风险监管（包括相关培训）、审慎监管和市场监督。在这之前，他曾在普华永道（PricewaterhouseCoopers）会计师事务所工作过，并曾在美国参议院外交关系委员会（Committee on Foreign Relations in the United States Senate）任职。他先后在科尔盖特大学（Colgate University）、宾夕法尼亚大学沃顿商学院和哈佛大学肯尼迪政府学院获得了历史学学士、金融管理和公共管理硕士学位。

希巴·拉菲（Hiba Rafih）是加拿大多伦多大学的用户体验设计师。之前，拉菲在多伦多大学获得了数字企业管理学士学位，随后继续在该校信息学院用户体验设计专业攻读硕士学位；她是"优雅老去"技术实验室的研究助理，专门研究老年人、社会孤立与技术采纳态度之间的关系。

蒂姆·劳斯（Tim Rouse）是职业资产经理人与数据管理人协会（Society of Professional Asset-Managers and Record Keepers Institute，SPARK）的执行理事。职业资产经理人与数据管理人协会是一个退休规划行业为共同基金公司、银行、保险公司、投资咨询公司、第三方管理、数据管理公司和福利咨询公司提供服务的跨行业专业协会。该协会的会员代表了退休规划行业的大多数主要服务提供商，并为95%以上的美国缴费确定型计划参与者提供服务。蒂姆·劳斯在维拉诺瓦大学（Villanova University）获得了金融学学士学位。

本·泰勒（Ben Taylor）是卡伦基金发起人咨询集团（Callan's Fund Sponsor Consulting group）的高级副总裁和缴费确定型计划投资顾问。此前，泰勒在R. V. 库恩合伙公司（R. V. Kuhns & Associates）专门负责缴费确定型计划业务；他还在哈佛大学教授经济学课程，并获得过教学优秀奖。他是全美政府缴费确定型养老计划管理人协会（National Association of Government Defined Contribution Administrators，Inc.，NAGDCA）理事会的成员和行业委员会主任以及职业资产经理人与数据管理人协会数据安全监督委员会的副主任，并且在《雇员养老收入保障法》（Employee Retirement Income Security Act，ERISA）咨询委员会举行的听证会上作证。泰勒在里德学院（Reed College）获得了文学学士学位，在福特汉姆大学（Fordham University）获得了国际政治经济与发展硕士学位，在哈佛大学肯尼迪政府学院获得了公共政策硕士学位。

约翰·A. 特纳(John A. Turner)是养老金政策中心(Pension Policy Center)主任。此前，他是美国劳工部养老金政策研究部副主管、社会保障局研究员，并在瑞士日内瓦的国际劳工局(International Labor Office)工作过。他是欧洲补充养老金研究网络(European Network for Research on Supplementary Pensions)的创始会员，曾获得过《风险与保险杂志》(Journal of Risk and Insurance)、精算师协会(Society of Actuaries)、国际精算协会(International Actuarial Association)、美国劳工部和美国退休人员协会(American Association of Retired Persons, AARP)颁发的研究奖项。他在芝加哥大学获得了经济学博士学位。

目　录

第一章　金融科技正在重塑养老规划/001

金融科技和养老市场/001

金融科技与养老保障/003

金融科技与养老期间的资产处置/005

展望未来/006

参考文献/008

第一部分　金融科技与养老市场

第二章　智能投资顾问的问世/013

金融智能投资顾问问世的背景/013

智能投资顾问有哪些客户？/018

智能投资顾问与真人投资顾问/020

智能投资顾问的不足/022

智能投资顾问的发展趋势/027

全球智能投资顾问/031

结束语/032

参考文献/033

第三章　投资咨询服务的转型：作为受托人的数字投资顾问/039

数字投资咨询服务发展的驱动因素/041

数字投资咨询服务是一种受托咨询服务/042

由投资咨询关系范畴定义的信托注意标准/044

为数字投资咨询确定合理的依据/046

数字投资顾问和利益冲突缓解/048

现有投资咨询服务监管框架的采用/050

数字投资咨询服务是具有某些独特优势的真人投资咨询服务/054

结束语/055

参考文献/056

第二部分 金融科技与养老保障

第四章 金融科技的颠覆性影响:创造了鼓励个人承担理财责任的机会/061

金融科技革命的驱动因素/061

技术变革促使金融服务大众化/062

阻碍消费者获得财务保护的障碍/063

技术可以改善客户的体验/063

数据来源/064

临终计划工具/068

储蓄受到的挑战/069

健康计划工具/071

结束语/072

参考文献/072

第五章 伦理、保险定价、遗传问题与大数据/075

人寿保险的例子/075

与遗传技术有关的背景/076

人寿保险面临的挑战/077

可能的解决方案/081

结束语/083

致谢/083

参考文献/084

第六章　关于福利计划网络安全问题的思考：基于数据管理人和计划发起人的视角/086

现有的监管框架/088

现行监管的发展方向/091

关于其他法律问题的思考/093

数据安全最佳实践/096

《1974年雇员退休收入保障法》律师的作用/100

通向网络安全和雇员福利的前行道路/101

结束语/102

参考文献/103

第七章　为老年人设计：帮助老年人排忧解难，让他们过上一种有人帮助、安全健康的退休生活/104

为老年人设计的背景/105

为老年人设计金融科技工具的障碍/106

为老年人设计金融科技工具的解决方案/107

影响老年人采用金融科技工具的障碍/107

如何针对老年用户的心智模式进行设计/109

如何了解老年用户的需要/109

情境调查/110

适合老年人的情境调查方法/111

情境调查案例研究/112

注意安全与谨防（网上）金融诈骗/113

如何通过网络获取重要信息/115

个人人造物分享/116

用户体验法在金融科技领域的应用/117

应该为老年人考虑的问题/118

结束语/120

参考文献/120

第三部分　退休计划发起人和监管者的新角色和责任

第八章　大开销：数字投资咨询与资产处置/127

自动化投资咨询服务发展史简介/127

为什么生成退休收入是一项挑战/129

通过业内访谈总结的经验教训/131

业内人士的看法/134

智能投资顾问造成的影响/139

结束语/143

致谢/144

参考文献/145

第九章　行为金融学、资产处置和对智能投资咨询业的监管策略/147

智能投资顾问/148

资产积累与资产处置/148

行为效应与养老资产处置/151

智能投资顾问如何进行资产处置？/154

智能投资咨询服务市场的结构和监管问题/156

结束语/163

附录：用于确定智能投资顾问属性的特征/164

参考文献/165

第十章　如何使基于金融科技的投资咨询服务能满足参与者的需要：教训和挑战/169

如何看待智能投资咨询服务带来的体验/170

智能投资咨询服务经历了演化，而不是革命/173

智能投资咨询服务流程/174

投资者的行为及其影响/177

一项仍在进行的案例研究/179

结束语/185

参考文献/186

第十一章 金融科技创造的机会/188

现行制度效率低下/189

现行监管透视/199

金融科技创造的机遇/204

结束语/208

附录：一个简单的金融中介化成本核算模型/209

参考文献/212

第一章　金融科技正在重塑养老规划

朱莉·阿格纽(Julie Agnew)
奥利维亚·S. 米切尔(Olivia S. Mitchell)

科技改变人类行为,这一点无可争议。请想想互联网怎样重塑我们的工作方式,手机如何改变我们沟通、购物、储蓄和银行经营的方式。此外,专注于金融应用的新技术(通常被称为"金融科技")有望引发一场类似的养老规划过程革命。智能投资顾问和手机储蓄应用程序是几个标志着未来创新的先驱。但是,这些变化促使我们重新思考伦理和监管问题,迎接促进对技术不太信任的老年人接受新技术有关的设计挑战,并关心数据安全和隐私保护问题。本书旨在考察金融科技对养老规划、储蓄、投资和资产处置产生的颠覆性影响,并且着重指出监管机构、福利计划发起人、学者和政策制定者因养老规划实践迅速变化而必须认真思考的问题。

金融科技和养老市场

金融科技开发养老产品的巨大市场潜力,正在引起众多网上市场新创业者的关注。有几个令人信服的原因可以解释这个问题。首先,这个市场的目标人群拥有可观的财富。虽然50岁以上的消费者只占美国人口的35%,但这个人群控制着美国一半以上的可投资资产(AARP,2017)。其次,这个市场大部分还没有得到开发。这一逐步迈入老龄阶段的人群正面临许多复杂的理财挑战,因此迫切需要许多新的解决方案,而技术创新则非常适合提供新的解决方案。最后,这代人并不是特别懂得理财,因此很难自己进行养老规划(Lusardi and

Mitchell,2007)。值得注意的是,就解决这些问题而言,新创企业与现有金融机构相比,有可能处于比较有利的位置。不过,这在很大程度上取决于针对新进入者的监管框架如何变化。

智能投资顾问,可以说是最出名的金融科技创新成果,主要是指运用计算机算法来提供投资咨询和客户投资组合管理的自动化在线服务。智能投资顾问推出的新产品正越来越多地瞄准养老市场。[①] 计算机化投资咨询服务的出现,为我们带来了巨大的希望,我们可以取得我们所需的数据,以很低的成本巧妙地进行养老规划。目前,智能投资顾问算法能建议我们存多少钱,何时申领社会保险金,购买何种医疗保险计划;最重要的是,如何在资产处置阶段巧妙地管理支出。但是,现在还没有一个智能投资顾问能在一个简单的系统上处理所有这些事情。鉴于目前我们的理财知识水平普遍较低,而且有证据表明真人投资顾问提供的咨询建议有时会相互冲突,因此,这些智能投资顾问系统将填补投资咨询服务领域的一个巨大空白。

在这种背景下,我们对智能投资顾问的兴趣开始高涨。但与此同时,监管在不断变化,竞争也日益激烈。最近,一些智能投资顾问平台遭遇了失败,从而导致人们对当前智能投资顾问采用的商业模式的可行性表示担忧(D'acunto et al.,2017)。为了突出智能投资顾问在金融科技革命中扮演的重要角色,本书用几章的篇幅给读者就这方面服务的历史、问题和未来可能的发展方向做一个全面的综述。我们要解决的关键问题是:这些系统怎样才能适应当前的监管框架?对它们有哪些受托人要求?智能投资顾问能否通过帮助更多的人为自己的养老做好规划并提前为资产处置活动进行计划来实现养老储蓄的大众化?

为了解决其中的一些问题,菲什等人(Fisch et al.,2019)对智能投资咨询服务市场进行了有益的综合考察,并对这个行业的发展历史和所提供的不同服务进行了追溯性介绍。这几位作者还对智能投资顾问和真人投资顾问提供的投资咨询服务种类、质量和成本进行了比较,并且还探讨了这两种投资顾问发生利益冲突的可能性。在分析了业已出现的监管问题后,这几位作者认为,与跟真人投资顾

[①] 在本书中,我们在讨论"咨询顾问"时一般用"advisor"。也就是说,我们一般用"advisor"来指称任何扮演咨询顾问角色的经纪人、投资顾问和/或注册顾问。需要注意的是,在美国,把"advisor"改成"adviser"会极大地改变指称对象。"投资顾问"(investment adviser)是指咨询顾问这个集合中的一个特定子集,是在美国证券交易委员会或州证券监管机构注册的个人或公司使用的法律名称。在美国,智能投资顾问可以是注册投资顾问(RIAs),它们要遵守受托人准则,并且要接受美国证券交易委员会的监督。它们还被要求履行《1940年投资顾问法》(Investment Advisers Act of 1940)规定的义务。

问的交流沟通相比，智能投资顾问使用的算法语言有可能比较容易监管。在结束他们的讨论之前，这几位作者简要介绍了一些新出现的趋势，包括推进真人投资顾问和智能投资顾问混合服务模式的发展、朝着产品和服务更加多样化和纵向一体化的过渡以及真人投资顾问越来越多地使用智能投资顾问等趋势。

克拉斯和佩雷尔曼(Klass and Perelman,2019)指出全球智能投资咨询项目管理的资产已经超过2 000亿美元，并且强调投资咨询是一种受托咨询，也就是说，是一个监管部门需要关注的问题。在美国，这意味着受托人必须诚信做事，披露重要事实，并且要以"合理的谨慎"来避免误导客户。克拉斯和佩雷尔曼回顾了美国投资法所规定的忠诚和谨慎义务以及美国监管这个行业的证券交易委员会（简称证监会）奉行的基于准则的监管制度。他俩得出的结论是，虽然智能投资顾问是在与传统的投资顾问竞争，但它们提供的服务仍由传统的投资咨询框架及其监管框架规范。

金融科技与养老保障

卡拉威(Callaway,2019)令人关注地用一章的篇幅探讨了人寿保险行业的新举措可能会对养老产业产生怎样的颠覆性影响的问题。她指出，保险业的技术投资已经在影响承保、理赔付款以及在线报价和申保平台。这些变化由新的数据来源提供信息，内容包括申保、处方药、驾驶和金融信用记录等历史数据。这些数据来源也可以为养老规划工作提供信息，包括提供可用于预测发病率和死亡率的更加准确的信息。

克里兹曼(Klitzman,2019)讨论了保险业使用"大数据"引发的其他伦理、监管和医疗方面需要注意的问题。乍一看，对这些问题的讨论似乎偏离了本书的主题，但保险对于我们的养老保障起到了如此关键的作用，以至于使得克里兹曼写的这一章成了本书的重要组成部分。米切尔(Mitchell,2018)和其他人一起完成的研究表明，医疗护理成本的冲击是老年人群面临的主要风险。但是，很多人可能没有意识到，虽然我们有医疗保险，但医疗费用依然很贵。例如，据弗龙斯廷和范德海(Fronstin and Vanderhei,2018)估计，美国一对享受医疗保险、处方药费用居于中位数的65岁夫妇，仍需要有17.4万美元的积蓄才有50%的概率能够承担他们退休后的医疗费用。如果他们希望把自己有足够财力应对退休后医疗费用（没有包括每年高达7万美元的养老院护理费）的概率提高到90%，那么，他们就必须准备29.6万美元的积蓄。此外，医疗保险覆盖率不足，还会影响低收入成年人的自负医疗支出，从而给这个弱势群体造成巨大的经济负担（Kwon et al., 2018）。因此，克里兹曼写的这一章通过考察计算机和基因组检测技术取得的新进展如何影响未来个人保险需求和定价，为我们了解个人养老财务安全可能会受到怎样的影响提供了有价值的洞见。

基因信息对保险市场定价的影响取决于如何使用这种信息。克里兹曼（Klitzman, 2019）概述了政策制定者可以选择的几个关键监管选项。正如这位作者指出的那样，其中的一个选项可能是禁止所有保险公司使用任何基因信息，或者允许它们自由使用全部的基因信息。克里兹曼认为，一个比较现实的中间选项也许是，只允许保险公司获取某些"预先定义、特征明显、有高度渗透力的"基因遗传信息，因为这种基因遗传信息有助于预测模型更好地发挥作用。还有一个不同的选项，那就是为全体公民提供一定程度的医疗保险，保险公司可以要求那些寻求购买补充保险的公民提供基因检测结果。更一般地，随着数字化和个人信息使用的普及，怎样才能把风险聚合变成更加有效的风险分担方式，允许个性化保险，并且保护老年人免受他们面临的重大问题（包括退休后的健康、通胀、投资和意外长寿）的影响，这才是真正重要的问题。

最后，克里兹曼（Klitzman, 2019）谈到的监管问题也对保险新产品产生了影响。例如，米切尔（Mitchell, 2018）回顾了那些为管理这些给老年人造成冲击的问题而推出的产品，并强调同时利用保险和金融市场的混合产品的发展潜力。"终身护理年金"（life care annuity）就是这样一种产品，能同时解决长寿风险和医疗护理意外事件的问题（Brown and Warshawsky, 2013）。根据这种方法开发的混合年金市场正在快速增长，科恩（Korn, 2018）指出，包含长期医疗护理附加条款的年金[年金长期医疗护理组合（annuity LTC combos）]的销售额现在已经超过了单一长期医疗护理合同（LTC contracts）的销售额。2017年，年金长期医疗护理组合的总销售额达到了4.8亿美元，是单一长期医疗护理合同2.28亿美元销售额的两倍多。当然，这类产品很可能会遇到与这一章讨论的保险问题类似的有关基因信息使用的监管问题。因此，读者会发现这一章介绍的技术和遗传学领域取得的进步以及相关监管未来可能发生的变化具有非常重要的意义。

数字数据的发展也引发了人们对隐私保护和网络安全等问题的担忧。劳斯等人（Rouse et al., 2019；本书第六章）回顾了监管机构、养老金计划发起人和其他金融机构为把更多的时间和资源用于保证服务提供商掌握的计划参与人信息的安全而做出的努力。在回顾了美国谨慎保护参与人信息安全的立法和监管历史之后，这几位作者概述了在金融科技咨询领域的网络安全最佳实践。他们指出，重要的是，应该采取适当措施，尽可能避免披露有可能使恶意行为人获益的信息。

蒙特亚努等人（Munteanu et al., 2019）的研究表明，老年人由于缺乏对数字技术的信任和对欺诈的担心，因此经常会避免网上交易，从而导致被数字技术边缘化的问题。但是，很多老年人需要利用未来对他们可能非常有用的低收费智能理财服务，因此就提出了如何鼓励他们适应这些服务的问题。蒙特亚努等作者提出并实际运用一种心理模型理论，为如何鼓励老年人有效、正确地使用网上服务提出了新的见解。

金融科技与养老期间的资产处置

波兰斯基等作者（Polansky et al., 2019）关注的是智能投资顾问能否从传统上关注养老资产的积累，转变为帮助老年人管理养老期间资产处置的问题。这几位作者指出，可以鼓励投资者采取更加明智的投资和支出方式，远离过分自信、厌恶损失、心理账户、框架搭建等行为。简而言之，智能投资顾问有望避开情绪因素来应对资产处置问题。这几位作者通过对十几个重要市场参与者进行的访谈凸显了退休人员面临的额外挑战，包括面对更大的不确定性和及时做出重大决策的需要。但是，退休人员只有有限的经验或完全没有经验来做出这样的决策，也没有能力从错误中吸取教训。具体而言，制定养老理财规划需要对退休人员的情况有非常广泛的了解，包括所有有关资产（如潜在的社会保险和养老金收入）和负债（如抵押贷款）以及许多其他定量和定性因素的信息。

虽然资产处置可能是老年家庭面临的最重要、最复杂的理财决策之一，但贝克和德拉埃特（Baker and Dellaert, 2019）在本书中研究发现，相对而言，很少有金融科技企业掌握客户人生这个阶段的财产信息。这两位作者在对这个市场进行观察后发现，没有任何智能投资顾问能够帮助老年人做出所有他们需要做出的重大决策，包括什么时候申领社会保险金，选择哪种医疗保险计划，以多快的速度支用资产，以及是否（和拿多少资产）购买年金险。此外，消费者会表现出许多并不一定符合"理性"经济行为原则的特殊行为，从而加大提出或提供投资咨询建议的难度。

在关于退休人员向智能投资顾问咨询理财规划的讨论中,最重要的问题是这样的咨询方式是否会影响退休人员作为投资者的消费、养老收入和总福利,以及退休人员是否能够通过咨询智能投资顾问获得比求助于较传统方式更好的帮助。理论研究(如 Kim et al.,2016)确实已经预测到了这方面的改进,但关于这个问题几乎没有真实世界的证据。德谢纳和哈蒙德(Deschenes and Hammond,2019)对这方面研究的综述表明,求助于投资顾问的人并不一定就能取得较好的储蓄和投资业绩,尽管智能投资顾问服务的用户有可能做得较好,主要是因为智能投资顾问的服务降低了客户的投资成本。但是,现有的研究基本上都是短期项目,没有一项在一个完整的商业周期里跟踪智能投资顾问的客户。还有一个相关的问题,也就是有了智能投资顾问以后,是否就不用进行理财"扫盲"。显然,这个问题的后续研究时机已经成熟。

展望未来

综上所述,本书各章探讨了与新出现并且还在发展的智能养老规划技术市场有关的问题。关于这个市场,我们唯一可以肯定的是:金融科技将彻底改变消费者为自己的晚年做准备和过晚年生活的方式。如果利益相关者能够认识到这个即将发生的变化,那么就能抓住机遇更好地促进金融科技与消费者生活的融合,并且有可能改善消费者的生活。最后,我们总结几个重要的问题,供市场人士以这个行业发展参与者的身份进行思考。

首先,美国金融业的长期发展并不一定能够提高效率。菲利蓬(Philippon,2019)指出,传统的在位金融机构进行的技术变革并没有导致成本下降,部分原因就在于全球金融体系税收、补贴和垄断利润状况非常复杂。此外,他认为,目前的金融体系不但成本高,而且风险大。相比之下,新创金融科技企业有机会建立较优的系统,因为它们有高效运营的文化,而且不受现有体制的束缚。

其次,这个市场上的创业者必须避免过度专业化导致的市场碎片化。消费者会警惕必须大肆搜索才能找到能满足特定需要的产品的情况,因为,在可供选择的产品太多或时间有限的情况下,消费者可能会遇到选择难的问题。此外,很多人会得益于混合模式,而不是得益于那些仅仅通过使用只适用于人生特定阶段(如资产积累或处置阶段)或针对特定决策(如申请社会保险或医疗保险)的技术来解决问题的产品。能支持多种理财决策的混合服务和软件也许更有吸引力,因为它们能帮助消费者更方便地利用这种新技术来进行关系到人生不同阶段的规划和决策。最理想的情况是,家庭只要花较少的时间和精力来学习如何使用各种相关系统,而技术能够减少重新输入个人数据所需的时间。金融科技有望创建综合平台来整合现有的数据和咨询平台。

第三个需要考虑的问题是,随着市场的整合,综合性金融服务提供商需要从消费者那里搜集更加详细、敏感的信息;这反过来又有助于完善和改进金融科技产品催生的咨询建议和服务。例如,智能投资顾问在掌握了详细、全面的家庭数据后,就能为理财管理构建更好的算法。为此,必须综合考虑家庭的金融资产、家庭成员的人力资本和收入、房产价值、投资、养老金和社会保险福利等。精心设计的养老规划还应该推荐预防健康冲击事件和寿命延长的保险方法。当然,在改进了这些方面的工作以后,存储综合、全面的私人财务信息,有可能增加泄密的风险。因此,系统开发者务必优先考虑采取有力的隐私和网络安全保护措施。

第四个需要考虑的问题是有关可扩展性的问题。金融科技新创企业都要承担争取客户的高成本,而许多智能投资咨询公司的创业史提供了这方面挑战的典型例子(Kitces,2013)。在为收入有限的人群设计产品的情况下,吸引客户的成本可能会导致新创企业破产,而价值财务管理公司(WorthFM)、女幸资本公司(SheCapital)和可对冲公司(Hedgeable)都是已经破产的智能投资咨询公司(Malito,2016;Kitces,2018)。这些例子表明,即使智能投资咨询公司能够推出设计精良的产品,也仍有可能无法生存下来,因为它们的生存取决于能否迅速奠定充分坚固的客户基础。这是金融科技新创企业寻求与在位大公司合作的原因之一:通过合作,新创企业可以从在位金融机构提供的巨大潜在客户基础中获益,而在位金融机构则可以打进它们原本无法进入的业务领域。

关于金融科技市场应该思考的第五个问题是,这个行业的企业在设计产品时必须考虑消费者的行为。就如蒙特亚努等作者(Munteanu et al.,2019)在本书他们写的章节中指出的那样,技术设计应该由用户需要驱动。因此,新创企业应该考虑老年人群会如何与技术互动以及他们关心的不同于千禧一代的特殊问题。此外,关注文化和性别因素,应该有助于系统开发人员为老年群体内部的不同子群体开发个性化的产品。如果把老年人群体看作是同质群体,那么就会忽略这个多样性人群内部的重要差别(Hodge et al.,2018)。这一点显然表明,新开发的产品有可能无法吸引这个人群的某些子群体,从而降低产品的总体市场潜力,并导致对这个群体的某些子群体服务不足。

纯技术解决方案有可能行不通,是金融科技行业面临的另一挑战。本书用几章的篇幅指出了智能投资顾问正越来越多地向人机混合的方向发展,这是根据最近的研究得出的并不令人惊讶的一个结论。例如,约曼斯等人(Yeomans et al., 2018)研究发现,我们人类通常不相信计算机算法提出的建议,即使计算机算法提出的建议优于我们人类提出的建议。虽然这项研究与投资咨询服务无关,但这几位学者的研究表明在目前的背景下仍具有相关性。具体来说,他们发现,通过向客户解释计算机算法如何生成咨询建议,就能培养客户对计算机算法生成的建议的信任。显然,随着金融科技企业家为养老市场打造新的投资咨询产品,他们就不能无视严肃的检测方法对于鼓励老年人接受正在开发的产品的重要意义。

贝克和德拉埃特(Baker and Dellaert, 2019)以及菲利蓬(Philippon, 2019)着重强调了另一个普遍存在的问题,那就是监管会对金融科技市场如何发展产生重要的影响。在美国,政策制定机构有可能实施产业支持政策,但这一点并不确定。最近美国财政部的一份报告建议对监管进行改革,以帮助新创企业进入市场(Akolar, 2018),其中包括创建一种能让新企业通过简单的程序就能获得试运营许可但不会违反现行规定的"沙箱"。就在消费者金融保护局(Consumer Financial Protection Bureau)、亚利桑那州和商品期货交易委员会(Commodity Futures Trading Commission)启动新的"沙箱"计划的同时(CFTC, 2017),美国货币监理署(Office of The Comptroller of The Currency)也开始接受新创企业提出的银行营业许可申请。但是,许多新的建议需要监管机构和/或国会采取进一步的行动才能付诸实施。但有些州已经表示它们的担心:联邦计划有可能会限制各州对本州金融科技市场的影响力(Hayashi, 2018)。要想让金融科技在养老市场上蓬勃发展,就需要制定和实施一套连贯的监管规定。

总之,虽然未来充满挑战,但是伴随着金融科技的进步,养老规划正在经历一场前所未有的革命。本书对这个市场的潜力进行了分析,并讨论了一些必须认真考虑和克服的重要障碍。企业家、政策制定者、监管者和学者倘若能够记住本书总结的经验教训,那么就能帮助促进这个市场朝着预想的方向发展,简化新产品的推出程序,并且方便退休人员学习并适应过渡过程。

参考文献

AARP (2017). *Financial Innovation Frontiers*. https://bit.ly/2sYZzhb (accessed February 21, 2019).

Akolar, B. (2018). 'CFPB Launches "Sandbox" for Fintech.' July 19. *WSJ.com*.

Baker, T. and B. Dellaert. (2019). "Behavioral Finance, Decumulation and Robo-Advice." In J. Agnew and O.S. Mitchell (eds.), *The Disruptive Impact of FinTech on Retirement Systems.* Oxford, UK: Oxford University Press, pp. 149–71.

Brown, J., and M. Warshawsky (2013). 'The Life Care Annuity: A New Empirical Examination of an Insurance Innovation That Addresses Problems in the Markets for Life Annuities and Long-Term Care Insurance.' *Journal of Risk and Insurance* 80 (3): 677–703.

Callaway, J. (2019). "Data and FinTech in the Insurance Industry." In J. Agnew and O.S. Mitchell (eds.), *The Disruptive Impact of FinTech on Retirement Systems.* Oxford, UK: Oxford University Press, pp. 61–74.

D'Acunto, F., N. Prabhala, and F. G. Rossi (2017). 'The Promises and Pitfalls of Robo-Advising.' 8th Miami Behavioral Finance Conference 2017. https://ssrn.com/abstract=3122577 (accessed February 21, 2019).

Deschenes, S. L. and B. Hammond (2019). "Matching FinTech Advice to Participant Needs: Lessons and Challenges." In J. Agnew and O. S. Mitchell (eds.), *The Disruptive Impact of FinTech on Retirement Systems.* Oxford, UK: Oxford University Press, pp. 172–89.

Fronstin, P. and J. Van Derhei (2018). 'Savings Medicare Beneficiaries Need for Health Expenses: Some Couples Could Need as Much as $400,000, Up From $370,000 in 2017.' *EBRI Issue Brief.* No. 460, 1–11. https://bit.ly/2zZKZqG (accessed February 21, 2019).

Hayashi, Y. (2018). 'States Spar with Trump Administration Over Fintech Oversight.' August 8. *WSJ.com.*

Hodge, F. D., K. I. Menza, and R. K. Sinha (2018). 'The Effect of Humanizing Robo-Advisors on Investor Judgments.' University of Washington Working Paper. https://doi.org/10.2139/ssrn.3158004 (accessed February 21, 2019).

Kim, H., R. Maurer, and O. S. Mitchell (2016). 'Time is Money: Rational Life Cycle Inertia and the Delegation of Investment Management.' *Journal of Financial Economics* 121(2): 231–448.

Kitces, M. (2018). 'The Latest in Financial Advisor FinTech.' *Nerd's Eye View.* https://bit.ly/2rmDoOn (accessed February 21, 2019).

Kitces, M. (2013). 'The Real Hidden Cost that Has Been Inhibiting Financial Planning for the Masses.' *Nerd's Eye View.* https://bit.ly/2RW3C60 (accessed February 21, 2019).

Klass J., and E. L. Perelman (2019). "The Transformation of Investment Advice." In J. Agnew and O. S. Mitchell (eds.), *The Disruptive Impact of FinTech on Retirement Systems.* Oxford, UK: Oxford University Press, pp. 38–58.

Klitzman, R. "Ethics, Insurance, Pricing, Gsenetics, and Big Data." In J. Agnew and O. S. Mitchell (eds.), *The Disruptive Impact of FinTech on Retirement Systems.* Oxford, UK: Oxford University Press, pp. 75–85.

Kwon, E., S. Park, and T. D. McBride. (2018). 'Health Insurance and Poverty in Trajectories of Out-of-Pocket Expenditure among Low-Income Middle-Aged Adults.' *Health Services Research* 53(6).

Korn, D. J. (2018). 'How Clients Can Use Annuities to Pay for Long Term Care.' *Financial Planning Website.* https://bit.ly/2INtO1j (accessed February 21, 2019).

Lusardi, A. and O. S. Mitchell (2007). 'Baby Boomer Retirement Security: The Roles of Planning, Financial Literacy, and Housing Wealth.' *Journal of Monetary Economics* 54(1): 205–24.

Malito, A. (2016). 'Women-focused Robo-adviser SheCapital Shuts Down.' *InvestmentNews.com.* https://bit.ly/29VS1Ng (accessed February 21, 2019).

Mitchell, Olivia S. (2018). 'Enhancing Risk Management for an Aging World.' *The Geneva Risk and Insurance Review* 43(2): 115–36.

Munteanu, C., B. Axtell, H. Rafih, A. Liaqat, and Y. Aly (2019). "Designing for Older Adults: Overcoming Barriers toward a Supportive Safe and Healthy Retirement." In J. Agnew and O.S. Mitchell (eds.). *The Disruptive Impact of FinTech on Retirement Systems.* Oxford, UK: Oxford University Press, pp. 104–25.

Philippon, T. (2019). "The FinTech Opportunity." In J. Agnew and O.S. Mitchell (eds.), *The Disruptive Impact of FinTech on Retirement Systems.* Oxford, UK: Oxford University Press, pp. 190–217.

Polansky, S., P. Chandler, and G. Mottola (2019). "Digital Investment Advice and Decumulation." In J. Agnew and O. S. Mitchell (eds.), *The Disruptive Impact of FinTech on Retirement Systems.* Oxford, UK: Oxford University Press, pp. 129–48.

Ramada, M. and A. Harley (2018). '#Insurtech is a Launch Pad to Unimagined Possibilities for Insurers.' Willis Towers Watson. https://bit.ly/2Ekb46T (accessed February 21, 2019).

Rouse, T., D. N. Levine, A. Itami, and B. Taylor (2019). "Benefit Plan Cybersecurity Considerations." In J. Agnew and O. S. Mitchell (eds.), *The Disruptive Impact of FinTech on Retirement Systems.* Oxford, UK: Oxford University Press, pp. 86–103.

Tracy, R. (2018). 'Trump Administration Embraces Fintech Startups.' WSJ.com. July 31.

Turner, J., J. E. Fisch, and M. Labouré (2019). "Emergence of the Robo Financial Advisor." In J. Agnew and O. S. Mitchell (eds.), *The Disruptive Impact of FinTech on Retirement Systems.* Oxford, UK: Oxford University Press, pp. 13–37.

US Commodity Futures Trading Commission. (CFTC, 2017). 'CFTC Launches LabCFTC as Major FinTech Initiative.' May 17. https://bit.ly/2QvRwng (accessed February 21, 2019).

Yeomans, M., A. Shah, S. Mullainathan, and J. Kleinberg (2018). 'Making Sense of Recommendations.' Harvard University Working Paper.

第一部分
金融科技与养老市场

第二章　智能投资顾问的问世

吉尔·E. 菲什（Jill E. Fisch）
马里恩·拉布雷（Marion Labouré）
约翰·A. 特纳（John A. Turner）

在过去的10年里，随着智能投资顾问的出现，投资咨询服务市场发生了巨大的变化。在第一章里，我们把智能投资顾问定义为运用计算机算法提供投资咨询和管理客户投资组合的自动化在线服务提供商。这一章先介绍智能投资咨询业的发展状况以及智能投资顾问提供的服务，然后对智能投资顾问和传统真人投资顾问提供的投资咨询服务、质量和成本进行比较，最后探讨发生影响智能投资顾问和真人投资顾问提供投资咨询服务的利益冲突的可能性。

美国金融业监管局（FINRA）监管事务执行副总裁苏珊·阿克塞尔罗德（Susan Axelrod）提出了几个有关智能投资顾问的问题，她把智能投资咨询服务等同于数字服务或数字投资咨询服务。她表示，"我们应该思考：在投资咨询服务提供方面，金融专业人士将与数字服务器一起扮演什么角色？投资者会在多大程度上主要依靠数字投资咨询服务？软件能在多大程度上了解客户？计算机软件是否能够包含受过良好训练和有道德的金融专业人士掌握的专业技能和知识以及提供的服务？这样的软件能不能提供可靠的个性化咨询建议，尤其是能不能为那些有复杂建议需求的客户提供可靠的个性化咨询建议？"（Axelrod，2017：n. p）。本章先来回答这些问题。

金融智能投资顾问问世的背景

许多人觉得投资是一种常人很难应对的挑战，并且能充分反映金融资产市场需求和供应两端的复杂性。金融市场已经变得更加复杂,因为投资类型不断增多,特别是在零售环节。除了要了解越来越多的金融产品,投资者还必须评估风险、复利效应、不同投资方案的税收效应,并且还要考虑如何在人生的不同阶段逐步撤出投资套现。

有些人在做出好的投资决策时可能要面临额外的挑战。年轻人参与金融市场的经验有限,而有些老年人受到认知能力下降的困扰,从而觉得理财决策更难应对(Agarwal et al.,2009)。在美国和其他一些国家,有相当一部分人缺乏基本的金融知识(Lusardi and Mitchell,2014),使得他们甚至不敢尝试存钱、投资和为养老做规划。金融知识水平低的人更有可能做出糟糕的理财决策(Fisch et al.,2016)。

智能投资顾问能做哪些工作呢? 由于计算机擅长完成常规和高度复杂的任务,因此能够帮助客户比较从容地管理投资。智能投资顾问能按照设计要求与客户进行数字化互动,可以低成本地收集客户的信息和管理他们的投资。通常,客户通过回答包括风险偏好、资产、收入、债务和投资目的等问题来开设网上账户。智能投资顾问根据客户提供的信息,利用计算机算法提供在资产配置和多样化方面被认为合适的投资选项(通常包括低成本的共同基金和交易所交易基金)。智能投资顾问按照其向客户推荐的资产配置方案代客投资,并为他们构建投资组合,而客户通常可以修改智能投资顾问推荐的资产配置方案。智能投资顾问还要继续负责管理客户的投资组合,并提供包括定期自动调整投资组合以维持拟定的资产配置方案以及拿股息和利息收益及还款进行再投资在内的服务。有些智能投资顾问还能收割应税投资组合的税收损失(Berger,2015)。

智能投资顾问相互之间会有一些差异(Berger,2015)。有些智能投资顾问要求客户把资产转移到它们的托管人那里,而另一些智能投资顾问则允许客户把自己的投资资产留在外部经纪公司。大多数智能投资顾问开展应税账户和个人养老金账户(IRA)的咨询业务,但有些智能投资顾问并不经营复杂的账户咨询业务,如个体经营者个人养老金账户(SEP-IRA accounts),而另一些智能投资顾问则管理其他专门账户,如529大学储蓄计划账户(529 college savings accounts)。

智能投资顾问还提供不同类型的投资服务:大多数智能投资顾问会限定投资品种,通常是它们选定的交易所交易基金或共同基金;而其他智能投资顾问在这方面则比较灵活,譬如说,允许客户投资个股。智能投资顾问之间还有一个区别,那就是咨询业务范围不同:许多智能投资顾问把自己的业务局限在投资组合管理上,而不开展养老规划、财产规划或保险等方面的业务。在某些情况下,智能投资顾问仅就它们管理的资产提出咨询建议;而在另一些情况下,智能投资顾问在准备投资计划时能够考虑客户持有的不在其管理范围内的资产品种,如由雇主资助的401(k)计划。

除了资产配置和多样化之外,智能投资顾问通常还会对客户的投资组合进行调整。例如,财富前线公司(Wealthfront,2017b)通过把股息收益和新的资金投资于低权重资产品种,来重新调整(rebalance)客户的应税账户投资组合,这样就不用因出售资产进行调整而承担税收负担。这家智能投资咨询公司认为,以这种方式进行投资组合调整是它相对于许多真人投资顾问具有的一个优势。应该注意的是,智能投资顾问对于调整投资组合并非必不可少,因为目标日期基金、平衡基金和托管账户等也提供这种服务。

有些智能投资顾问提供"税损收割"(tax loss harvesting)服务,即出售由于已经实现资本利得而失去抵税价值的投资。税损收割与应税账户有关,但与税收优惠账户(如退休金账户)无关。此外,增值公司(Betterment)通过"税务影响预览"(Tax Impact Preview)计算器为客户提供实时税务信息(Khentov,2014)。当客户决定出售资产时,增值公司就会计算相关交易可能产生的纳税义务,并告诉客户。这个功能可以减轻客户在市场低迷时卖出的倾向。

有一种智能投资顾问迄今为止仍很少受到关注,这种智能投资顾问通过它们的401(k)计划服务向养老金计划参与者提供在线咨询。理财引擎公司(Financial Engines)等长期以来一直在这个领域运营(Toonkel and Randall,2015)。例如,路易特和理查德森(Reuter and Richardson,2017)调查了美国教师保险和年金协会(TIAA)是唯一数据管理人的计划参与者对网上咨询的使用情况。他们报告称,在2012年和2013年,约有6.5%的受访者通过美国教师保险和年金协会在线工具寻求资产配置咨询服务。

智能投资顾问通常把自己经营的业务说成是为投资者提供适合他们需要的资产配置方案,并以低于传统真人投资顾问的成本提供投资咨询服务。智能投资顾问向以前由于没有足够多的可投资资产而没有得到投资咨询服务的客户推销为他们服务的能力。智能投资顾问在服务成本和可获得性方面具有的优势不禁让我们想到这样一个问题:为什么智能投资顾问目前没有吸引到更多的资产？其中的一个原因就是任何创新都需要时间才能被广泛接受。此外，真人投资顾问还能提供智能投资顾问仍无法胜任的服务，从而出现了人机混合模式：一些投资咨询公司同时提供真人和智能投资咨询服务。

那么，应该怎样监管智能投资顾问呢？美国证券交易委员会负责监管联邦证券法的执行，因此负责保护美国投资者在证券市场的权益(SEC,2017)。美国证监会的一种监管方法就是规范真人投资顾问和智能投资顾问提供的服务，这两种投资顾问都必须根据《1940年投资顾问法》(Investment Advisers Act of 1940)注册为注册投资顾问(Registered Investment Advisers,RIAs)。注册投资顾问受到《1940年投资顾问法》规定的实质性义务的约束，通过恪守信义义务(fiduciary duty)，从维护客户最大利益的角度出发提供投资建议(Lazaroff, 2016)。此外，如果智能投资顾问持有客户资产，那么就必须在美国证券交易委员会和美国金融业监管局注册为经纪自营商。目前，增值公司持有客户的资产，是一家在美国证券交易委员会和美国金融业监管局注册的经纪自营商，但财富前线公司并不是注册经纪自营商。

由注册投资顾问依照信义义务提供服务的范围一直是一个受到广泛关注的问题。一些评论人士认为，"受托人"是个模糊的概念，并且以对投资顾问和客户来说都缺乏可预测性的方式开展业务(Jordan,2012)。信托关系确定的确切要求可以通过合同加以修改(Klass and Perelman,2019)。此外，信义义务在许多方面有可能因披露信息和客户同意而得不到履行。美国法律允许投资顾问与其客户有利益冲突，前提是要向客户披露利益冲突的信息。但是，由于客户和投资顾问的行为，因此，披露利益冲突的信息，有可能并不能有效保护客户的利益。凯因等(Cain et al.,2005)在一项实验研究中发现，人们通常不会像他们应该做的那样考虑利益冲突造成的偏差。有些人可能会认为，投资咨询公司披露利益冲突的信息，能够表明它们值得信任，因此，披露信息可能会增强对投资顾问的信任；而另一些人则可能会觉得，怀疑投资咨询公司是否能够为了客户的最大利益开展业务，就是在羞辱投资咨询公司。

智能投资顾问相对于真人投资顾问有一个潜在优势，那就是有可能比较容易检验它们提出的咨询建议的质量。虽然不可能监控投资顾问与客户的全部私下交谈，但从理论上讲，我们可以对计算机模型提出的咨询建议进行评估(GAO,2011)。这种更高的透明度要求可能会促使智能投资顾问比部分真人投资顾问更加严格地遵守监管规定。

这方面的监管规定在不断发展。2016 年，美国劳工部颁布了一项新的信义义务规定，要求包括提供养老计划投资咨询服务的智能投资顾问在内的全体金融从业人员承担信义义务(US Dept. of Labor, 2016)。后来，联邦法院宣布美国劳工部的这项规定无效。① 2018 年，美国证券交易委员会发布了自己的信义义务规定——《最大利益条例》(Regulation Best Interest)(SEC, 2018)。

2017 年，美国证券交易委员会投资管理司颁布了"智能投资顾问合规指导意见"(SEC, 2017)。该指导意见表示智能投资顾问的特殊商业模式引发了人们的担忧，并强调智能投资顾问有义务解决人们担心的问题。具体而言，智能投资顾问必须充分披露关于它们自身及其提供的服务的信息，必须向客户提供适当的咨询建议，采取并实施为智能投资顾问服务自动化性质量身定制的适当的合规程序。

智能投资咨询业的演化。最早的面向消费者的智能投资顾问财富前线公司和增值公司于 2008 年开始运营，②但在 2010 年以前，这两家公司都没有向散户投资者提供投资咨询服务。财富前线公司原来是一家名叫"卡钦"(KaChing)的共同基金公司，最初是雇用真人投资顾问，而不是使用智能投资顾问，旨在推行一种以较低的成本提供高质量的资产管理服务，并且没有采用其他专业投资咨询公司标准很高的最低投资额的商业模式(Ha, 2010)。财富前线公司的创始人安迪·拉切莱夫(Andy Rachleff)和丹·卡罗尔(Dan Carroll)创建这家公司的初衷是为科技界提供投资咨询服务(Taulli, 2012)。他俩在意识到计算机软件可以让更多的人以较低的成本获得投资咨询服务以后，就改变了公司的工作重点(Wealthfront, 2017a)。

增值公司的联合创始人乔恩·斯坦(Jon Stein)寻求投资项目选择和管理过程的自动化(Betterment, 2017b)。增值公司以低于传统投资咨询公司的成本提供投资咨询服务，但它的经营策略的关键元素是让客户的投资变得简单。近年来，有更多的公司开始提供智能投资咨询服务。贝莱德集团(Black Rock, 2016)的一项研究表明，2014 年和 2015 年美国分别有 22 个和 44 个智能投资顾问问世。第一批智能投资顾问都是独立运营的公司，但许多已有金融企业，包

---

① Chamber of Commerce v. US Dept. of Labor, 885 F. 3d 360 (5th Cir. 2018). 美国劳工部 (2018)为回应法院的裁决，宣布不打算执行有关监管规定，等待进一步审核。

② 像艾普达和理财引擎这样的智能投资咨询公司先驱以前是做帮助雇主向他们的员工提供缴费确定型养老计划自动化服务的业务的，但也直接为散户投资者服务(Deschenes and Hammond, 2019)。

括银行、经纪自营商、金融科技公司和资产管理公司,现在都进入了这个市场。

全球由智能投资顾问管理的资产在 2017 年已经到达了 2 000 亿美元(Eule,2018),未来几年可能还会继续增长,但总额估计有很大的出入,以 2020 年为例,从 8 200 亿美元(Statista,2017)到 2.2 万亿美元(Regan,2015)和 8.1 万亿美元(Kocianski,2016)不等。到了 2018 年年初,按资产管理规模计,美国(乃至全球)最大的智能投资顾问是先锋集团(Vanguard,1010 亿美元)和嘉信理财公司(Charles Schwab,270 亿美元)。增值公司管理着 130 亿美元的资产,而财富前线公司则管理着 100 亿美元的资产。其他智能投资咨询公司还有个人养老金账户调整公司(Rebalance IRA)、橡实公司(Acorns)和有效数字公司(SigFig)等。这个行业的市场还在继续扩大,具体如表 2.1 所示。值得注意的是,虽然智能投资顾问正在迅速增加,但它们仍只控制着全球 80 万亿美元托管资产的一小部分。

表 2.1　　2018 年第 1 季度美国托管资产最多的智能投资咨询公司

智能投资咨询公司名称	托管资产规模(10 亿美元)	咨询费占托管资产的%(不包括基金投资收费)	最低资产限额
先锋散户投资咨询公司	101	0.30%	50 000 美元
嘉信理财公司	27	0(嘉信理财交易所交易基金)	5 000 美元
增值公司	13	数字服务——0.25%/年	0 美元
		其他特优服务——0.40%/年	
财富前线公司	10	(1 万美元或以下账户收费)0.25%	500 美元

资料来源:Backend Benchmarking(2018)。

智能投资顾问有哪些客户?

虽然智能投资顾问很有吸引力,但只有 5% 的美国投资者通过智能投资顾问进行投资,有 55% 的美国人根本就没有听说过智能投资顾问(Wells Fargo,2016)。图 2.1 对相关数据进行了图示。美国人不熟悉智能投资顾问的部分原因是,目前大约只有 1/3 的美国人在寻求各种不同形式的投资咨询服务(Collins,2012)。研究人员收集到的证据普遍表明,美国人只有很低水平的理财知识(Lusardi and Mitchell,2014),因此,投资咨询服务可以有效地弥补这个不足(Fisch et al.,2016)。尽管如此,投资咨询服务并没有得到广泛的利用,可能是因为美国人认为投资咨询服务收费太高,或者因为美国人没有足够多的资产,因此不需要求助于投资咨询公司。

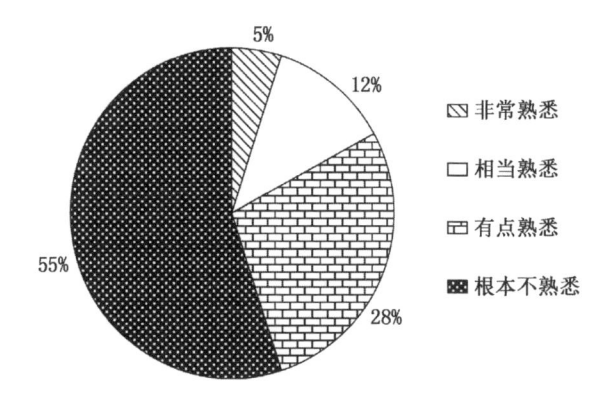

注:参与者在调查中被要求回答:"在这之前,您听说过或读到过多少有关智能投资顾问的介绍?智能投资顾问是一种数字投资咨询服务提供者,它们利用计算机算法,根据客户提供的有关风险容忍度和投资目标的信息,为客户选择股票和其他投资品种。"

资料来源:Gallup(2016).

图 2.1 美国投资者熟悉智能投资顾问的程度

与此同时,有半数以上(56%)除养老金计划外还有金融资产的美国人会求助于投资咨询公司的投资咨询服务(FINRA,2016a)。美国人求助于投资咨询公司的最重要原因是为了提高投资业绩和避免损失(FINRA,2016a:7)。还有接近 1/3 的美国人认为了解投资机会很重要,而有一半以上的美国人则认为获得不通过投资咨询公司就无法问津的投资机会很重要。大多数求助投资咨询公司的投资者(80%)都有特定的投资顾问为他们服务。在过去的一年里,这类投资者中有 73% 至少通过电话或电子邮件与他们的投资顾问进行过 2~3 次的沟通,而有 80% 与他们的投资顾问进行过面谈(FINRA,2016a)。当我们必须投入时间和金钱去掌握理财知识时,有可能会错失一些自身投资的机会,因此外包理财服务是可行的(Kim et al.,2016)。

到目前为止,有证据表明,二三十岁的年轻人比老年人更愿意使用智能投资顾问。例如,美国金融业监管局(FINRA,2016a)的一项研究表明,在 18~34 岁年龄段有养老金计划以外投资资产的美国人中,有 38% 曾经求助过智能投资顾问,而 55 岁以上的美国人则只有 4% 求助过智能投资顾问。增值公司客户的平均年龄是 36 岁,这个平均年龄还会随着智能投资顾问年轻用户年龄的增长而增长(Wang and Padley,2017)。造成这种年龄倾斜的原因可能是年轻人往往比老年人更容易适应新技术(Polyak,2015)。此外,年轻人的资产基数较小,因此不太适合求助传统的投资顾问(Stein,2016)。

智能投资顾问与真人投资顾问

盖洛普公司最近的一项有关调查(Gallup,2016)显示,目前超过70%的美国投资者认为真人投资顾问优于智能投资顾问。也就是说,投资者认为真人投资顾问能更好地为他们的利益服务,提供有用的投资建议,综合考虑客户的总体财务状况,根据他们面临的风险提出有针对性的建议,使他们对投资有信心,并且帮助客户理解投资顾问为他们所做的投资(见图2.2)。

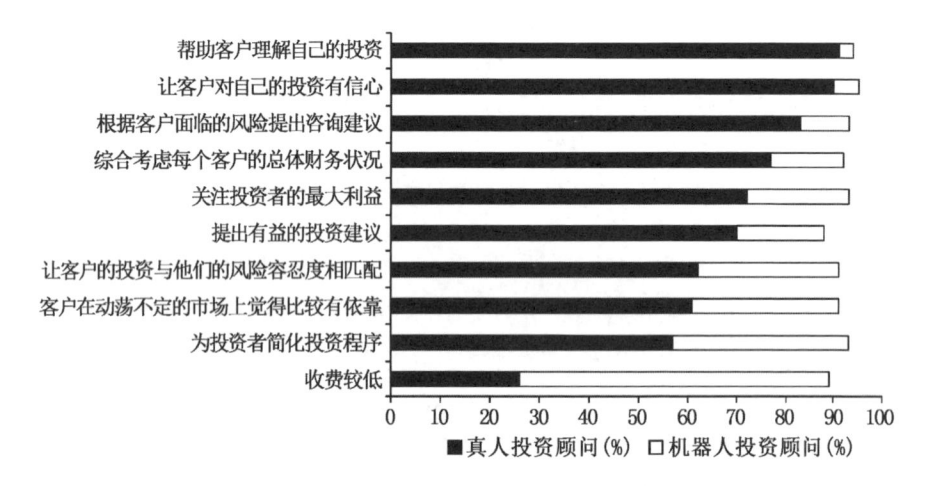

注：投资者被要求回答他们觉得每个选项比较适合智能投资顾问还是真人投资顾问。图中的数据取自2016年5月13日至22日盖洛普公司所做的富国银行/盖洛普投资者与退休人员乐观指数调查(Wells Fargo/Gallup Investor and Retirement Optimism Index Survey)的每日跟踪调查；调查样本是随机抽取的1 019名可投资资产在1万美元以上的美国成年人。

资料来源：Robo Advisors Europe(2018)。

图2.2 美国投资者对真人投资顾问与智能投资顾问的看法

智能投资顾问与真人投资顾问的区别在于：

收费和成本。在美国,真人投资顾问一般按托管资产的1%~2%收取费用,投资组合越大,费率就越低(Ludwig,2017)。相比之下,智能投资顾问的收费通常要低得多,从0到50个基点不等。例如,增值公司最初对10万美元以上的账户收取15个基点的费用,对最小的账户收取35个基点的费用,但后来它对所有账户都收取25个基点的费用(对200万美元以上的账户,规定收费上限)。对于5万美元左右的账户,传统投资顾问每年要收取100个基点或500美元的费用,而增值公司每年只收取125美元。2017年底,增值公司总共管理资产120亿美元,其各种费率的收费创造了3 000万美元的年收入。

其他比较例子包括财富前线公司。截止到我们写本章时,这家公司要求账户至少有500美元的余额,并收取25个基点的费用,而余额在1万美元或以下的账户则免收管理费。普信集团(T. Rowe Price)和嘉信理财公司目前对智能投资顾问提供的服务不收任何费用,但通过销售给客户的投资产品来获得报酬。女性投资公司(Ellevest,2018)是一家面向女性客户的智能投资咨询公司,它对基本数字服务收取25个基点的费用,而对其他特优服务收取50个基点的费用。

智能投资顾问的收费比真人投资顾问低,因为前者具有规模经济的优势,也就是说,一种计算机算法可用来为很多客户服务。相比之下,一个真人投资顾问只能为75个或最多100个客户提供服务(Kitces,2017d)。如果真人投资顾问雇用辅助性普通员工,那么,每个员工最多能为50个客户服务。相比之下,增值公司拥有30多万客户,而只有200个员工,因此,它的客户与员工的比例到达了1 500∶1(Kitces,2017d)。随着客户数量和托管资产金额的增加,智能投资顾问还能进一步降低这方面的收费,从而让投资咨询服务走进更多原本不愿求助真人投资顾问或无力支付真人投资顾问费用的家庭。

另一个使智能投资顾问不同于真人投资顾问的因素是:前者通常采用被动型指数基金的投资方式(Lam,2016),而真人投资顾问则倾向于推荐费用较高的主动管理方法(Kramer,2016)。因此,智能投资顾问不但收取较低的咨询费,而且在交易上的花费也较少,并且收取较低的投资管理费。例如,增值公司的客户只要支付9~12个基点的投资管理费和25个基点的咨询费(Betterment,2017a)。不过,也有一些智能投资咨询公司采用一种费用较高的主动投资方式(Napach,2017)。

此外,真人投资咨询公司可能会要求客户拥有最少10万美元或以上的可投资资产(Ludwig,2017),而智能投资咨询公司则愿意接受账户余额少得多的客户。例如,财富前线公司只要求客户保证账户中有不少于500美元的余额,而增值公司则根本就不规定最低账户余额。因此,智能投资顾问有可能通过低成本、易接近的商业模式创造理财大众化的机会,但同时也有可能扰乱财富托管业的秩序(Braunstein and Laboure,2017)。

使用便利。由于没有真人参与,智能投资顾问可以随时随地为客户提供投资咨询服务,为客户带来比以往更大的便利,这对于年纪较轻、比较精通技术的一代人特别有吸引力。

智能投资顾问的不足

温馨的面对面效应。在对智能投资顾问与真人投资顾问进行比较时,我们很难客观地衡量一些与真人合作的潜在价值。例如,真人投资顾问可以帮助客户克服理财知识有限的问题,明白和调整风险厌恶水平,并容忍市场波动。智能投资顾问能否同等程度地提供这些服务,现在还不清楚,但已经是一个正在进行的研究课题。例如,增值公司发现,智能投资顾问在市场低迷时期有助于和积极参与的客户保持联系。相比之下,智能投资顾问对于接触那些不积极参与的客户,效果可能适得其反,因为有些客户并不关注股市波动(Egan,2017)。

另有证据表明,目前美国人更倾向于向真人投资顾问寻求投资咨询建议,而不是求助于只提供在线投资咨询服务的公司。例如,最近进行的一项养老信心调查(Retirement Confidence Survey)表明,64%的养老金计划参与者表示,他们更愿意接受独立投资顾问的理财建议,而只有28%的人更喜欢网络来源的理财建议(Greenwald et al.,2017)。

咨询建议的质量。我们在比较和评估智能投资顾问和真人投资顾问提出的理财建议的质量时遇到了一些挑战。其中的一个挑战与投资顾问推荐的资产配置方案有关。历史地看,股票投资的表现优于固定收益投资,尤其是在智能投资咨询业崛起期间。因此,投资顾问的业绩严重受到他们本人推荐的投资组合在过去10年里集中于股票的程度的影响。例如,美国金融业监管局(FINAR,2016b)对7个智能投资顾问针对预设年龄为27岁的客户提出的理财建议进行了比较,结果发现智能投资顾问推荐的投资组合股票占比从51%到90%不等。

市场竞争可能会导致智能投资顾问过度专注于股票,从而报告较高的回报率,进而吸引更多的客户。但在市场低迷时期,这种策略可能会损害客户的利益。当然,如果没有关于客户风险偏好的补充信息,就很难判断投资顾问推荐的投资组合是否合适。2017年,智能投资顾问分别获得了16%(增值公司)、16%(先锋集团)、15%(嘉信理财公司)和14%[个人资本公司(Personal Capital)]的投资回报率,表现好于60/40比例的股票/固定收益证券投资组合的加权平均回报率。智能投资顾问在2016和2017年股市表现强劲的两年里甚至取得了更好的投资业绩(Eule,2018)。毫不奇怪,大多数表现优于基准的投资咨询公司都在股票上配置了较大比例的投资。例如,2018年第一季度,增值公司、嘉信理财公司和个人资本公司这三家公司的智能投资顾问分别把87%、93%和94%的投资配置在股票上,而只把13%、0%和2%的投资组合配置在固定收益品种上(见图2.3)。在没有更多客户信息的情况下,很难对这样的投资组合配置进行评估。

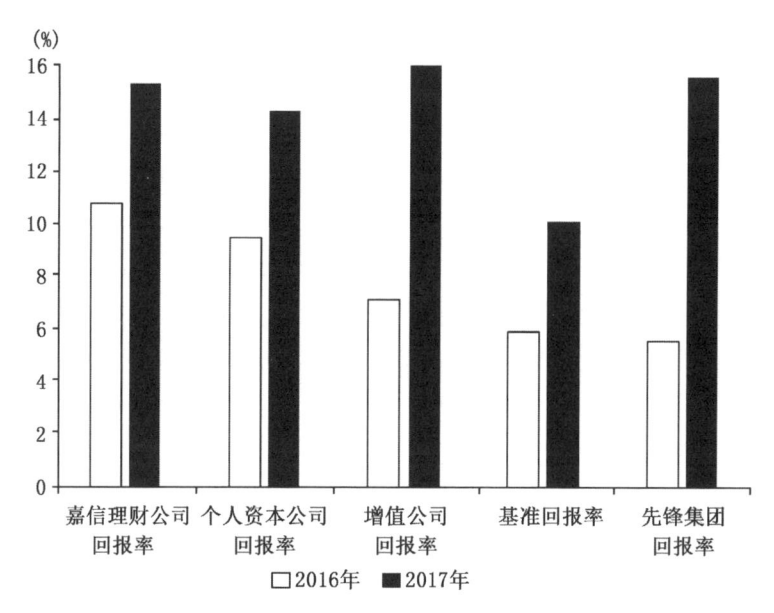

注:基准投资回报率是按照固定收益证券指数(美国10年期债券收益率)60%的权重和股票指数(标准普尔500指数)40%的权重计算的加权平均回报率。

资料来源:Backend Benchmarking(2018)。

图2.3 样本智能投资顾问与基准投资回报率比较

通过评估风险调整后的投资回报率,就能解决投资资产配置不同的问题,但这又会造成另一个问题:智能投资顾问真能充分根据客户的需求和风险预测来量身定制它们推荐的投资组合吗?斯坦(Stein,2016)研究发现,即使智能投资顾问分发的调查问卷以一种标准化的方式得到回答,它们也会提出不同的咨询建议。拉帕波特和特纳(Rappaport and Turner,2010)使用在线养老计划软件进行的调查也得出了类似的结论。当然,产品差异化导致的资产配置差别是意料之中的事情,但智能投资顾问似乎并不会根据它们对待投资风险的不同方式来打造自己的品牌。

调查客户风险偏好的标准调查问卷有可能并不是十分准确,这是评估智能投资顾问遇到的另一个问题。吉特彻斯(Kitces,2017a)已经注意到,有能力承受风险但极度厌恶风险的富人可能由于他们的财富而被归入中等风险偏好的组别,因此,调查也许会忽略这类客户不愿承担风险的心理。吉特彻斯认为,不应该将风险承受分值和风险容忍度分值加总,而应该把它们作为单独的约束因素来处理。因此,风险承受能力高但风险容忍度低的人应该会选择低风险的投资组合,而风险承受能力低但风险容忍度高的人也应该会选择低风险投资组合。

智能投资顾问规避风险的方法也可与目标日期基金进行比较。前者相对于后者的一个优势是,它们能帮助客户选择适合他们风险容忍水平而不只是适合他们年龄的投资(Fisch and Turner,2018)。此外,波特(Porter, 2018: n. p.)认为"智能投资顾问确实能够创造价值,但主要是为那些应税账户中有大量余额且因目标多样而不适合单一目标日期基金的客户创造价值"。那些只是为养老而储蓄,或者在应税账户中没有很大余额的人会发现,通过智能投资顾问投资,收益会被管理费用抵消。

咨询业务范围。智能投资顾问有权处置的客户资产的份额各不相同(Weisser,2016)。在某些情况下,智能投资顾问可能只知道客户的一个资产账户,也可能不会考虑客户配偶的资产。当然,真人投资顾问也有类似的限制,但真人投资顾问可能对提示他们查询客户其他资产的信号更加敏感。

还有一个相关的问题,那就是智能投资顾问能满足客户多大程度的复杂和多样性需求。美国金融业监管局(FINRA,2016b:8)曾提出过两个与监管有关的问题:需要哪些信息才能大致了解客户的情况?掌握哪些信息就能向客户提出合理的理财建议?美国金融业监管局得出的结论是:大多数智能投资顾问需要掌握客户5到8个方面的信息,但有些智能投资顾问掌握的客户信息要多得多。该局发现,面向客户的数字咨询工具要求客户回答4到12个离散的问题,一般包括五个方面:客户的一般信息、财务信息、投资目标、投资期限和风险容忍度。

如果真人投资顾问并不局限于以标准化的方式收集客户的信息,那么就能为客户提供更加个性化的方法。即使真人投资顾问开始时使用标准化方式,此后也可以通过面谈来评估客户的偏好情况,并做出相应的调整。但是,这种情况实际发生的频率并不清楚。例如,加拿大的一项研究表明,投资顾问往往忽略不同客户的风险偏好差异,而是向所有客户推荐相同的投资组合(Foerster et al.,2017)。这项研究还表明,可以根据投资咨询公司自己的投资组合很好地预测它们客户的投资组合。

关于监管部门对经纪自营商或投资顾问个性化水平的要求目前并不明确。经纪自营商必须遵守美国金融业监管局的适用性规则,这项规则要求,经纪自营商在提出投资建议前必须合理履行努力获取并分析客户投资情况的职责。客户的投资情况包括客户的年龄、其他投资、财务状况和需要、税务状况、投资目标、投资经验、投资期限、流动性需要、风险容忍度以及客户可能会披露给与投资建议有关的家庭成员或相关人士的其他信息,但又不局限于这些信息(FINRA,2016b:8,引自FINRA Rule 2111,Suitability)。这项适用性规则还指出,"每个因素的重要性程度可能会因具体案例的事实和情况而有所不同"。不过,美国金融业监管局的这些规定并不适用于只接受证券交易委员会监管的非经纪自营商投资顾问。

同样值得注意的是,真人投资顾问根据特定客户的需求量身定制投资建议的能力可能并不总是一种优势。如果真人投资顾问根据客户的年龄、种族、性别或其他可观察到的信息而产生了偏见,那么量身定制的投资建议就会有问题。智能投资顾问可能具有的一个优势是,它们可能较少受到这种潜在偏见的影响。

投资顾问帮助客户处理投资过程中出现的复杂问题,为客户提供如何投资以实现其财务目标的建议,并持续负责对客户投资组合的管理(Glassman,2017)。在这样做的过程中,投资顾问要在为客户定制服务还是他们能服务的客户数量之间进行权衡。在制定和实施投资策略时,投资顾问通常会考虑客户现有的财富和收入、理财目标、风险容忍度和税务状况。投资顾问要考虑自己的费用支出,因此倾向于关注20%位于收入分布顶端的客户(Kitces,2017d)。

与智能投资顾问通常所做的相比,真人投资顾问还能帮助客户做主题更加广泛的理财规划。例如,一些真人投资顾问还提供保险和财产规划方面的投资咨询服务(Kitces,2017b),推荐交易活跃的共同基金,并为客户连接大宗商品、期权和另类投资品种等的投资通道。因此,真人投资顾问能够更好地为更加适合这类投资的理财要求更高的高净值客户提供服务。但是,真人投资顾问提供的这些主题的投资咨询服务,也被发现了一些问题,如推荐费用很高或不必要的保险产品,或者建议客户把养老资产从费用相对较低的401(k)计划转到费用较高的"个人养老储蓄账户"(IRA)计划(Turner and Klein,2014)。

目前,市场对投资顾问的有效性尚未形成一致意见。有些研究表明,投资顾问可以提高投资组合的业绩表现;但其他研究却警告称,这种信托关系有可能造成负面影响。从不利的方面看,投资顾问可能会迎合不知情的客户,有时还会推荐不合适的产品(Anagol et al.,2017)。此外,投资顾问并不总能有效地帮助客户解决行为偏差和误解的问题(Bergstresser et al.,2009;Mullainathan et al.,2012),而经纪人自营基金(broker-sold funds)的绩效表现往往无法跑赢基准指数的绩效表现(Bergstresser et al.,2009;Chalmers and Reuter,2015)。从有利的方面看,客户可以通过遵循无偏见的计算机生成的咨询建议来提高其投资组合的回报率(Bhattacharya et al.,2012),而且求助投资顾问的个人往往拥有更高的净资产和养老财富准备(Finke,2013)。

利益冲突。智能投资顾问和真人投资顾问之间的一个潜在区别是,利益冲突可能会影响投资建议的质量。一些真人投资顾问因提出导致利益冲突的投资建议,并推荐导致利益冲突的产品而受到诟病(Council of Economic Advisers,2015)。智能投资顾问可能不太容易受到潜在利益冲突的影响,因为它们本身不受利益支配,不会推销或兜售它们推荐的投资品种。此外,智能投资顾问往往是根据它们管理的资产数额收取固定费用,而不是根据客户或投资顾问的投资选择收取费用。此外,由于智能投资顾问往往是靠低收费来赢得竞争,因此它们的收费通常要比真人投资顾问更加透明。

以上这些差别具体取决于投资咨询公司的组织结构和商业模式。正如克拉斯和佩雷尔曼(Klass and Perelman,2016:11)解释的那样,"数字投资顾问推荐的产品通常都是交易所交易基金。与共同基金相比,交易所交易基金几乎没有可能给投资顾问造成利益冲突的收入流和支付份额问题[如12b-1费用(即包括管理费、销售和服务费在内的年度营运费用)、转账代理费]留下什么存在的余地。没有这类补偿因素，就意味着，即使数字投资顾问与它们推荐的交易所交易基金有关联，利益冲突也相对较少；而独立数字顾问又进一步降低了发生这种冲突的可能性。"

同样，正如美国金融业监管局(FINRA,2016b:6)指出的那样，"然而，就面向金融专业人士和客户的数字咨询工具而言，如果投资咨询公司推荐关联公司的产品或服务，或从产品或服务供应商那里收取费用或其他利益，那么，它们与客户之间就存在利益冲突。"兰(Lam,2016)认为，嘉信理财公司的智能投资组合(Schwab Intelligent Portfolios)在嘉信银行(Schwab Bank)持有异常多的现金，使嘉信理财公司能从嘉信银行的收益率和该公司贷款的收益率之间的差额中获利。他还指出，嘉信理财公司的智能投资组合对交易所交易基金收取的费用要高于最大的智能投资咨询公司增值公司和财富前线公司的收费。

值得注意的是，智能投资顾问也可能遇到利益冲突的问题。在它们以不同的收费提供不同水平的服务的情况下，如果它们推荐能为公司创造最高收入的服务，那么就存在利益冲突的问题。此外，对智能投资顾问来说，延期支付养老金就有可能存在利益冲突的问题，因为鼓励延期支付养老金，也能增加它们的收费。增值公司收取35个基点的总费率(咨询费25个基点，资产管理费10个基点)。一项针对401(k)计划收费的研究显示，在525个被调查的养老金计划中，向其中10%的养老金计划收取的"全部"费率是28个基点，而另有10%的养老金计划收取的"全部"费率高达138个基点(Deloitte Consulting,2011)。因此，增值公司收取的费率低于许多401(k)计划支付的费率，但大多数401(k)计划的参与者都是大型养老金计划的参与者，对这些计划的收费往往较低。

智能投资顾问的发展趋势

在这一节里，我们将讨论美国智能投资顾问的一些发展趋势。第一个发展趋势是人机混合趋势，第二个发展趋势是在其他方面产品或服务更加多样化的趋势，第三个发展趋势是垂直一体化的趋势，而第四个发展趋势则是真人投资顾问使用智能投资顾问的趋势。前三种发展趋势都为市场在位者提供了与纯智能投资顾问展开竞争的手段,同时又赢得分销渠道。

人机混合趋势。一些投资咨询公司已经开始把智能投资顾问和传统真人投资顾问的功能特点结合起来,创造一种人机混合投资咨询服务。通过对部分投资程序进行自动化改造,混合投资顾问就能降低费率,从而使收费低于传统的投资顾问,同时又保留了与真人投资顾问面谈的可能性。

独立的智能投资咨询公司的相对重要性也在缓慢下降,因为智能投资顾问被托管公司和经纪自营公司等其他理财公司收购。先锋和嘉信理财等一些传统的理财管理公司已经把智能投资咨询服务纳入它们的商业模式,嘉信理财公司是第一家采用这种人机混合模式的投资咨询公司。这种发展趋势在加剧竞争的同时也提高了智能投资顾问的可信度。2018年,先锋集团的个人投资咨询服务收取30个基点的费用,并要求至少有5万美元的账户余额。嘉信智能咨询(Schwab Intelligent Advisory)对最低账户余额2.5万美元收取28个基点的费用,并保证注册投资顾问每周7天、每天24小时与客户保持"无限制"的联系。嘉信智能咨询结合嘉信智能投资组合,再加上真人投资顾问,向客户提供综合理财规划服务,而不仅仅向客户提供由嘉信智能模型实施的投资组合管理(Kitces,2016)。嘉信和先锋等理财公司提供的咨询服务都允许客户与真人投资顾问接触,因此,它们提供的都不是纯智能投资咨询服务。

2017年,普信(T. Rowe Price)集团推出了名叫"主动+投资组合"(Active-Plus Portfolios)的智能投资咨询服务项目,反映出该公司对主动投资组合管理的重视。"主动+投资组合"只能选择普信集团旗下的基金,但不另收投资管理费。这家智能投资咨询公司的服务适用于至少有"主动+投资组合"项目名下管理的5万美元投资组合的客户(Kitces,2017c)。这个项目只管理个人养老金账户的资金,因此,想必没有与交易相关的税收问题。事实上,由于只管理投资于个人养老金账户至少5万美元的资金,因此,大多数年轻人无法问津这项服务。这个项目设立了一个客服中心,项目参加者可以通过客服中心与投资顾问交谈,并可在网上与客户经理取得联系。客户可上网了解根据他们自己提供的信息构建的投资组合在股票和固定收益证券之间的配置如何发生变化(T. Rowe Price,2017)。例如,这个项目建议25岁中等风险容忍度的年轻人投资于由88.5%的股票和11.5%的债券构成的组合,但建议同样风险容忍度的67岁老年人投资于由58.5%的股票和41.5%的固定收益证券构成的组合。

2017年,富国银行(Wells Fargo)开始提供智能投资咨询服务,规定投资额不得少于1万美元。这是一种人机混合投资咨询服务,因为客户可以与真人顾问交谈。这个项目设立了7种不同的投资组合供客户选择,收取包括投资费和咨询费在内的50个基点的费用(Saacks,2017)。

这种人机混合服务的商业模式已经扩展到了智能投资顾问最初的服务领域。2017年,增值公司开设了一个客服中心,并开始提供三种水平的服务。"增值数字服务"(Betterment Digital)是智能投资顾问提供的典型投资咨询服务,不设最低账户余额,收取25个基点的费用(与财富前线公司的收费相同)。"增值特优服务"(Betterment Premium)设有10万美元的账户余额下限,并规定必须支付40个基点的费用才能无限制接触由"注册投资顾问和持证理财专家组成的专业服务团队"(Benke,2017: n. p)。寻求更多真人顾问服务的客户可以通过"投资顾问增值"(Betterment for Advisors)求助于专业投资顾问(Neal,2017)。增值公司实施这些变革是为了吸引有钱的客户,而不是为了那些求助于智能投资顾问基本服务的客户。2016年和2017年,增值公司受托管理的资产大约有1/3由50岁及以上的投资者持有,他们的投资组合规模通常要大于年轻投资者的投资组合(Weisser,2016;Kitces,2017d)。

产品更加多样化。随着进入智能咨询市场的企业越来越多,智能咨询市场也出现了产品更加多样化的趋势,这种随着市场成熟而出现的产品开发状况,也意味着智能投资顾问需要实行服务差别化,而不能满足于压价竞争。

有些智能投资顾问通过提供专业化服务来吸引客户或利益群体。例如,由于投资咨询业据称主要提供男性取向的服务,因此,一些智能投资咨询公司专门致力于吸引女性客户。女幸资本公司(SheCapital)成立于2015年,目的就是要满足女性投资者的特定需要(Malito,2015)。但由于无法吸引到足够数量的女性客户,女幸资本公司在成立一年后就不幸倒闭(Malito,2016)。2016年,女性投资公司(Ellevest)作为为女性服务的智能投资咨询公司开始运营。设立这家公司的假设前提是,由于女性的预期寿命比男性长,因此,她们需要不同于同龄男性的投资组合(Weisser,2016)。女性投资公司的客户都受过良好的教育——40%以上有硕士或博士学位(Ellevest,2017)。

摩云致邻公司(True Link)专门瞄准老年投资者和退休人员(True Link,2017),而联合收入公司(United Income)则面向临近退休或即将退休的人群。还有一些智能投资咨询公司,包括开放投资公司(OpenInvest)和大地组合公司

(Earthfolio)，为投资者创造把社会责任投资与智能平台结合在一起的机会（Skinner，2017b）。这些专业智能投资咨询公司的收费比最初的智能投资咨询公司高。

随着时间的推移，最初的智能投资咨询公司也扩大了自己的产品和服务范围。2017年，增值公司开始提供三种新的产品：一种是考虑社会责任投资标准的基金；另一种是取代标准基金的低风险基金；还有一种是取代标准基金的高风险基金，也就是它的"高盛聪明贝塔投资组合"（Goldman Sachs Smart Beta portfolio）。增值公司推出的高风险基金根据股票的增长势头或质量等因素进行投资。同年，增值公司还推出一项慈善捐赠计划（Betterment，2017c）。客户具体确定想要捐赠的金额，增值公司选择把未实现资本收益最多的资产捐赠给指定慈善机构。通过这种方式，客户可以捐赠证券的全部价值，而不用先出售证券，然后缴纳资本收益税，最后再捐赠税后金额。

智能投资咨询公司也正在把业务扩展到范围更大的理财服务领域。例如，增值公司推出了"为企业增值"（Betterment for Business）服务，为401(k)计划提供记账和资产管理服务，还推出了"为投资顾问增值"服务，为投资顾问提供资产管理服务。

把智能投资顾问作为分销渠道进行纵向一体化。从理财服务业的角度看，智能投资顾问是理财产品的分销渠道。有些理财产品供应商也购买智能投资顾问提供的服务，或者开设了智能投资咨询服务，作为分销其产品的一个渠道（Kitces，2017d）。这种纵向一体化是在位金融服务提供商与智能投资咨询新创企业展开竞争的一种方式。

嘉信理财公司创立了"嘉信智能投资组合"，它主要用自己的专利产品构建这种投资组合。贝莱德集团收购了未来顾问公司（Future Advisor），把它作为分销其交易所交易基金的平台。同样，景顺投资集团（Invesco）收购了杰姆斯特普公司（Jemstep），也把它作为分销自己交易所交易基金的平台。智慧树公司（Wisdom Tree）对咨询顾问引擎公司（AdvisorEngine）进行了大量的投资，也用它来分销自己的交易所交易基金。西北互助人寿保险公司（Northwestern Mutual）收购了学投资公司（LearnVest），而盈透证券网上投资经纪人公司（Interactive brokers Online）则收购了共同投资人公司（Covestor）（Hooper and Andress，2016）。增值公司的首席执行官乔恩·斯坦表示，他更希望增值公司能够公开上市，而不是被大投资管理公司收购，因为这样可以保持公司在投资选择方面的独立性（Wang and Padley，2017）。

真人投资顾问使用智能投资顾问。最近出现了一种更加新的趋势，那就是真人投资顾问使用智能投资顾问。真人投资顾问求助于智能投资顾问，来提高向客户提供建议和管理客户投资的效率。例如，"风险分析"（Riskalyze）软件是一种专门处理注册投资顾问业务的软件，这种软件技术能够帮助投资顾问确定客户的风险容忍度，并且利用这方面的信息来构建适合客户的投资组合。通过分析潜在客户投资控股的风险，这个软件允许投资顾问向潜在客户显示其投资组合是否具有适当的风险（Riskalyze，2018）。雷蒙·詹姆斯理财公司（Raymond James Financial）在2017年宣称，它旗下的7 100名投资顾问可使用智能投资顾问平台来为客户提供咨询建议（Skinner，2017a）。

全球智能投资顾问

虽然智能投资顾问起源于美国，但这个概念已经传播到其他国家。在欧洲，智能投资顾问是一个相对较新的概念。但从2014年开始，欧洲的智能投资顾问数量显著增加，智能投资顾问受托管理的资金也快速增长（见表2.2）。由于受立法和监管的约束，欧洲智能投资顾问大多在本国（而不是国际）运营。不过，奎利恩公司（Quirion）等欧洲智能投资咨询公司在几个国家都有自己业务。2017年6月，贝莱德集团入股可扩展资本公司（Scalable Capital）这家英德数字投资管理公司。目前，加拿大、法国、英国、瑞士、德国、意大利、中国、日本、新加坡、印度和澳大利亚分别有12、17、20、12、31、5、20、14、8、19和8家智能投资咨询公司在开展业务，美国一国就有200多家智能投资咨询公司，但南美洲总共只有3家智能投资咨询公司（Burnmark，2017）。

表2.2　　　　　　　　2018年欧洲智能投资咨询公司特点比较

公司名称	所在国家	咨询费占管理资产的%（不包括投资基金的费用）	最小账户余额	投资工具
Nutmeg	英国	占投资额0.25%～0.75%的资产管理费；占投资额0.20%的基金管理费（账户余额小于5 000英镑每月至少收费100英镑）	500英镑	交易所交易基金
Quirion	德国 瑞士	收取0.48%的资产管理费 占投资额0.39%的基金管理费	10 000欧元	交易所交易基金

续表

公司名称	所在国家	咨询费占管理资产的%（不包括投资基金的费用）	最小账户余额	投资工具
Marie Quantier	法国	占交互经纪人交易佣金利润5%的管理费，每月最低收费10美元	5 000 欧元	交易所交易基金
Ginmon	德国	收取0.39%的资产管理费 10%的利润抽头 0.37%的基金管理费	5 000 欧元 或1 000 欧元外加 每月再投资50欧元	交易所交易基金
Wealth Horizon	英国	0.25%的投资管理费 占投资额0.75%的资产管理费 占投资额0.18%的基金管理费	1 000 英镑	交易所交易基金
Wealthify	英国	从占投资额（大于2.5万英镑）0.5%到占投资额（小于1万英镑）0.7%的资产管理费	250 英镑	交易所交易基金

资料来源：作者从相关智能投资咨询公司网站收集的数据（Robo Advisors Europe，2018）。

虽然很难对欧洲的智能投资咨询服务市场进行概述，但那里的智能投资咨询服务收费往往比美国的智能投资咨询服务高，前者的收费从占投资额和管理资产的40个基点到100个基点不等（如 Nutmeg、Quirion、Marie Quantier）。欧洲智能投资咨询公司收费较高的原因可能是智能投资顾问在欧洲还是一种相对较新的现象。此外，欧洲的金融和银行立法因国家而异，从而导致智能投资咨询公司在不同国家有不同的市场，而不是集中的单一欧洲市场。此外，欧洲人往往比美国人更加厌恶风险，从而倾向于进行更多的储蓄和更加安全的投资（Laidi，2010）。这些因素可能导致欧洲智能投资咨询公司增长缓慢，并且削弱了它们从规模经济中获益的能力。

结束语

一般来说，从长远来看，智能投资顾问是否比真人投资顾问更加适合投资者，还有待观察。由于智能投资顾问收费和账户最小余额要求相对较低，因此，智能投资顾问可以为那些承担不起传统投资顾问费用的人提供投资咨询服务，而许多传统投资顾问也不愿为这些人提供服务。对于这个群体来说，智能投资顾问较之于真人投资顾问显然是比较好的选项。智能投资顾问可以引导刚开始理财的年轻人避免做出糟糕的决策，如做出不恰当的资产配置或选择成本过高的投资。

此外，智能投资顾问不太可能与它们销售的产品存在利益冲突的问题。但是，把智能投资顾问与传统的提供全方位服务的银行、经纪公司和资产管理公司整合在一起的趋势有可能会削弱智能投资顾问的这个优势。

在未来，智能投资顾问有望提高其自身识别个体风险偏好差异以及提供投资咨询服务和客户资产管理等其他方面的能力。要全面评估智能投资顾问与真人投资顾问的相对优势，还需要掌握或积累更多有关智能投资顾问的信息和经验。随着越来越多的新投资者求助于智能投资顾问，以及当前用户的资产余额随着他们年龄的增长而增加，智能投资顾问有可能会随着时间的推移而变得越来越重要。

让客户与真人投资顾问接触，是一种智能投资顾问无法提供的服务。智能投资顾问与传统投资顾问之间的一个重要区别就是这种人际接触的真实或感知价值，而这一点也许可用来解释当前出现的智能投资顾问与真人投资顾问合作的趋势。这种混合型投资咨询服务收费低于传统的投资咨询服务，但却保留了与真人投资顾问交谈的可能性，可能昭示着投资咨询服务业的未来。

参考文献

Agarwal, S., J. Driscoll, X. Gabaix, and D. Laibson (2009). 'The Age of Reason: Financial Decisions over the Lifecycle with Implications for Regulation,' *Brookings Papers on Economic Activity* 2: 51–117.

Anagol, S., S. Cole, and S. Sarkar (2017). 'Understanding the Advice of Commissions-Motivated Agents: Evidence from the Indian Life Insurance Market,' *Review of Economics and Statistics* 99(1–15).

Axelrod, S. F. (2017). 'Remarks at IRI Government, Legal and Regulatory Conference.' June 12: http://www.finra.org/newsroom/speeches/061217-remarks-iri-government-legal-and-regulatory-conference (accessed February 21, 2019).

Backend Benchmarking (2018). 'The Robo Report Second Quarter 2018: Bringing Transparency to Robo Investing.' Edition 8: https://storage.googleapis.com/gcs-wp.theroboreport.com/gZhdpxRTPEhtB8Wj/2Q%202018%20Robo%20Report.pdf (accessed February 21, 2019).

Benke, A. (2017). 'Your Money, Your Way: The Betterment Service Plans,' *Betterment*. January 31: https://www.betterment.com/resources/your-money-your-way-the-betterment-advice-plans/ (accessed February 21, 2019).

Berger, R. (2015). '7 Robo Advisers that Make Investing Effortless,' *Forbes*. February 5: http://www.forbes.com/sites/robertberger/2015/02/05/7-robo-advisors-that-makeinvesting-effortless/#75eaae1f7e48 (accessed February 21, 2019).

Bergstresser, D., J. Chalmers, and P. Tufano (2009). 'Assessing the Costs and Benefits of Brokers in the Mutual Fund Industry,' *Review of Financial Studies* 22(10): 4129–56.

Betterment (2017a). 'Is Your Old 401(k) Costing You?' *Betterment*. https://www.betterment.com/401k-and-ira-rollover/?gclid=CjwKEAjwja_JBRD8idHpxaz0t3 wSJAB4rXW55KvrzvjgmvpQLWhL_4Hzz2De3RXD-tAsyx88We8XiBoC_zzw_wcB (accessed March 25, 2019).

Betterment (2017b). 'The History of Betterment: How We Started a Company That Changed an Industry,' *Betterment*. July 20: https://www.betterment.com/resources/inside-betterment/our-story/the-history-of-betterment/ (accessed February 21, 2019).

Betterment (2017c). 'Introducing Charitable Giving by Betterment,' *Betterment*. November 15: https://www.betterment.com/resources/charitable-stock-donation/ (accessed February 21, 2019).

Bhattacharya, U., A. Hackethal, S. Kaelser, B. Loos, and S. Meyer (2012). 'Is Unbiased Financial Advice to Retail Investors Sufficient? Answers from a Large Field Study,' *Review of Financial Studies* 25(4): 975–1032.

BlackRock (2016). 'Digital Investment Advice: Robo Advisers Come of Age,' *Viewpoint*, September. https://www.blackrock.com/corporate/en-mx/literature/whitepaper/viewpoint-digital-investment-advice-september-2016.pdf (accessed February 21, 2019).

Braunstein, J. and M. Labouré (2017). 'Democratising Finance: The Digital Wealth Management Revolution,' *VoxEU*. November 11: https://voxeu.org/article/digital-wealth-management-revolution (accessed February 21, 2019).

Burnmark (2017). *Digital Wealth*, Burnmark Report April. https://wealthobjects.com/templates/protostar/images/Burnmark-April17.pdf (accessed March 15, 2019).

Cain, D. M., G. Loewenstein, and D. A. Moore (2005). 'The Dirt on Coming Clean: Perverse Effects of Disclosing Conflicts of Interest,' *The Journal of Legal Studies*, 34 (1): 1–25. http://www.journals.uchicago.edu/doi/abs/10.1086/426699 (accessed February 21, 2019).

Chalmers, J. and J. Reuter (2015). 'Is Conflicted Investment Advice Better than No Advice?' NBER Working Paper No. 18158. Cambridge, MA: National Bureau of Economic Research.

Collins, J. M. (2012). 'Financial Advice: A Substitute for Financial Literacy?' *Financial Services Review* 21: 307–22.

Council of Economic Advisers (CEA) (2015). *The Effects of Conflicted Investment Advice on Retirement Savings*, February. Washington, DC: CEA. https://obamawhitehouse.archives.gov/sites/default/files/docs/cea_coi_report_final.pdf (accessed March 25, 2019).

Deloitte Consulting (2011). *Inside the Structure of the Defined Contribution/401(k) Plan Fees: A Study Assessing the Mechanics of the 'All-In' Fee*, Study Conducted for the Investment Company Institute. November. http://www.ici.org/pdf/rpt_11_dc_401k_fee_study.pdf (accessed February 21, 2019).

Egan, D. (2017). 'Our Evidence-Based Approach to Improving Investor Behavior.' October 12. Betterment. https://www.betterment.com/resources/investment-strategy/behavioral-finance-investing-strategy/behavioral-testing/ (accessed February 21, 2019).

Ellevest (2018). 'Simple, Flexible Pricing.' https://www.ellevest.com/pricing (ac-

cessed February 21, 2019).
Ellevest (2017). 'We've Rounded Up the Biggest Ellevest Trends,' email to the authors dated September 2.
Eule, A. (2018). 'As Robo-Advisors Cross $200 Billion in Assets, Schwab Leads in Performance,' *Barron's*. Feb. 3. https://www.barrons.com/articles/as-robo-advisors-cross-200-billion-in-assets-schwab-leads-in-performance-1517509393 (accessed February 21, 2019).
Financial Industry Regulatory Authority (FINRA) (2016a). *Investors in the United States: 2016*. December. FINRA Report. Washington, D.C.: FINRA. http://gflec.org/wp-content/uploads/2017/02/NFCS_2015_Inv_Survey_Full_Report.pdf?x28148 (accessed February 21, 2019).
Financial Industry Regulatory Authority (FINRA) (2016b). *Report on Digital Investment Advice*, March. Washington, D.C.: FINRA. https://www.finra.org/sites/default/files/digital-investment-advice-report.pdf (accessed February 21, 2019).
Finke, M. (2013). 'Financial Advice: Does it Make a Difference?' in O.S. Mitchell and K. Smetters, eds., *The Market for Retirement Financial Advice*. Oxford University Press: Oxford, UK, 229–48.
Fisch, J. E., T. Wilkinson-Ryan, and K. Firth (2016). 'The Knowledge Gap in Workplace Retirement Investing and the Role of Professional Advisors,' *Duke Law Review* 66: 633–72. http://dlj.law.duke.edu/article/the-knowledge-gap-in-workplace-retirement-investing-and-the-role-of-professional-advisors-fisch-vol66-iss3/ (accessed February 21, 2019).
Fisch, J. E. and J. A. Turner (2018). 'Making A Complex Investment Problem Less Difficult: Robo Target Date Funds,' *Journal of Retirement* 5(4): 40–5.
Foerster, S., J. T. Linnainmaa, B. T. Melzer, and A. Previtero (2017). 'Retail Financial Advice: Does One Size Fit All?' *Journal of Finance* 72: 1441–82.
Gallup (2016). 'Robo-Advice Still a Novelty for U.S. Investors,' *Gallup*, July 27. http://www.gallup.com/poll/193997/robo-advice-novelty-investors.aspx (accessed February 21, 2019).
Glassman, B. (2017). 'What Does a Financial Advisor Do?' *Forbes*. February 8: https://www.forbes.com/sites/advisor/2017/02/08/what-does-a-financial-advisor-do/#16bc5cb55499 (accessed February 21, 2019).
Greenwald, L., L. Copeland, and J. VanDerhei (2017). *The 2017 Retirement Confidence Survey: Many Workers Lack Retirement Confidence and Feel Stressed about Retirement Preparations, EBRI Issue Brief* No. 431. March 21: https://www.ebri.org/content/the-2017-retirement-confidence-survey-many-workers-lack-retirement-confidence-and-feel-stressed-about-retirement-preparations-3426 (accessed March 25, 2019).
Ha, A. (2010). 'Investing Site KaChing Gets Classier as Wealthfront,' *Venturebeat*, Oct. 19: https://venturebeat.com/2010/10/19/kaching-wealthfront/ (accessed February 21, 2019).
Hooper, T. and M. Andress (2016). 'Robo-Advisory Space Poised for Further Consolidation—Sources,' *Mergermarket*. January 19.
Jordan, R. (2012). 'Thinking Before Rulemaking: Why the SEC Should Think Twice Before Imposing a Uniform Fiduciary Standard on Broker-Dealers and Investment Advisers,' *Louisville Law Review* 50: 491–526.
Kelly, J. (2017). 'Global Assets under Management Hit All-Time High above $80 Trillion,' *Reuters*. October 30: https://www.reuters.com/article/us-global-funds-aum/global-assets-under-management-hit-all-time-high-above-80-trillion-idUSKBN1CZ11B (accessed February 21, 2019).

Khentov, B. (2014). 'Avoid Surprises with Tax Impact Preview,' *Betterment*. October 29: https://www.betterment.com/resources/tax-impact-helps-you-get-the-full-picture/ (accessed February 21, 2019).

Kim, H. K., R. Maurer, and O. S. Mitchell (2016). 'Time is Money: Rational Life Cycle Inertia and the Delegation of Investment Management,' *Journal of Financial Economics* 121(2): 427–47.

Kitces, M. (2016). 'Is Schwab Intelligent Advisory a Threat to Independent Financial Advisors?' *The Nerd's Eye View*. December 22 https://www.youtube.com/watch?v=I8ERYe7JQt0 (accessed February 21, 2019).

Kitces, M. (2017a). 'Adopting a Two-Dimensional Risk-Tolerance Assessment Process,' *The Nerd's Eye View*. January 25. https://bit.ly/2zAKB46 (accessed February 21, 2019).

Kitces, M. (2017b). 'Advisor #Fintech as a Distribution Channel for Insurance and Investment Products,' *The Nerd's Eye View*. December 7. https://bit.ly/2L5uu00 (accessed February 21, 2019).

Kitces, M. (2017c). 'The Latest in Financial Advisor #FinTech (March 2017): Takeaways from the T3 Advisor Tech Conference,' *The Nerd's Eye View*. March 6. https://bit.ly/2uoCZff (accessed February 21, 2019).

Kitces, M. (2017d). 'What Robo Advisers Can Teach Human Advisers About Evidence-Based Behavioral Finance with Dan Egan,' *The Nerd's Eye Vie*. December 19. https://bit.ly/2L4X5FM (accessed February 21, 2019).

Klass, J. L. and E. Perelman (2019). 'The Transformation of Investment Advice: Digital Investment Advisers as Fiduciaries' in J. Agnew and O.S. Mitchell, eds., *The Disruptive Impact of FinTech on Retirement Systems*. Oxford, U.K: Oxford University Press: pp. 38–58.

Klass, J. L. and E. Perelman (2016). *The Evolution of Advice: Digital Investment Advisers as Fiduciaries*. Morgan Lewis. New York, NY: Morgan Lewis. https://www.morganlewis.com/~/media/files/publication/report/im-the-evolution-of-advice-digital-investment-advisers-as-fiduciaries-october-2016.ashx?la=en (accessed February 21, 2019).

Kocianski, S. (2016). 'The Robo Advising Report,' *BusinessInsider*. June 9. https://nordic.businessinsider.com/the-robo-advising-report-market-forecasts-key-growth-drivers-and-how-automated-asset-management-will-change-the-advisory-industry-2016-6/ (accessed March 25, 2019).Kramer, L. (2016). 'Can Robo Advisers Replace Human Financial Advisers?' *Wall Street Journal*. February 28. https://www.wsj.com/articles/can-robo-advisers-replace-human-financial-advisers-1456715553 (accessed February 21, 2019).

Laidi, Z. (2010). *Europe as a Risk Averse Power: A Hypothesis*. Garnet Policy Brief. Princeton, NJ: Princeton University.

Lam, J. W. (2016). 'Robo-Advisers: A Portfolio Management Perspective,' Unpublished Senior Thesis, Yale College, April 4. http://economics.yale.edu/sites/default/files/files/Undergraduate/Nominated%20Senior%20Essays/2015-16/Jonathan_Lam_Senior%20Essay%20Revised.pdf (accessed February 21, 2019).

Lazaroff, P. (2016). 'The Difference between Fiduciary and Suitability Standards.' *Forbes*. April 6. http://www.forbes.com/sites/peterlazaroff/2016/04/06/the-difference-between-fiduciary-and-suitability-standards/#4d42e9a735bf (accessed February 21, 2019).

Ludwig, L. (2017). 'The Rise of the Robo-Advisors—Should You Use One?' *Investor Junkie*. https://investorjunkie.com/35919/robo-advisors/ (accessed February 21,

2019).

Lusardi, A. and O. S. Mitchell (2014). 'The Economic Importance of Financial Literacy: Theory and Evidence,' *Journal of Economic Literature* 52(1): 5–44. http://www.aeaweb.org/articles.php?doi=10.1257/jel.52.1.5 (accessed February 21, 2019).

Malito, A. (2015). 'Newest Robo-Adviser Targets Female Investors,' *InvestmentNews*. August 27. http://www.investmentnews.com/article/20150827/FREE/150829930/newest-robo-adviser-targets-female-investors (accessed February 21, 2019).

Malito, A. (2016). 'Women-Focused Robo-Adviser SheCapital Shuts Down.' *InvestmentNews*. July 19. http://www.investmentnews.com/article20160719/FREE/160719922/women-focused-robo-adviser-shecapital-shuts-down (accessed February 21, 2019).

Mullainathan, S., M. Noeth, and A. Schoar (2012). 'The Market for Financial Advice: An Audit Study,' NBER Working Paper 17929. Cambridge, MA: National Bureau of Economic Research.

Napach, B. (2017). 'T. Rowe Price Launches Robo Platform with Only Actively-Managed Funds,' *ThinkAdvisor*. March 16. https://www.thinkadvisor.com/2017/03/16/t-rowe-price-launches-robo-platform-with-only-acti/?slreturn=20180415200353 (accessed February 21, 2019).

Neal, R. (2017). 'Betterment Pivots toward a Human-Robo Hybrid.' Wealthmanagement.com. January 31. http://www.wealthmanagement.com/technology/betterment-pivots-toward-human-robo-hybrid (accessed February 21, 2019).

Polyak, I. (2015). 'Millennials and Robo-Advisers: A Match Made in Heaven?' *CNBC*. June 22. https://www.cnbc.com/2015/06/21/millennials-and-robo-advisors-a-match-made-in-heaven.html (accessed February 21, 2019).

Porter, T. (2018). 'Why Robo-Advisory Services May Not be Worth the Investment,' *MyBanktracker*. February 20. https://www.mybanktracker.com/news/why-robo-advisors-may-not-be-worth-cost (accessed February 21, 2019).

Rappaport, A. M. and J. A. Turner (2010). 'How Does Retirement Planning Software Handle Postretirement Realities?' in R. L. Clark and O.S. Mitchell, eds., *Reorienting Retirement Risk Management*. Oxford, UK: Oxford University Press, pp. 66–85.

Regan, M. P. (2015). 'Robo Advisers to Run $2 Trillion by 2020 if This Model is Right,' *Bloomberg*. June 18. https://www.bloomberg.com/news/articles/2015-06-18/robo-advisers-to-run-2-trillion-by-2020-if-this-model-is-right (accessed February 21, 2019).

Reuter, J. and D. Richardson (2017). 'New Evidence on the Demand for Advice within Retirement Plans,' *Trends and Issues*, TIAA Institute. April. https://bit.ly/2ucC5TV (accessed February 21, 2019).

Riskalyze (2018). 'Risk Number.' https://blog.riskalyze.com/riskalyze-review-november-2018 (accessed March 25, 2019).Robo Advisors Europe (2018). http://robo-advisors.eu/ (accessed February 21, 2019).

Saacks, B. (2017). 'Wells Readies Robo Rollout (with Human Touch),' *Ignites*. March 29. http://bit.ly/2JBfmL4 (accessed February 21, 2019).

Skinner, L. (2017a). 'Raymond James to Deliver Robo Service for Advisers by Year End,' *Investment News*. January 30. http://www.investmentnews.com/article/20170130/FREE/170139992/raymond-james-to-deliver-robo-service-for-advisers-by-year-end (accessed February 21, 2019).

Skinner, L. (2017b). 'Robos Jumping into Socially Responsible Investing Space,' *InvestmentNews*. January 11. http://www.investmentnews.com/article/20170111/FREE/170119974/robos-jumping-into-socially-responsible-investing-space (accessed February 21, 2019).

Statista (2017). 'Forecast of Assets under Management of Robo-Advisors in the United States from 2016 to 2020 (in Billion U.S. dollars).' (Updated 2018.) https://www.statista.com/statistics/520623/projected-assets-under-management-us-robo-advisors/ (accessed February 21, 2019).

Stein, J. D. (2016). 'Test Driving Robo-Advisors: Their Recommended Portfolios and ETFs,' *Seeking Alpha*. June 13. http://seekingalpha.com/article/3981595-test-driving-robo-advisors-recommended-portfolios-etfs (accessed February 21, 2019).

Taulli, T. (2012). 'Interview: Wealthfront CEO and Founder Andy Rachleff,' *Investor Place*. February 7. http://investorplace.com/ipo-playbook/interview-wealthfront-ceo-and-founder-andy-rachleff/#.WZRqJoeWwck (accessed February 21, 2019).

Toonkel, J. and D. Randall (2015). 'Original Robo-adviser Financial Engines Seeks Life Beyond 401(k)s,' *Reuters*. May 26. https://www.reuters.com/article/us-financialengines-future-insight/original-robo-adviser-financial-engines-seeks-life-beyond-401s-idUSKBN0OC0BE20150527 (accessed February 21, 2019).

Turner, J. A., and B. W. Klein (2014). 'Retirement Savings Flows and Financial Advice: Should You Roll Over Your 401(k) Plan?' *Benefits Quarterly* 30: 42–54.

T. Rowe Price (2017). 'Enjoy the Convenience of Online Investing—Powered by Our Experts.' https://www3.troweprice.com/usis/personal-investing/products-and-services/activeplus-portfolios.html?v_linkcomp=aalink&v_link=ActivePlus%20Portfolios&v_linkplmt=TN (accessed February 21, 2019).

True Link (2017). 'Financial Services Built for You.' https://www.truelinkfinancial.com/ (accessed February 21, 2019).

US Department of Labor (2018). *Field Assistance Bulletin No. 2018–02*. Washington, D.C.: US DOL. https://www.dol.gov/agencies/ebsa/employers-and-advisers/guidance/field-assistance-bulletins/2018-02 (accessed February 21, 2019).

US Department of Labor (2016). *Definition of the Term 'Fiduciary'; Conflict of Interest Rule—Retirement Investment Advice (Final Fiduciary Definition)*. Washington, D.C.: 81 Fed. Reg. 20,946.

US Government Accountability Office (GAO) (2011). *Improved Regulation Could Better Protect Participants from Conflicts of Interest*. GAO-11–119. Washington, D.C.: USGAO. http://www.gao.gov/products/GAO-11-119 (accessed February 21, 2019).

US Securities and Exchange Commission (SEC) (2018). *Regulation Best Interest*. Washington, D.C.: US SEC. https://www.sec.gov/rules/proposed/2018/34-83062.pdf (accessed February 21, 2019).

US Securities and Exchange Commission (SEC) (2017). *Robo-Advisers, IM Guidance Update*. Washington, D.C.: US SEC. https://www.sec.gov/investment/im-guidance-2017-02.pdf (accessed February 21, 2019).

Wang, Y. and K. Padley (2017). 'Betterment Still Plans IPO But Not This Year, CEO Says,' *Mergermarket*. April 10.

Wealthfront (2017a). 'Here's How It All Started.' https://www.wealthfront.com/origin (accessed February 21, 2019).

Wealthfront (2017b). 'How Does Tax-loss Harvesting Relate to Rebalancing?' https://support.wealthfront.com/hc/en-us/articles/209348586-How-does-tax-loss-harvesting-relate-to-rebalancing- (accessed February 21, 2019).

Weisser, C. (2016). 'The Rise of the Robo-Adviser,' *Consumer Reports*. July 28. https://www.consumerreports.org/personal-investing/rise-of-the-robo-adviser/ (accessed February 21, 2019).

Wells Fargo (2016). 'Wells Fargo/Gallup Survey: Investors Curious about Digital Investing, More Optimistic about Economy Prior to Brexit.' July 19. https://newsroom.wf.com/press-release/innovation-and-technology/wells-fargogallup-survey-investors-curious-about-digital (accessed February 21, 2019).

第三章　投资咨询服务的转型：作为受托人的数字投资顾问

珍妮弗·L. 克拉斯(Jennifer L. Klass)
埃里克·L. 佩雷尔曼(Eric L. Perelman)

投资咨询服务的场景正在快速更新。目前,已经出现了一种结合技术和投资专业知识的创新模式,而这种创新模式允许投资顾问以低于传统投资咨询服务的成本提供高质量的投资咨询服务。利用算法和技术、通过数字界面提供全权受托咨询服务的数字投资顾问或所谓的"智能投资顾问"人气持续迅速上升。最近的一项行业调查显示,全球数字投资咨询项目管理的资产已经超过2 000亿美元(Eule,2018;Kearney,2015)。"数字投资顾问"一词涵盖了多种不同的投资咨询服务商业模式。数字投资顾问既有专注于利用数字技术直接向零售客户提供投资咨询服务的独立投资顾问,又有利用数字技术提供不同咨询和经纪服务的既有金融业在位企业,还有一些数字投资顾问则采用一种中间模式,与金融机构合作开发"白标"数字投资咨询项目,或充当这些金融机构自营数字投资咨询项目的二级咨询顾问或技术提供商。

虽然真人顾问也参与数字咨询产品的设计和投资建议的提供,但真人顾问参与投资建议提供的程度取决于具体的商业模式。最纯粹的数字投资咨询形式是,数字投资顾问只能通过数字界面提供资产配置和投资建议,而客户只能通过电子邮件、聊天室或电话与数字投资顾问取得联系来获得技术支持或询问操作或管理问题。不过,数字投资顾问越来越多地采用一种客户可以选择向真人顾问咨询的所谓"混合"模式。在混合模式下,真人顾问起到了弥补数字顾问自动化功能不足的作用,对于客户来说是一种可利用的补充资源。

无论采用哪种商业模式,数字投资顾问通常都要利用数字技术来实现客户体验和投资组合管理过程的自动化。数字顾问还有以下共同的特点：

● 主要通过数字（网络和移动）界面与客户互动，利用投资者问卷收集客户的个人信息，方便开户过程并提供账户沟通服务。

● 与传统的投资咨询服务相比，数字投资咨询服务具有收费较低、最低开户额低或不设最低开户额的特点。数字投资顾问通常收取单笔"打包"费用，包括全权受托管理和代客执行交易的费用。许多数字投资顾问把自己定位为包括更全面服务在内的投资咨询产品的低成本供应商。

● 专注于基于目标的投资。这种投资的特点是，客户根据不同生命阶段的具体目标（如为买房、孩子教育或自己养老而储蓄）来确定自己的投资目标，并根据实现目标的程度来衡量投资业绩，而不是只关注按照基准衡量的投资组合回报的最大化。

● 根据客户的个人信息来构建低成本、低税收、交易所交易基金的多样化投资组合，然后提出个性化的资产配置建议。

● 提供全权受托式的投资咨询服务，也就是根据资产配置目标和与客户投资策略相关的风险阈值利用算法自动监控客户的投资组合。

● 进行自动化调整：监控偏离预期资产配置的程度，并生成交易订单用于执行，以便把客户的账户"调整"到其预期的资产配置，并且利用现金流入和流出来重新平衡账户中的资产配置。

● 采取一些投资策略（如税损收割①或资产配置②），以最大限度地减轻客户的税收负担。

数字投资咨询服务的出现，对那些以前由于其他服务模式规定账户最低余额而无法获得任何咨询服务的投资者来说尤为重要，但是，不同财富层次的投资者都被数字投资咨询的价值、可获得性和透明度所吸引。

许多业内人士对数字投资咨询服务可能引发的变革发表了评论。特别值得一提的是，美国证券交易委员会前主席指出，数字投资咨询服务"具有积极的发展可能性，可以让散户投资者以承担得起的成本更多地进入我们的市场"（White，2016：n. p.）。本章探讨数字投资顾问是否适用受托准则的问题。我

---

① 税损收割（Tax loss harvesting）是一种通过为了抵消资本收益而出售一种或多种可能导致税收损失的证券来降低资本收益税风险的策略。出售证券的所得通常以现金形式持有，或者更经常是投资于面临类似风险的证券。

② 资产配置要考虑不同投资的税收待遇，以决定是否在应税或非应税账户中持有证券。

们的结论是,受托准则,如《1940年投资顾问法》(*Investment Advisers Act of 1940*)所规定的受托准则,是数字投资顾问和非数字投资顾问(即传统的真人投资顾问)同样能够满足的灵活标准。投资者受益于这种监管的灵活性,因为它鼓励创新,允许发展更加多样化的服务。事实上,《1940年投资顾问法》早就允许投资顾问采取各种不同的商业模式、投资策略并提供不同的服务。本章还认为,数字投资顾问提供的产品和服务并非独一无二,而是长期以来受制于这个灵活的监管框架的投资咨询项目和服务的技术增强版。最后,本章探讨了数字投资顾问可以更加有效地为客户服务的创新方式,包括利用技术进步成果和行为金融洞见在内。

数字投资咨询服务发展的驱动因素

美国人发现自己陷入了许多评论员和政府官员所说的"养老储蓄危机"(USGAO,2017;Samuels,2018)。一方面,由于待遇确定型计划的消失,美国人对社会保险制度长期可行性的信心下降,再加上对社会保险将无法提供足够的养老收入的担忧,促使他们对管理自己的养老储蓄担负起越来越大的责任。据报道,目前只有18%的美国劳动者对自己将来有足够的钱过上舒适的退休生活非常有信心,而且员工储蓄计划的参与率处于历史最低水平(Greenwald et al.,2017;USDOL,2017)。此外,在目前临近退休的家庭中有一半以上没有储蓄,而在有储蓄的临近退休的家庭中有很大一部分没有足够的钱来维持退休后的生活水平(USGAO,2017)。一方面,许多退休后能够维持生活水平的人也许只能依靠价格不断上涨的房产(Fox,2018);另一方面,许多有可能得益于专业的投资咨询建议的投资者却无法满足通常与投资顾问有关的很高的账户最低余额要求(Fischer,2016)。

在这种背景下,广大投资公众非常渴望获得可靠的低成本投资咨询服务也就不足为奇了。虽然有些投资者可能仍会求助于传统投资顾问提供的服务——而且他们有足够的资产,因此具备求助于这种投资咨询服务的条件——但另一些投资者在不同的价格水平上寻求不同类型的投资咨询服务体验,以帮助自己应对复杂的养老储蓄和其他不同人生阶段的重要财务事件。数字投资咨询服务的可获得性有助于以下这个重要的政策目标的实现:让越来越多没有得到过充分服务和储蓄不足的美国人获得为退休生活做准备的投资咨询服务。

与此同时,由于美国人越来越意识到费用在决定投资结果方面的重要性,因此,美国投资者和数字投资顾问都开始关注交易所交易基金的优点。在过去的 20 年里,交易所交易基金市场逐渐成熟并获得发展,推出了许多涵盖不同资产类别、市场、投资风格和地域的产品(ICI,2017)。交易所交易基金在盘中交易,而且没有销售负担和可能推高其他投资产品费率的内部分销成本,因而是一种透明、低成本、节税的投资选择。此外,交易所交易基金市场普遍存在的被动指数偏差也非常符合现代投资组合理论的多样化原则。数字投资顾问利用被动型交易所交易基金,就能创建并管理成本低廉、与特定风险和回报特征相关的多元化全球投资组合。

技术进步使得更加个性化、高效和无缝对接的用户体验成为可能,从而加快了数字投资咨询服务的发展速度,同时也导致越来越多的消费者希望自己的投资服务提供商能够跟上其他消费者服务提供商提供用户体验的步伐,并且乐意求助于数字解决方案来帮助自己管理好理财事务。[①] 银行和金融服务公司正在利用这一趋势开发数字投资咨询解决方案,以吸引新客户并为现有客户提供更加多样化的服务(Desai,2016;Flood,2016)。这些传统的投资顾问与数字投资顾问一样,也认识到了这种解决方案能够满足或迎合那部分以前没有得到充分服务的投资公众的投资需求和预期(Terekhova,2017)。

数字投资咨询服务是一种受托咨询服务

数字投资顾问和传统投资顾问的一个关键区别在于:在智能投资顾问提供最新服务的背景下,客户与投资顾问交流受到了很大的限制。数字投资顾问以一种与传统投资顾问不同的方式与客户打交道,但这一事实并不意味着数字投资顾问就不是客户的受托人,或者就可以不遵守规范投资咨询关系的受托准则。

根据委托人和受托人双方关系的性质,投资顾问必须依法履行受托人信义义务(SEC,2013:n. p.)。根据《1940 年投资顾问法》,这项义务由该法第 206 条

---

① 最近的一项调查显示,64%富有的高净值投资者预计他们未来的财富管理关系将趋向于数字化;82%40 岁以下的投资者希望建立数字化的财富管理关系;另有 69%的受访者表示,如果理财公司的产品没有融入数字元素,他们将倾向于离开这样的理财公司。另一项由富国银行和盖洛普公司联合完成的调查显示,54%的投资者表示,相对于不那么精通技术的投资顾问提供的建议,他们更加相信拥有"上好"的应用程序和数字投资工具的投资顾问提供的建议(Vakta and Chugh,2014;Wells Fargo,2016)。

规定并强制推行,并且适用于"符合该法'投资顾问'定义的所有公司,无论是在证券交易委员会、州证券监管机构注册的公司,还是根本就没有在这两类机构注册的公司"(SEC,2011a：n. p.)。投资顾问,包括数字投资顾问,有明确的义务以最大的善意履行职责,充分并公平地披露所有重要事项,并且以合理的谨慎避免误导客户(SEC v. Capital Gains Research Bureau, Inc., 1963)。《1940 年投资顾问法》第 206 条第(1)和(2)款认定投资顾问使用任何花招、计谋或诡计欺骗任何客户或潜在客户或者从事或采取欺诈或欺骗任何客户或潜在客户的任何交易、做法或者业务为非法[Investment Advisers Act of 1940 § 206(1)and(2)]。

《1940 年投资顾问法》第 206 条第(1)和(2)款关于欺诈的概念采行普通法的原则,[1]包括履行忠实义务和注意义务。忠实义务是指为客户的利益而忠实行事的义务,它要求投资顾问把客户的利益置于自身利益之上。[2] 注意义务是指在类似情况下受托人通常会履行注意、能力和勤勉行事的义务。[3]

如上所述,美国最高法院已经把《1940 年投资顾问法》第 206 条第(1)和(2)款解释为是投资顾问必须遵守的联邦受托准则(SEC v. Capital Gains Research Bureau, Inc. 1963)。因此,投资顾问,特别是全权受托管理客户资产的投资顾问是受托人,这是一项得到公认的法律原则(SEC,2011b)

下面,我们来说明投资顾问信义义务的来源和规范,并讨论这些义务——注意义务和忠实义务——如何应用于数字投资咨询关系的范畴。此外,美国证券交易委员会投资管理司的工作人员(下称"证监会工作人员")在 2017 年 2 月证监会发布的指导意见(下称"2017 年 2 月指导意见")(SEC,2017)中,在承认数字投资顾问为受托人这个问题上迈出了明确的一步。这份指导意见确认,在

---

[1] 如请参阅：Brandt, Kelly & Simmons, LLC & Kenneth G. Brandt, SEC Administrative Proceeding File No. 3-11672(Sept. 21, 2004)[宣称被告"故意违反了《1940 年投资顾问法》内含普通法信义义务原则的第 206(1)和第 206(2)条"(引号后加)]。

[2] 请参阅：Restatement(Third)of Agency 8.01(2006)("代理人负有在一切与代理关系有关的事务为委托人的利益忠实行事的信义义务。"); 8.01, cmt. b ("虽然代理人的利益往往与委托人的利益是一致的,但一般信托准则要求代理人把自己的利益从属于委托人的利益,并在与代理关系有关的事项中优先考虑委托人的利益")。另请参阅：Restatement (Third) of Trusts § 78(1)(2007)("除信托条款另有规定外,受托人有义务仅为受益人的利益或仅以促进其慈善为目的管理信托")。

[3] 请参阅：Restatement(Third)of Agency § 8.08(代理人对委托人有义务以通常代理人在类似情况下应有的注意、能力和勤勉行事);还请参阅：Restatement(Third)of Trusts§77(注意到受托人有责任以"合理的注意、技能和谨慎"的方式行事)。

美国证券交易委员会注册为投资顾问的数字投资顾问,哪怕是商业模式较为有限的数字投资顾问,也必须遵守《1940年投资顾问法》规定的实质性要求和信义义务。

由投资咨询关系范畴定义的信托注意标准

目前还没有统一或"单一"的注意标准作为准入条件适用于任何投资咨询关系。根据普通法和《1940年投资顾问法》,可适用的注意标准可通过订立合同来约定,而作为任何注意标准核心内容的合理注意和技能概念则必须根据客户同意的服务范围来判断(Frankel et al. ,2018)。

在普通法中,代理人要对委托人遵守的注意标准,具体因当事双方的协议和双方的关系范围而不同[Restatement (Third) of Agency, § 8.01 cmt. C]。代理人还对委托人负有注意义务,这就要求代理人以在类似情况下通常会有的注意、能力和勤勉行事。不过,代理人和委托人可以通过合同约定来提高或降低注意义务。即使根据责成受托人承担比代理法规定的更高水平义务的信托法,信义义务的范围仍取决于双方签约订立的信托条款。普通法规定的注意义务的一个主要组成部分是,受托人必须根据信托目的、合同条款和其他情况谨慎行事。谨慎义务包括行使合理的注意和技能以及"以适合特定信托及其目的、情况和总体管理计划的谨慎程度行事"的义务[Restatement (Third) of Agency, § 77 cmt. B]。虽然受托人和受益人不能达成完全放弃受托人在忠实和注意义务项下的信义义务,但信托法,特别是信托受托人法,是一种可以通过订立信托合同进行修改的任意法(Laby,2008)。因此,只要受托人和受益人没有"完全取消受托人不得鲁莽行事,而必须出于善意,以适当的注意并以符合信托合同及其宗旨以及受益人利益的方式行事的基本要求",[1]那么,双方可以通过订立信托合同来修改或放宽违反谨慎标准需要承担的责任。

投资顾问可以依照普通法限制其与客户关系的范围。事实上,各类投资顾问通常都会根据其与客户咨询关系的性质来限制自己的服务范围和权限。例

---

① 请查阅:Restatement(Third)of Trusts § 76 cmt. b(1)("受托人一般同时负有遵守信托合同规定的义务和遵守信托法规定的授权的义务,但经信托合同允许修改的除外。由于这两种义务的结合,信托关系中的信义义务有时会超出或限制受托人负有的遵守信托合同条款的义务的效力;相反,信托法规定的受托人行为的正常标准,至少在一定程度上可以被信托合同所修改");还请参阅:Restatement (Third)of Trusts at § 77 cmt. d(3)。

如,许多传统的投资顾问会根据客户在某一特定时间点的总体投资目标和财务状况来制定投资计划,从而推卸不断更新信息的责任。他们还可能提供资产配置服务,或通过研究和跟踪基金经理或基金提出投资策略建议,但拒绝为按照他们提出的投资策略或推荐的基金做出的基本投资决策承担责任。传统的投资顾问会提出有关特定交易的建议,为机构投资者提供过渡性援助,把资产从一个投资经理那里转移到另一个投资经理那里,但拒绝承担选择具体证券买卖的责任。他们还可以为客户的部分投资组合提供全权受托的投资管理服务,但同时又拒绝承担管理客户其余资产的责任。最后,投资顾问可以提供未经客户事先同意不得执行的非全权受托投资建议,或者提供定价或评估服务,但仅限于判断某只特定证券或证券篮子的适当价格。

美国证券交易委员会早就承认很多不同形式和规模的投资顾问(SEC,2011b),并且建立了一种以准则为基础的灵活监管制度,重点关注投资顾问"充分、公平地披露"全部重大事项(包括投资顾问与其客户之间的利益冲突以及"可能影响咨询关系的任何其他重要信息")的信义义务,[①]而不是创建针对每种不同商业模式的规范性监管制度。美国证监会通常认为,只要投资顾问履行信息(包括投资顾问自身业务、重大利益冲突、惩戒等信息)披露义务,因此,潜在客户可以据此决定是否与投资顾问签订咨询协议,那么,咨询关系条款谈判就是在公平的条件下进行的。[②]

此外,在"2017年2月的指导意见"中,美国证监会的工作人员采取了一种灵活而不是"一刀切"的做法,重点强调数字投资顾问可以采用多种不同的商业模式,提供多种不同的咨询服务,因此,可以采取"多种方式"来履行其合规义务。因此,美国证监会的工作人员认定数字投资顾问可以自己确定并限制其提供咨询服务的范围,并且提出了许多关于数字投资顾问如何履行《1940年投资顾问法》规定的信义义务的建议。下面,我们就介绍其中的一些建议。

[①] 请参阅:Amendments to Form ADV, Investment Advisers Act Rel. No. 2711(Mar. 3, 2008)(Mar. 14, 2008)[下称"智能投资顾问指南"](参见 General Instruction No. 3 & n. 148);Amendments to Form ADV, Investment Advisers Act Rel. No. 3060(July 28, 2010)。"智能投资顾问指南"反映了美国证监会的观点,即投资顾问不应仅仅识别潜在的利益冲突,还应解释他们如何处理这种冲突。

[②] 《1940年投资顾问法》承认投资咨询关系谈判的正常性质并不要求签订书面投资咨询合同,或者以其他方式规定条件,除了绩效报酬收取、合同转让以及合伙制投资顾问所有权变更以外。

为数字投资咨询确定合理的依据

虽然《1940年投资顾问法》没有列出完整的投资顾问源自信义义务的义务清单,但很明显,规定投资顾问要履行的部分信义义务,是为了确保投资顾问有合理的依据提供咨询服务(Lemke and Lims,2018)。数字投资顾问搜集和分析客户信息的过程能为它们提出的建议提供多少合理的依据(即咨询建议的适用性),一直是监管指导和业内评论的关注焦点。在典型的数字投资咨询项目中,最初的资产配置建议是根据客户回答问题提供的信息(投资者问卷中旨在收集客户关于某个投资账户投资目标的信息)提出的。数字投资顾问通过调查问卷收集的信息类型和详细程度因公司而异。正如下面要讨论的那样,根据既有的监管准则和证监会的2017年指导意见,数字投资顾问应该根据要提供的咨询服务的性质,对在客户信息搜集过程中收集到的信息进行评估。

《1940年投资顾问法》并没有规定为合理确定投资咨询建议是否适合客户而必须收集的最低信息量。事实上,该法与美国经纪自营商自律监管机构金融业监管局颁布的投资适当性规则不同,并没有规定任何方面需要收集的客户个人信息的数量或类型。1994年,美国证券交易委员会提出了制定投资适当性规则的建议,但没有被采纳。① 证监会建议制定的规则要求投资顾问在提供咨询服务前,对客户的财务状况、投资经验和投资目标进行合理的调查。② 不过,证监会的建议声明清楚地表明,"调查程度以在当时的情况下合理为限"。比如,根据证监会的建议声明,为客户制定"综合理财计划"可能需要客户提供大量的个人和财务信息,包括当前收入、投资、资产和债务、婚姻状况、已投保险种和理财目标等信息。言下之意,不用为客户制定综合理财计划的咨询服务项目,就不需要收集内容如此广泛的信息。

合理确定投资建议是否适合客户,只需要定性调查,而不必进行定量调查。此外,在不影响建议质量的情况下,投资顾问为提供建议所需的信息类型或数量可能因人而异。证监会前主席玛丽·乔·怀特(Mary Jo White)曾在公开场

---

① Suitability of Investment Advice Provided by Investment Advisers, Investment Advisers Act Rel. No. 1406 (Mar. 16, 1994)。

② 尽管美国证监会并没有采用拟议中的规则,但投资管理司工作人员的立场是,"这项规则将收入现行的投资顾问适当性义务,因此,拟议中的规则反映了投资顾问要履行《1940年投资顾问法》规定的义务"(Regulation of Investment Advisers by the US Securities and Exchange Commission at 23 n.134)。

合讲话谈到数字投资顾问时承认,"就像客户在与'真人'顾问谈论自己的理财目标、风险容忍度和复杂性时披露的信息准确性不一样,数字投资顾问在提供投资建议前收集的信息在内容和灵活性上也存在差异"(White,2016:n.p.)。即使美国金融业监管局更具规范性的投资适当性规则也为经纪自营商预留了从客户资料中删除某些信息的灵活性,也就是说,经纪自营商可以删除他们认为与根据适用的事实和情况确定投资适当性无关的信息(FINRA Rule,2111:04)。

因此,真正的问题并不是投资顾问收集了多少信息,而是投资顾问决定收集的信息是否与他要提供的建议的性质相关(FINRA,2016)。所以,投资顾问——无论是数字顾问还是其他投资顾问——在为可识别的具体投资目标(如大学学费储蓄或养老储蓄)提供帮助时,并不需要收集为实施目标更大的投资策略可能需要的那么多信息,或进行类似的尽职调查。美国证监会在2017年2月的指导意见中强调了设计投资者调查问卷的重要性:设计合理的投资者调查问卷允许投资顾问收集到足以做出投资建议的信息。证监会工作人员在2017年的指导意见中列出了数字投资顾问在设计投资者调查问卷时应该考虑的重要因素:

● 客户在回答调查问卷上的问题时能否披露充分的信息,足以让数字投资顾问确定它们根据客户的财务状况和投资目标提出的初始和后续投资建议是否适当并适合客户;

● 问题是否充分明了,投资者问卷是否设计得在需要时能为客户答疑解惑;

● 是否已采取措施应对客户的回答不符合要求的情况,如在设计投资者问卷时加入一些在客户的回答出现内在矛盾时提醒客户的特殊机制,或者安装了自动标记客户提供的任何不符合要求的信息供数字投资顾问进一步核实或跟踪的系统。

此外,我们必须根据数字投资咨询服务的市场地位来了解这个行业。许多求助于数字投资顾问的客户肯定选择不需要制定综合理财计划或包括投资管理的咨询服务,而是选择基于目标的财富管理(如为养老积累财富、为上大学做理财规划、为购买度假屋存钱)。基于目标的财富管理允许客户为每个投资目标单设资产"桶"(bucket),并根据特定目标制定有针对性的投资策略,按照特定的基准进行资产管理,而不是把所有资产放在一起。投资者会继续选择与能提供考虑外部资源、债务、既往财务状况、职业、预期医疗费用以及能够针对无数其他因素提供更加全面解决方案的投资顾问进行合作。然而,这些投资咨询项目的费用会根据所提供服务的范围成比例地增加。

数字投资顾问和利益冲突缓解

从受托人的角度看,数字投资顾问的一个正面特征是,通常较少与委托人发生利益冲突。投资顾问作为受托人,对自己的客户要尽忠实义务[Restatement(Third)of Agency 8.01 and Restatement(Third)of Trusts 78(1)]。在普通法中,尽忠实义务,就意味着避免采取违背客户利益或与客户利益相冲突的行为,并且不得利用客户的财产为投资顾问自己或者第三方谋取利益[Restatement(Third)of Agency § 8.01—8.05];而忠诚义务包括以下原则:投资顾问必须公平对待客户和潜在客户,避免利益冲突,披露全部有可能影响其公正性的任何实际或潜在利益冲突的重要事项,并且不得为了自己的利益而损害客户的利益。美国规范投资顾问的联邦监管框架与普通法相符,是一种以信息披露为基础的制度。只要投资顾问向客户充分且公平地披露信息,这种制度并不能阻止投资顾问在存在实际或潜在利益冲突的情况下开展业务活动。

数字投资咨询服务业的一般商业模式注重实行透明、简单的收费模式,因此能够本能地使与传统投资顾问相关的利益冲突最小化。数字投资咨询服务业提供的产品通常由交易所交易基金组成。与共同基金相比,交易所交易基金的收入流和支付份额之间只有很小的差额,否则会给投资顾问造成利益冲突(例如12b—1费用、次级转移代理费)。这种报酬因素的缺失意味着,即使数字投资顾问与其推荐的某些交易所交易基金有关联,也只存在相对较少的利益冲突;而独立数字投资顾问则能进一步减少这种冲突。此外,数字投资咨询解决方案能够消除通常存在于非数字投资咨询环境下投资顾问所代表的利益冲突,因为领取激励薪酬的投资顾问在在线提供投资咨询服务的背景下几乎或者根本就起不了什么作用。所以,数字投资咨询解决方案不太容易受到有可能会导致利益冲突、信息披露、销售实践和监督等问题的经济激励机制的影响,而真人投资顾问按他们推荐和管理的投资账户收益领取薪酬就容易导致这些方面的问题(FINRA,2016;SEC,1995)。

重要的是,数字投资顾问仍要受到《1940年投资顾问法》规定的信义义务的约束,因此有义务向客户充分、公平地披露全部重要事项,并以合理的注意来避免误导客户。就如美国证监会在2017年2月的指导意见中指出的那样,数字投资顾问必须以客户能够阅读和理解的方式向他们披露信息;向客户披露的信息必须充分具体,足以使他们能够理解数字投资顾问的业务实践和利益冲突(SEC,2017)。美国证监会工作人员认为,重大事项的披露和披露方式在数字投资顾问的背景下尤为重要。因为,在没有任何人际互动的情况下,客户也许只能通过在线披露的信息来做出是否与数字投资顾问建立投资咨询关系的明智决策。因此,美国证监会的工作人员指出,数字投资顾问应该考虑披露其商业模式和投资咨询服务不足、风险和运营方面的具体信息。具体而言,主要应该披露以下方面的信息:

方法和服务。介绍用于管理客户账户的算法的假设和限制条件,并且说明使用某种算法管理客户账户固有的具体风险、真人在监督和管理个人客户账户方面的参与程度(如投资咨询人员监督算法,但可能并不监控每个客户的账户)、数字投资顾问如何使用从客户那里收集到的信息来构建它们推荐的投资组合以及要受到的任何限制(如通过让客户回答调查问卷收集到的信息是不是提供咨询建议的唯一依据)。

咨询服务的范围与局限性。说明任何有可能导致数字投资顾问重新编写客户账户管理算法的情况。例如,数字投资顾问应该说明它们是否会在市场紧缩的条件下暂停或延迟交易,或采取其他临时性防御措施。此外,数字投资顾问应该明确说明自己提供的咨询服务的性质和范围;不为客户制定综合理财计划的数字投资顾问应该明确说明自己如何根据客户确认的具体理财目标来提供投资咨询建议。此外,如果情况并非如此,数字投资顾问就不应该暗示它们的算法还会考虑除客户在回答投资者调查问卷时提供的信息以外的其他信息。

冲突。数字投资顾问必须说明是否有任何第三方参与客户账户管理算法的开发、管理或持有客户账户管理算法的所有权,包括说明此类安排可能产生的任何利益冲突(例如,第三方按折扣价格向数字投资顾问提供算法,而这种算法会引导客户购买第三方从中收费的产品)。数字投资顾问还应该披露它们推荐特定投资产品可能会获得的任何财务激励的信息,包括有关它们或关联公司能够从中收取咨询费、许可费、分销和服务费用、收入分成或获得其他报酬的自营交易所交易基金交易的信息。

收费和支出。详细说明直接向客户收取的各项费用(如咨询费),客户可能要直接或间接承担此类任何其他的费用,以及投资者要承担的与标的投资产品、托管服务、经纪及其他交易成本有关的费用。

美国证监会的工作人员还认为,考虑到客户关系和重要信息披露主要(如果不是全部)通过在线或基于应用程序的界面来显示,因此,披露信息的显示是数字投资顾问履行对客户负有的信义义务的一个重要部分。关于重要信息披露时间的安排,证监会工作人员建议,数字投资顾问应该在注册成立前安排披露"重要信息",以便客户在与数字投资顾问建立关系之前就能获得为进行明智的投资决策所需的信息。证监会工作人员提出了如何通过常用的交互式在线界面或移动平台有效地向客户披露信息的指导意见,并且还特别建议,数字投资顾问应通过设计"弹出框"等特别装置来强调重要信息的披露,或添加交互式文本(如具有"信息显示"功能的悬浮窗),或通过其他方式(如解答常见的问题)向寻求更多信息的客户披露更加详细的补充信息。

现有投资咨询服务监管框架的采用

数字投资顾问是取代传统投资顾问的颠覆性和竞争性替代品,但它们提供的咨询服务是基于——而不是背离——传统的投资咨询及其监管框架。数字投资顾问提供的各种投资咨询服务——从提供网上资产配置建议到全权受托管理多样化的交易所交易基金投资组合账户——采用一些规范电子媒介和交互式咨询网站使用以及专户理财和打包收费项目管理的老式监管方式。此外,数字投资咨询服务的历史凸显了《1940年投资顾问法》是一部适用性强且技术中性的监管法规,能够适应技术变化、产品和服务创新以及不断发展的商业模式。

电子媒介。1995年,美国证券交易委员会发布了第一份关于使用电子媒介传递监管信息的说明。美国证监会通过这份和随后的其他说明意见承认技术(具体而言,就是电子报告)具有"以一种比传统纸质媒介更合乎成本效益原则、更广泛和公平的方式迅速向投资者及金融市场传播信息,从而提高证券市场的效率"的能力(SEC,1995),但与此同时也明确了证券法技术中性的原则。对电子媒介的使用并没有改变联邦证券法的实质性条款。事实上,美国证监会还特别指出,1995年发布的说明意见"仅针对依照联邦证券法进行电子交付的程序问题,但并不影响依照联邦证券法进行电子交付的任何一方的权利和义务"。

在1995年的说明意见和1996年把同样的原则扩展运用到《1940年投资顾问法》所要求的信息传播的补充说明意见中,美国证监会明确表示,联邦证券法的责任条款同样适用于电子媒介和纸质媒介。

2002年,美国证监会在采纳所谓的"互联网投资顾问免责"(Internet Investment Advisers Exemption)条款(SEC,2002)时就已经承认数字咨询的存在及其与《1940年投资顾问法》框架的相容性。这一免责条款允许专门通过交互式网站提供个性化投资咨询服务的投资顾问在联邦一级注册成立投资咨询公司,而不必达到证监会注册投资顾问通常必须达到的监管部门规定的托管资产阈值。美国证监会在采纳这项免责条款的同时,还认识到必须为那些由于技术的原因监管部门没有规定托管资产阈值的投资顾问建立一种新的注册制度(这条免责条款承认一种投资顾问不必提供持续和定期监督服务的商业模式)。但是,美国证监会从来没有考虑仅仅因为互联网投资顾问通过交互式网站提供咨询服务而修改《1940年投资顾问法》的实质性规定。

投资公司注册的避风港。 数字投资顾问通常通过专户理财与打包收费项目,采用全权受托方式来托管客户的资产。[①] 专户理财与打包收费项目要受到按《1940年投资公司法》(Investment Company Act of 1940)3a—4规则规定的长期监管制度的约束。《1940年投资公司法》的3a—4规则为经营全权受托投资咨询项目的咨询公司提供一种非排他性避风港,没有把它们经营这种投资咨询项目视为经营投资公司(或共同基金),因此要求这类咨询公司遵守《1940年投资公司法》中很多合规和报告规定。[②] 制定3a—4规则的目的就是为了规范那些咨询公司旨在"向可投资资产相对较小的众多客户提供相同或类似的全权受托专业投资组合管理服务"而推出的投资咨询项目。按照这项规则组织和运营的投资咨询项目,只要满足一些旨在确保客户获得个性化服务待遇,并且不进行资产集聚的条件,就不会被作为事实上的投资公司。

在典型的全权受托数字投资咨询项目中,投资者开立个人经纪账户委托数

[①] 根据证监会"智能投资顾问指南"所使用的术语表,"打包收费项目"是指投资咨询服务(可能包括投资组合管理或与选择其他投资顾问相关的咨询建议)和执行客户交易的规定费用并不直接根据客户账户交易收取费用的任何咨询项目。

[②] Status of Investment Advisory Programs Under the Investment Company Act of 1940, Investment Company Act Rel. No. 22579 [hereinafter, 'Rule 3a—4 Adopting Release'] (Mar. 24, 1997). 请注意,3a—4规则正式规定了很多交易许可,最早的可追溯到1980年,其中包括制定该规则最终依据的条件。

字投资顾问管理自己的资产,而数字投资顾问则根据它们推荐和客户选择的资产配置来构建并管理由交易所交易基金组成的投资组合。虽然许多数字投资咨询服务允许客户通过网站或移动应用程序定期灵活调整资产配置,但数字投资顾问仍有权根据客户指定的资产配置参数管理客户的账户。这种类型的数字咨询服务并不是对常规的根本背离。相反,包括专户理财和打包收费项目在内的财富管理业务,目前管理的资产规模已经达到6.1万亿美元(MMI,2018)。3a—4规则订立了以下两个数字投资顾问为享受"避风港"待遇必须遵守的关键条款:第一,"数字投资顾问必须根据客户的财务状况和投资目标并遵守客户对账户管理施加的任何合理约束来管理专户理财与打包收费项目每个客户的账户"[17 C.F.R. §270.3a—4(a)(1)];第二,"擅长账户及其管理的账户管理公司的发起人和工作人员必须能够合理地为客户提供咨询服务"[17 C.F.R §270.3a—4(a)(2)(iv)]。

关于第一项与提供个性化咨询服务有关的条款,重要的是应该明白3a—4规则订立的这项条款并不是要求数字投资顾问收集有关每个客户财务状况和投资目标具体信息的适当性条款,也不是要规定必须收集的信息量,而是旨在否定把全权受托管理账户项目作为经营集聚资金的投资公司的推断。在很多情况下,数字投资顾问远非只提供一些先让自主投资者决定自己的风险容忍度和投资偏好,然后认购为偏好相似的投资者设计的模拟投资组合的在线工具,而且还可以通过指定某些断续或者安全限额赋予客户自己的账户管理施加合理限制的能力,从而为客户提供量身定制的服务。此外,数字投资顾问通常提供许多客户或投资顾问可用来定制管理账户投资组合的特殊功能和工具,包括可用来优化已有投资组合的工具,客户可用来根据自己想要的资产类别组合定制投资组合配置的工具,选择自己偏好的关联基金或筛选环境、社会和治理投资项目的工具,能够保留遗产的工具,可根据市场变化、现金流入和流出以及风险参数进行复杂的技术驱动型投资组合再平衡的工具,以及资产配置和税损收割服务工具。其结果是,数字投资咨询模式使客户能够获得根据其特定投资目标和需要定制的投资咨询服务。

此外,根据3a—4规则,客户可以"合理获得"数字投资顾问的服务。要求账户管理公司能够合理提供咨询服务,这是把专户理财账户持有人与共同基金投资者区分开来的众多因素之一。共同基金投资者一般无法接触到共同基金的投资组合管理公司。但是,3a—4规则并没有规定专户理财账户持有人如何与账户管理公司接触。数字投资顾问可以通过电话、电子邮件或支持平台的聊天服务为客户安排合适的工作人员,从而满足避风港条款的这方面规定。此外,3a—4规则没有规定,客户应该能够与负责咨询服务算法开发的人员讨论他们持有的投资组合。更确切地说,重点在于客户是否能够就他们专户理财账户管理的问题与数字投资顾问进行沟通。此外,数字投资顾问通常会24小时为客户提供有关其账户资产、业绩和属性的大量交互式实时信息。数字投资顾问通常通过文本、博客和社交媒体帖子向投资者提供大量有关其投资理念和方法的信息。

在数字咨询服务的背景下,3a—4规则的应用看起来有所不同。其实,这并不令人奇怪,但这并不意味着数字投资顾问在经营未经注册的投资公司。相反,在数字投资咨询服务的背景下,客户仍然可以从个性化的咨询建议和服务中获益,并且始终持有自己账户中全部交易所交易基金和其他证券的所有权。值得注意的是,到目前为止,美国证监会的工作人员还没有实质性的具体说明,数字投资顾问应该如何满足3a—4规则避风港条款提出的要求。不过,在2017年2月的指导意见中,美国证监会的工作人员确实已经提醒数字投资顾问认真考虑3a—4规则为它们规定的义务,并鼓励它们如果它们认为自己的组织和业务遇到了3a—4规则没有提到的特殊事项或情况,那么就直接与证监会联系以便取得进一步的指导意见(SEC,2017)。

算法管理与合规考量。在2017年2月的指导意见中,美国证监会的工作人员就数字投资顾问如何履行《1940年投资顾问法》规定的信义义务和实质性义务,向数字投资顾问提出了一些实用的建议。这些建议并没有偏离投资顾问监管框架下的受托准则,而是表达了证监会工作人员对现有监管和信托框架应用于数字投资咨询模式的看法。具体而言,美国证监会的工作人员认为,对数字投资顾问使用的算法码的开发、测试和事后检测的控制,以及对执行后算法性能的监控,都是投资顾问合规计划的关键要素。证监会工作人员建议数字投资顾问采用并实施书面政策和程序,在把算法整合到数字投资咨询平台之前和之后定期测试算法。算法测试应该评估算法是否像预期的那样执行任务,并且应该对当前使用的算法所做的全部修改都进行测试,以确保它们不会对客户账户造成不利的影响。此外,证监会工作人员还建议,由第三方开发、拥有或管理算法或软件模块的数字投资顾问应该采取书面控制的方式来适当监督这样的第三方。

数字投资咨询服务是具有某些独特优势的真人投资咨询服务

数字投资顾问具有可以加强信托关系，促进提供成熟、前后一致的建议等独特优势。正如下文要讨论的那样，人类智慧和判断是数字咨询模式不可或缺的组成部分，而数字咨询模式本身的许多正面特征则有助于数字投资顾问以创新、作用明显的方式为客户提供服务。

首先，数字投资顾问使用的算法是由人开发的，必须由投资和技术专业人士检测和监控。这些专业人士的技能和投资专长并没有受到排斥，而是反映在管理客户账户的算法中。因此，数字投资顾问利用技术把有才能的投资组合经理和投资专业人士创造的价值与尽可能大的客户群体分享。此外，数字投资咨询服务在服务的一致性、精确性和可预测性方面具有很大的优势（Philippon，2019）。与真人投资顾问个体提供的独家建议不同，数字投资咨询建议可以减轻分心、疲劳或人为偏见的情况，从而避免导致负面的客户投资结果或代价高昂的交易错误。

此外，数字投资咨询工具还可以用来调整投资组合，每天对投资组合进行审核，并且以一种从经济和业务的角度对于真人投资顾问来说不可行的方式把新的投资洞见应用于许多不同的客户账户，从而有利于做出更加迅速、明智、有效的投资决策，有助于把客户的投资组合保持在适当的风险阈值内，并且有效地在投资组合中分配哪怕是最小的现金流。此外，自动化投资使得数字投资顾问能够更加有效地实施它们的合规计划，并履行监管法规规定的义务。与由真人投资顾问个体通过电话或者在没有可靠文献支持的情况下提供的建议不同，数字投资顾问提供的建议使投资方法和策略在客户账户中得到一致的应用，从而提高透明度和数据管理效率，而且便于审计。

其次，真人也实际参与数字建议交付过程。许多数字投资顾问向客户提供实时支持，以帮助客户并回答与服务有关的问题。有些数字投资顾问采用所谓的"混合服务模式"，客户可以在线与投资顾问的真人代表交谈。数字投资顾问还能以远超过真人投资顾问个人能达到的规模，通过电子邮件、移动应用程序和网络界面与客户进行即时沟通。这样的沟通功能可用于按客户选择的时间间隔向客户实时提供账户数据或定制投资组合分析报告。真人投资顾问个人可能无法及时与哪怕是一小部分客户取得联系，而数字投资顾问则能实时向客户提供重要的、个性化的账户更新数据(Fisch et al.,2019)。

最后,数字投资咨询平台能够利用行为金融学的洞见,及时、一致地提供创新服务和账户管理功能。数字投资顾问可以根据客户(个人或全体)的在线行为来收集数据和观测资料,并使用这些信息来源来增强客户体验和促成积极的投资结果(Barber and Odean,2000)。例如,数字投资顾问有可能注意到,经常查看自己账户的投资者更倾向于在正常的日内市场波动导致小幅亏损时调整自己的投资组合。通过这种方式,数字投资顾问能够专注于客户的实际行为模式,而这些观察到的行为往往能够反映客户没有意识到或可能没有向他们的投资顾问表达的见解。数字投资顾问可以利用这些观测资料来引导投资者远离有可能导致负面投资结果的失误。例如,对于涉及向咨询账户缴费或从咨询账户转账的行为,数字投资顾问可以提供个性化的建议和提示,以促成积极的理财行为。这样的沟通可能会导致客户增加储蓄,并且指导客户不做有可能导致不良税收后果的资金转移(Barber and Odean,2013)。

结束语

根据信托法已经规定的原则,数字投资顾问可遵守与其向客户提供的咨询服务的范围和性质相一致的受托准则。数字投资咨询服务反映了传统投资咨询服务在技术上的变化,因此完全符合规范投资顾问的现有监管框架,而不是对现有监管框架的彻底背离。

数字投资咨询服务通常能以低于传统投资咨询服务的成本,为投资公众提供包括不同服务组合在内的高质量、信息透明的咨询产品。通过从理财和技术两个方面提供个人投资者可用的咨询服务,数字投资顾问能够帮助实现应对养老危机的重要政策目标,而且使那些没有资格享受传统投资咨询服务或有可能负担不起传统投资咨询服务的投资者也能得到投资咨询服务。数字投资咨询服务展现了投资咨询服务发展的未来,并根据适当的受托准则和《1940年投资顾问法》所规定的现行监管要求,提供一种引人注目的能够满足养老储蓄低成本咨询解决方案需求的机制。

参考文献

Barber, B. M. and T. Odean (2013). 'The Behavior of Individual Investors,' in G.M. Constantinides, M.Harris, and R.M.Stulz, eds., *Handbook of the Economics of Finance*. Amsterdam, NL: Elsevier.

Barber, B. M. and T. Odean (2000). 'Trading is Hazardous to Your Wealth: The Common Stock Investment Performance of Individual Investors,' *The Journal of Finance* 55(3): 773–806. https://faculty.haas.berkeley.edu/odean/Papers%20current%20versions/Individual_Investor_Performance_Final.pdf (accessed February 22, 2019).

Desai, F. (2016). 'The Great FinTech Robo Advisor Race,' *Forbes*. July 31. http://www.forbes.com/sites/falgunidesai/2016/07/31/the-great-fintech-robo-adviser-race/#267c5eee3812 (accessed February 22, 2019).

Eule, A. (2018). 'As Robo-Advisors Cross $200 Billion in Assets, Schwab Leads in Performance,' *Barron's*. https://www.barrons.com/articles/as-robo-advisors-cross-200-billion-in-assets-schwab-leads-in-performance-1517509393 (accessed February 22, 2019).

FINRA (2016). *Report on Digital Investment Advice*. March. https://www.finra.org/sites/default/files/digital-investment-advice-report.pdf (accessed February 22, 2019).

Fischer, M. S. (2016). 'Can Digital Advice Fill Advisor Gap for Small Investors?' *ThinkAdvisor*. June 20. http://www.thinkadvisor.com/2016/06/20/can-digital-advice-fill-advisor-gap-for-small-inve (accessed February 22, 2019).

Flood, C. (2016). 'Industry Heavyweights put Faith in Robo-Advisers,' *Financial Times*. September 11. https://www.ft.com/content/ba0ea8e4-652a-11e6-8310-ecf0bddad227. (accessed March 25, 2019).

Fox, J. (2018). 'Retirement Risks Keep Rising, and This Is Why,' *Bloomberg*. January 22. https://www.bloomberg.com/view/articles/2018-01-22/retirement-risks-keep-rising-and-this-is-why (accessed February 22, 2019).

Frankel, T., A. B. Laby and A. T. Schwing (2018). *Regulation of Money Managers: Mutual Funds and Advisers*. New York: Wolters Kluwer.

Greenwald, L., C. Copeland, and J. Van Derhei (2017). 'The 2017 Retirement Confidence Survey: Many Workers Lack Retirement Confidence and Feel Stressed About Retirement Preparations,' *Employee Benefit Research Institute Issue Brief No. 431*. Washington, DC: Employee Benefit Research Institute. https://papers.ssrn.com/sol3/papers.cfm?abstract_id=2941583 (accessed March 25, 2019).Investment Company Institute (ICI) (2017). *2017 Investment Company Fact Book*. April 26. https://www.ici.org/pdf/2017_factbook.pdf (accessed February 22, 2019).

Kearney, A. T. (2015). 'Robo-Advisory Services Study.' *AT Kearney Report*. http://www.atkearney.ca/documents/10192/7132014/Hype+vs.+Reality_The+Coming+Waves+of+Robo+Adoption.pdf/9667a470-7ce9-4659-a104-375e4144421d (accessed March 25, 2019).

Laby, A. B. (2008). 'The Fiduciary Obligation as the Adoption of Ends,' *Buffalo Law Review* 56 (99): 119.

Lemke, T. P. and G. T. Lins (2018). *Regulation of Investment Adviser*. Eagan, MN: Clark Boardman Callaghan.

Money Management Institute (MMI) (2018). 'Q1 2018 MMI Central – Investment Advisory Solutions Assets Top $6.1 Trillion,' June 12. http://www.mminst.org/mmi-news/investment-advisory-solutions-assets-top-61-trillion-%E2%80%93-q1-2018-mmi-central-now-available (accessed February 22, 2019).

SEC (US Securities and Exchange Commission) (1995). *Use of Electronic Media for Delivery Purposes*, Securities Act Rel. No. 7233. Washington, DC: USSEC.

SEC (US Securities and Exchange Commission) (2002). *Exemption for Certain Investment Advisers Operating Through the Internet*, Investment Advisers Act Rel. No. 2091. Washington, DC: USSEC.

SEC (US Securities and Exchange Commission) (2011a). *General Information on the Regulation of Investment Advisers*. Washington, DC: USSEC. https://www.sec.gov/divisions/investment/iaregulation/memoia.htm (accessed February 22, 2019).

SEC (US Securities and Exchange Commission) (2011b). *Study on Investment Advisers and Broker-Dealers*. Washington, DC: USSEC. https://www.sec.gov/news/studies/2011/913studyfinal.pdf (accessed February 22, 2019).

SEC (US Securities and Exchange Commission) (2013). *Regulation of Investment Advisers by the US Securities and Exchange*. Washington, DC: USSEC. https://www.sec.gov/about/offices/oia/oia_investman/rplaze-042012.pdf (accessed February 22, 2019).

SEC (US Securities and Exchange Commission) (2017). *Robo-Advisers, IM Guidance Update No. 2017–02*. Washington, DC: USSEC. https://www.sec.gov/investment/im-guidance-2017-02.pdf (accessed February 22, 2019).

Philippon, T. (2019). 'The FinTech Opportunity' in J. Agnew and O. S. Mitchell (eds.), *The Disruptive Impact of FinTech on Retirement Systems*. Oxford, UK: Oxford University Press, pp. 190–217. Semuels, A. (2018). 'This is What Life Without Retirement Savings Looks Like,' *The Atlantic*. February 22. https://www.theatlantic.com/business/archive/2018/02/pensions-safety-net-california/553970/ (accessed February 22, 2019).

Terekhova, M. (2017). 'Morgan Stanley Launches a Robo-Adviser after 6-Month Pilot,' *Business Insider*. December 5. http://uk.businessinsider.com/morgan-stanley-launches-a-robo-advisor-after-16-month-pilot-2017-12?r=US&IR=T (accessed February 22, 2019).

US Securities and Exchange Commission (SEC) (1995). Report of the Committee on Compensation Practices. Washington, DC. https://www.sec.gov/news/studies/bkrcomp.txt

USDOL (US Department of Labor) (2017). *National Compensation Survey: Employee Benefits in the United States*. Washington, DC: Bureau of Labor Statistics. https://www.bls.gov/ncs/ebs/benefits/2017/ebbl0061.pdf (accessed March 25, 2019).

USGAO (US Government Accountability Office) (2017). *The Nation's Retirement System: A Comprehensive Re-Evaluation Is Needed to Better Promote Future Retirement Security*. Washington, DC: USGAO. https://www.gao.gov/assets/690/687797.pdf (accessed February 22, 2019).

Vakta, T. and Smit Chugh (2014). *Self-Service in Wealth Management: Remaining Competitive in a Fast-Changing World*. Paris, France: Capegemini. https://www.capgemini.com/wp-content/uploads/2017/07/self-service_in_wealth_management_whitepaper_2014.pdf (accessed March 14, 2019).

Wells Fargo (2016). *Investor and Retirement Optimism Index Q2 2016*. https://mms.businesswire.com/media/20160719005353/en/535372/5/3571706cInfographics_WF-Gallup_Investor_and_Retirement_Optimism_Index_2Q_2016_en+%281%29.jpg?download=1. (accessed March 14, 2019).

White, M. J. (2016). *Keynote Address at the SEC-Rock Center on Corporate Governance Silicon Valley Initiative*, US Securities and Exchange Commission. March 31. https://www.sec.gov/news/speech/chair-white-silicon-valley-initiative-3-31-16.html (accessed February 22, 2019).

第二部分
金融科技与养老保障

第四章　金融科技的颠覆性影响：创造了鼓励个人承担理财责任的机会

朱莉安娜·卡拉威(Julianne Callaway)

金融服务业的技术进步使得客户参与、教育和个性化产品供应得到了改善。根据"观商界"(CB Insights)(Wong,2018)的数据,近年来,对金融科技的投资大幅度增长,2017年对1 000多家公司的金融科技投资达到了创纪录的166亿美元。对这个领域的投资有可能对金融服务业产生颠覆性的影响,并且改变传统金融企业的运营方式。本章介绍了关于为支持寿险业适应由金融科技产生的颠覆性影响而实施的商业计划的研究成果。这些商业计划的重点是如何改善客户体验和鼓励他们承担理财责任。

金融科技革命的驱动因素

引发当前这场金融科技革命的一个驱动因素是正在发生的重大代际变化：在婴儿潮一代人开始退休的同时,越来越多的千禧一代人开始进入劳动力市场。婴儿潮一代通常被定义为那些出生在"二战"以后到20世纪60年代早期的那一代人,这是目前人口数量最多的一代人(Fry,2018);而千禧一代则被称为"回声潮"(echo boom)一代,因为他们中的许多人都是婴儿潮一代的孩子。千禧一代是指出生在20世纪80年代初到90年代末的一代人,现在年龄在20~35岁之间。根据皮尤研究中心(Pew Research Center,2015)的数据,千禧一代在2015年已经成为美国劳动力大军中人数最多的一个群体。千禧一代还有一个不同于他们之前几代人的地方,那就是他们成长在数字时代,接受过高水平的教育,其中60%以上的人上过大学(Council of European Advisors,2014)。2008年的经济衰退对临近退休的婴儿潮一代和即将毕业的千禧一代都产生了深远的影响。这种共同的经历意味着这两代人要共同面对他们的财务安全面临的经济挑战,而这一挑战有可能削弱他们实现养老目标的能力。

对金融服务业产生影响的另一科技发展成果是由数据赋能的数字服务(data-enabled digital services)的问世,从而促使投资咨询服务来源发生了变化。现在,消费者不再仅限于通过面谈,而是可以通过各种渠道来获得投资咨询服务。消费者可以在线阅读,并在自己的社交网络社区提问。数据还能让消费者拿自己与基准进行比较,并拿自己的需要与"自己的同类人"的需要进行比较。技术已经发展到消费者可以在一天的任何时间里提出问题并立即得到回答的程度,允许消费者在满足自己需要的同时能得到更加个性化的体验。

推动金融服务业巨变的另一个因素是员工福利和就业环境发生了变化。传统上,包括医疗保险和团体人寿保单在内的员工福利为员工提供了保障退休生活的经济来源。劳动者还可以通过养老金和401(k)计划缴费来增加养老储蓄。相比而言,如今的福利待遇不如过去那么全面,而且有越来越多的人在传统的工作场所以外就业。劳动力已经发生了变化,美国有1/3以上的劳动力在"零工"经济('gig' economy)就业(Pofeldt,2016)。我们现在可以通过从事自由职业或创业做老板来挣钱,这些职业提供了更大的灵活性,但往往缺乏传统的就业福利,包括养老和社会保险福利。这些发展趋势推动了金融科技解决方案的开发和传统金融服务业商业模式的瓦解。

技术变革促使金融服务大众化

由于提供金融服务的成本降低,又由于与消费者沟通的方法增多,因此,现在有更多的人可以获得以前只有富人才能享受的投资咨询和资产保护服务。这一发展导致寿险行业发生了深刻的变化,因为,虽然保险保护有利于社会公益,但传统的保险分销方式在覆盖最需要保险的人群方面仍显不足。为了了解怎样才能通过最有效地调整产品和服务来最好地满足消费者的需要,我们对许多消费者进行了访谈。受访者告诉我们,在没有人寿保险保护的情况下失去家庭成员会威胁到他们的财务安全和未来的财务稳定。

根据美国人寿保险与市场研究协会(Life Insurance and Market Research

Association，LIMRA）的估计，有30%的美国家庭没有投保人寿险，而且有近一半的美国家庭没有足够的保险保护来满足自己的需要，从而导致美国家庭出现了12万亿美元的保险缺口（Scanlon，2016）。如果家庭主要收入来源的成员死亡，那么，美国就有40%有18岁以下子女的家庭会面临直接的经济困难，而近70%的美国家庭就会在几个月里苦于应对日常生活开支（LIMRA，2016）。

金融服务业有巨大的机会利用技术进步成果，满足需要财务保护的消费者的需求，帮助他们更加容易获得理财信息和工具。

阻碍消费者获得财务保护的障碍

保险保护在很大程度上是一种无形权益，特别是在客户投保但没有提出索赔的情况下。此外，消费者有许多相互竞争的财务优先事项，长期保险的范围可能难以确定。传统的保险销售流程也是阻碍许多消费者获得保险保护的障碍，从而有可能导致他们不想投保。购买个人人寿全保保单的申请通常需要经过数周的评估才能获得批准，而且研究保单条款既复杂又费时。此外，部分消费者对保单的销售代理和履行理赔义务的保险人缺乏信任。我们很多人在为实现自己的财务目标而努力，金融服务业理应了解消费者在寻求财务安全时会遇到的障碍。

技术可以改善客户的体验

保险科技是金融科技的一个子类，通常是指为了满足保险业面临的需求而设计的技术解决方案。对保险科技的投资从2016年到2017年增长了16%，而自2012年以来已经超过了80亿美元（Wong，2018）。保险科技投资专注于构建承保、理赔支付、在线报价和申购平台。这类解决方案旨在消除上述阻碍消费者投保人寿险的障碍。

保险公司也在以其他方式适应影响保险业的趋势。许多保险公司正在创造数字工具，以满足消费者对个性化和按需访问的需求。数据使供应可定制产品成为可能，而供应可定制产品是为了提高保险产品与个人特定保险需求之间的相关性，并保持与保险公司的联系。沟通的简便性和申购流程的透明度有可能增进消费者对保险业的信任。

数据来源

金融服务业利用不同来源的数据来改善客户的服务体验。例如，传统的人寿保险承保流程要求提交许多来源的证明材料，包括体检结果和验血报告。这个流程具有耗时、费力、成本高甚至伤害人的特点——通常需要几个星期才能决定是否接受（或拒绝）一份人寿保险申请。人寿保险消费者和销售代理都希望有一个更加精简的风险评估流程。根据阿特和桑德盖尔德（Art and Sondergeld，2017）的研究，在接受调查的寿险公司中，有一半现在已经在利用技术和补充数据来源来加快承保流程方面取得了进展，只有10%接受调查的保险公司没有简化承保流程的计划。

简化承保流程，通常涉及筛选评估风险的方法，加大收集传统数据和补充信息的力度，以加快接受那部分缺乏相关证明材料的申请人的速度。现在已经使用的数据来源包括保险申购、处方、驾驶和信用记录的历史材料。消费者个人如果没有任何危险信号，那么就能按具有竞争力的费率申购保险，而其他申购者就需要另外提交体检材料。

保险公司可以从医疗信息局（Medical Information Bureau，MIB）这个1902年成立的会员制组织获得投保人申购保险的历史数据。会员保险公司向医疗信息局提交保险申请人的申请信息，目的是要识别他们的申请材料中是否存在差错和遗漏，并防止潜在的欺诈。会员保险公司可以使用医疗信息局的数据库验证同一保险申请人的申请材料与他以前的申请材料是否一致。医疗信息局是寿险承保过程中一个用途广泛的数据来源，将近90%的个人寿险申请和所有的快速承保项目都要使用这个数据来源（MIB，2017；Art and Sondergeld，2017）。

长期以来，处方药数据一直被制药公司用于药物研究和开发。近年来，药品保险金理财人（Pharmacy Benefit Managers，PBMs）和药品保险金理财人联合会也向寿险业提供这方面的数据，用于评估投保人的死亡风险。这类信息对保险公司很有价值，因为处方药使用史与病史密切相关。研究表明，为评估风险而设计的预测模型可以利用这类数据来区分死亡率，并且使保单申请的接受不必取决于那种耗时费力、成本高甚至伤人的体检。阿特和桑德盖尔德（Art and Sondergeld，2017）报告称，有2/3以上的保险公司使用处方药的历史数据来评估它们的快速承保项目。

精算研究也发现了机动车档案数据（motor vehicle records，MVR）和全因经验死亡率数据之间的统计关系。美国再保险集团（Reinsurance Group of America，RGA）的研究人员分析了死亡率和机动车行车记录之间的关系（Rozar and Rushing，2012）。图4.1显示了仅由违章驾驶史导致的高风险人群的额外死亡率。有一次或一次以上严重违章驾驶行为的人，如驾驶速度超过每小时30英里限速的人，显示了较高的总体经验死亡率。此外，这种额外风险会随着驾车违章次数的增加而增大。

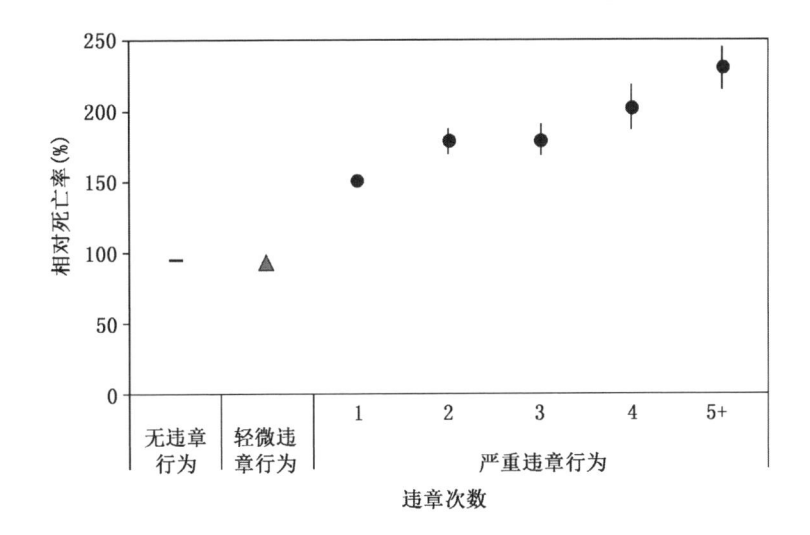

资料来源：Rozar and Rushing（2012）.

图4.1 根据严重违章行为次数计算的相对死亡率

多年来，保险商一直依靠机动车档案材料来评估死亡风险。不过，机动车档案材料对于加快承保决策也有重要意义。例如，一份记有严重违章行为的驾驶记录可能需要补充证明材料才能支持保险申请获得接受，而一份遵守交规的驾车记录可能有助于保险商快速做出承保决策。据阿特和桑德盖尔德（Art and Sondergeld，2017）报告称，类似于前面提到的处方药数据，有2/3以上的保险公司使用机动车档案材料来为它们的自动承保项目提供信息。

在财产险和意外险保险公司的引领下，寿险行业也开始利用美国主要征信机构提供的金融信用数据来改善对保险申请人死亡风险的评估。精算研究表明，申保人的信用记录与他们的死亡风险之间存在相关性。例如，美国环联公司(TransUnion)和美国再保险集团开发了一种名为"TrueRisk Life"的根据申报人信用记录评分的工具。这种工具利用一些个人消费信贷数据的分量,有效地对死亡风险分级,甚至无须再走承保流程。如图4.2所示,"TrueRisk Life"评分5%得分最高的人(96%~100%)死亡率比5%得分最低的人(1%~5%)低5倍(Kueker,2015)。

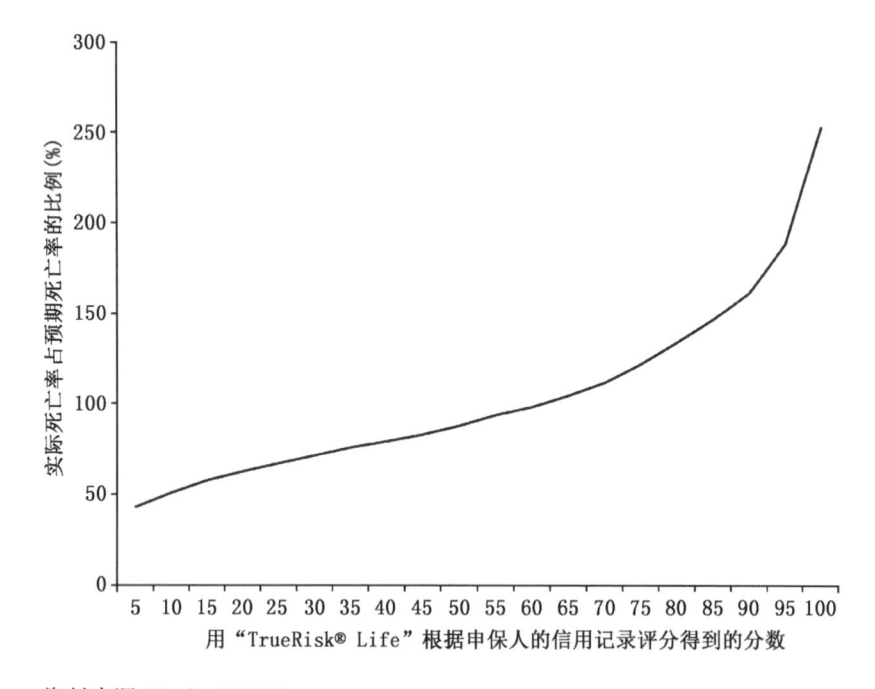

资料来源:Kueker(2015).

图4.2 按信用记录评分计算美国人口分级死亡率的12年期研究

在快速承保项目中使用信用数据的做法越来越受到保险公司的欢迎。2017年,在接受美国寿险营销协会(LIMRA)调查的寿险公司中,只有18%的公司在快速承保项目中使用了信用数据,但另有38%的受访公司计划在未来把这种数据作为证据来源(Art and Sondergeld,2017)。这对于人寿保险的消费者来说意义重大,因为有助于减少评估某些保险申请人风险对"伤人"的申保证明材料的需要。保险公司能够为在该模型中得分高的申保人做出更快的决策。

随着保险公司开始关注电子健康档案、通过可穿戴设备和联网设备(即"物联网")收集健康数据等其他数据来源的保护作用,用于加快承保决策速度的数据范围继续不断扩大。用于简化寿险承保流程的数据和技术也有可能改善理财规划行业的服务流程。养老储蓄计划将得益于有新的数据来源支持的寿命预测准确程度的提高。例如，对某人需要为养老储蓄多少钱的预测通常需要用于估计必要储蓄额的预期寿命数据。然而，这些预测往往过于简单，而且是基于个体的平均寿命预测。如表4.1所示，我们可以利用更多的信息来制定更好的养老计划。

表4.1　　　65岁不同健康状况男子的预期剩余寿命比较

健康状况描述	估计剩余寿命	与健康无病者的估计剩余寿命的差距
健康无病	22年10个月	0年
高血压、高胆固醇	21年10个月	1年
前列腺癌	21年3个月	1年7个月
糖尿病	19年10个月	3年
吸烟、体重指数35	18年8个月	4年2个月
最近心脏病发作	17年3个月	5年7个月
失代偿性心力衰竭	11年1个月	11年9个月
肺癌四期	0年11个月	21年11个月

注：美国再保险集团的AURA承保系统等技术是我们年度风险和评级工具（Annuity Risk and Rating Tool，ARRT）的核心技术。年度风险和评级工具根据详细的病史、治疗和症状计算个人预期剩余寿命，这种工具一直是英国强化年金市场的基石。

资料来源：采用美国再保险集团的年度风险和评级工具计算预期寿命。在本例中，65岁的健康男子有望活到87岁10个月。

65岁的健康男子有望活到87岁10个月。相比之下，如果把被试者的具体健康状况考虑进去，那么，具体的健康状况就会对预期寿命产生明显的影响。例如，半数体重超标的吸烟者可以活到83岁2个月。如果我们能够根据寿险承保使用的更加个性化的预期寿命预测数据来进行养老规划，那么就能提高规划的准确性。通过这种方式，技术进步就能帮助理财策划过程，因为消费者和投资顾问都会寻求更好地使消费者的财富变化轨迹和他们的寿命相匹配。

临终计划工具

消费者越来越希望根据自己的生命时间表来研究理财选项。特别是千禧一代的消费者,他们对用视频会议这样的技术和技术服务来取代投资顾问很感兴趣。尽管如此,许多消费者仍然对在保险顾问的帮助下购买人寿保险感兴趣。根据芬妮等人(Finnie et al.,2017)的研究,一半以上的消费者使用互联网来研究保单选项,但只有不到1/3的人在网上购买人寿保险。我们自己的消费者研究强调了消费者对理财教育工具简易性的需要和对个性化帮助的渴望。一位受访的消费者表示,"我丈夫带回家的保险材料都是些图表,而且只有图表。我被这些信息搞得不知所措。我希望有人能给我解释。"

虽然大多数消费者仍然依赖销售人员的建议来完成寿险产品的购买,但值得信赖的顾问的网络已经扩大。我们越来越依赖朋友和家人以及更大的社交网络的推荐和建议。在线内容、评估工具和计算器都有助于理财教育支持系统。但话又得说回来,对许多消费者来说,使用各种各样的计划工具仍然是件难以应付的事情。因此,临终计划工具,无论是作为员工福利还是保险公司和保险代理人提供的增值服务,都越来越受欢迎。

虽然大多数消费者都知道理财计划的重要性,但是,许多人却迟迟没有采取措施保护自己未来的财务安全,从而形成了一个新的压力来源。根据安联公司(Allianz)完成的一项调查,61%的被调查者表示,他们更担心自己拥有的资产的寿命超过他们自己的寿命(Allianz,2010)。然而,尽管财务不确定性造成了恐惧和压力,但有意购买人寿保险的人数与实际购买的人数之间仍存在差距。这种惰性给消费者造成了情感和财务成本。

对理财计划的需要不只限于简单地教育消费者做出购买保险的决定,而且还应该包括帮助家庭管理与遗产计划相关的全部资产组合的服务。由于我们的生活在很大程度上已经数字化,消费资产已经超过了账户余额和月度报表,因此变得越来越难以管理。在没有数字遗产计划的情况下,有可能丢失或销毁的数字资产有:

(1)包括电子邮件和社交媒体在内的在线账户;

(2)照片和视频等个人文档;

(3)理财和投资账户;

（4）忠诚奖励积分；

（5）需要密码才能访问的数字数据。

有些公司提供遗产计划的数字化管理，为用户提供重要信息的组织、教育支持，以及在悲痛时与朋友和家人进行宽心沟通等服务。临终计划工具通常包括数字存储、遗嘱外愿望、指定代表、向家人传递财务和数字信息、财产清单和宠物护理等各种不同的服务。从事这种业务的企业明显以保护数据安全为己任，但服务范围不同。例如，文件银行公司（Docubank）专注于安全存储重要的临终计划文件和文档，而"Everplans"公司则除了提供数据存储服务外，还提供教育内容和投资顾问沟通工具。目前提供的产品或服务在教育细节形式和水平上各不相同，从为消费者提供带有简单滑动功能的移动应用程序来表示临终愿望，到提供指导、存储和沟通等的全方位服务工具（Bednar，2017）。

临终计划工具也可用来满足对财务规划的需要，通过提供指导来帮助家庭度过混乱的财务时期。美国再保险集团的消费者研究还表明，有些消费者担心他们的亲人是否有能力在没有指导的情况下负责任地管理人寿保险收益。消费者的这种担忧是扩充理财规划工具包的另一个原因。

市场调研公司Competiscan对消费者有关几个"遗愿"规划师的反馈信息进行了考察，并对容易理解的程度、专业表现和情感诉求等方面的反馈信息进行了评估。该公司得出的结论是，服务提供商必须能够在提供过于简单的材料和提供过多细节给消费者造成压力之间取得平衡。许多消费者看重把包括个人家谱信息在内的文档数字化保存在某个单元的能力。

虽然在实用性和情感吸引力之间找到适当的平衡，对临终计划工具的创造者来说是一种挑战，但仍非常需要理财指导。美国家庭由于没有制定临终计划，因此损失了估计多达580亿美元因受益人未知而无法认领的财产。这些无人认领的财产包括废弃的银行账户和股票、无人认领的人寿保险赔付金以及被遗忘的养老金福利（Hicken，2013）。千禧一代和X代的消费者被数字自助平台所吸引，而且投资顾问的平均年龄为50岁，因此，扩大数字化服务将有助于金融服务业保持与熟悉数字技术的消费者的联系（Touryalai，2017）。

储蓄受到的挑战

美国人养老储蓄能力下降带来的财务挑战，也影响到了他们负担人寿保险的能力。艾莉森和哈丁(Allison and Harding,2017)指出,52%的美国劳动者感受到了经济压力,而54%感到经济压力的美国劳动者计划推迟退休。

许多美国人都要承受债务负担。根据美国联邦储备银行(Federal Reserve Bank,2018)的数据,2017年,美国人积欠的非抵押债务估计为3.8万亿美元。对于很多千禧一代人来说,这种债务主要是沉重的学生贷款,但也包括房屋装修贷款、汽车贷款和消费信贷等债务。债台高筑也会影响到履行还本付息义务的预算。诺布尔(Noble,2018)发现,将近一半的被调查者表示,他们要把太多的年收入用于偿还债务;61%的被调查者表示,偿还债务的责任对他们的养老储蓄能力产生了负面影响。

根据普通分币实验室(Common Cents Lab,2017)的数据,90%的美国人没有个人储蓄。此外,在未来5~10年到退休年龄的人群中,有40%的人没有为退休存钱(Common Cents Lab,2017)。由于没有能力储蓄与消费行为有关,因此,我们对常与人寿保险需求相符的由人生大事引发的消费需求进行了评估。我们发现,这些人生大事包括结婚、买房和改善住房条件以及生儿育女。

这项研究表明,很少有人了解与这些人生大事有关的购物的全部成本。即使没有债务、努力存钱的人也无法确定需要存多少钱才能为应对这类事件做好准备。

相互竞争的财务优先事项是阻碍储蓄的诸多障碍之一,但消费者建议金融服务公司采用一些有助于鼓励储蓄的方法。为鼓励储蓄而设计的工具可以提醒消费者应该确立自己的储蓄目标,使他们有自己的储蓄目标。这可以很简单,譬如说,在他们的数字储蓄工具中插一张与他们的储蓄需求相关的照片(比如一张婴儿的照片)。

普通分币实验室(Common Cents Lab,2017)发现,消费者在看到自己在实现储蓄目标方面取得进展时就会存更多的钱。我们的消费者访谈也支持动用积极的强化手段,如发放与实现中期目标相关的奖金。许多公司已经在这个金融科技领域展开竞争。

其中一家名为"数本"(Qapital)的公司试图在付款时采用"金额向上取整"法来鼓励客户多存钱。这样,时间一长,客户会增加一小笔储蓄。橡实公司(Acorns)和储藏公司(Stash)等其他公司利用技术来推进服务大众化,并允许中等收入消费者制定自己的投资策略(Murakami-Fester,2017)。为了与消费者互动,这些公司必须开展作用显著的移动业务。

金融科技还可以提供新的工具,帮助消费者更加明智地消费。许多金融服务产品只是让消费者为将来某个时间点而储蓄,但并没有考虑如何在当前有效地花钱。为了填补这个空白,联合收入公司(United Income)帮助消费者制定明智的退休后支出规划(Hughes,2017)。

健康计划工具

许多保险公司开始采取一种兼顾财务健康和身体健康的整体健康观,因此有助于向消费者传递这样一个信息:在保险提供的健康福利的支持下,投保人可以更加长寿,并且在更有成效地生活的同时承担更多的经济责任。促进健康生活行为的健康计划也能使老年人在年龄不断增长的情况下缩短身体不佳和丧失自理能力的时间。

美国有70%以上的人口体重超标或者过度肥胖,从而导致一半以上的美国人因患心脏病、糖尿病和某些癌症而过早死亡(Centers for Disease Control,2016;Macha,2017)。良好的营养、睡眠和锻炼都有助于健康的生活,而且在某种程度上,健康计划可以促进健康状况的改善;保险客户自己也能从健康计划中受益,同时又可以提高人寿保险公司的财务回报。此外,用于验证健康计划活动的可穿戴设备技术也有助于及早发现心脏病和糖尿病等疾病,从而可以及早进行干预并改善生活质量。

技术驱动型健康问题解决方案在人寿保险业有很大的应用前景。例如,慢性疾病患者往往很难获得他们负担得起的保险保护。寻求证明对自身健康状况进行负责任管理的消费者,可以利用健康计划来证明自己与不积极改善自身健康状况的人面临不同的风险。同样,技术可以使推行规范用药计划成为可能,从而也有助于改善用药者的健康状况。

缜密的健康计划也可以在应对老龄化的过程中发挥作用。注重能动性的健康计划有助于预防跌倒和增强力量,从而有利于延长老年人在家里独立生活的时间。事实上,家中的联网设备可以延长老年人独立生活的时间,因此同时有益于长期护理保险的受益人和提供商。

对于保险公司来说,在把某种既有技术纳入保险健康计划之前,了解它的功能和可用性也是很重要的事情。一项可穿戴技术(设备)研究让1 000名员工及其家人和朋友持续"穿戴"五种不同的健身设备12周。研究人员发现,可穿戴设备捕捉到了不同的数据记录。另外，他们还发现设备的穿戴舒适度有助于对设备的持续使用，这一点对于穿戴这种设备记录睡眠状况的人来说尤其如此（Falkous, 2016）。

健康保险计划有可能增加保险受益人健康地独立生活的时间，并且在受益人逐渐变老和过上退休生活以后降低医疗费用。

结束语

技术进步正使金融服务业能够开发出符合消费者预期的数据驱动型个性化产品。新的数据来源的可用性能够改善客户的购买体验，并且支持过去必须经过漫长甚至伤害性评估才能决定是否销售的理财产品（如人寿保险产品）的数字化销售。

利用金融科技帮助消费者改善储蓄习惯并促进明智消费，有助于排除一些威胁到消费者支付能力的障碍。旨在促进健康的保险计划有助于提高计划参与者的生活质量，从而提升保险产品除了简单的财务保护以外的其他价值。

参考文献

Allianz (2010). *Reclaiming the Future: Challenging Retirement Income Perceptions*, Munich, Germany: Allianz White Paper. https://www.allianzlife.com/-/media/files/allianz/documents/ent_991_n.pdf?la=en&hash=22B9CE8151AB813C34696723818B40C4AF46D62D (accessed February 28, 2019).

Allison, K. E. and A. J. Harding (2017). *2017 Employee Financial Wellness Survey*, London, UK: PWC Report. https://www.pwc.com/us/en/industries/private-company-services/library/financial-well-being-retirement-survey.html (accessed February 28, 2019).

Art, M. M. and E. T. Sondergeld (2017). *Transforming Underwriting*. Windsor, CT: LIMRA Report.

Bednar, J. (2017). 'Web Services Take End-of-life Planning into the Smartphone Age,' BusinessWest.com. http://businesswest.com/blog/web-services-take-end-life-planning-smartphone-age (accessed February 28, 2019).

Centers for Disease Control and Prevention (2016). *Obesity and Overweight*, Washington, D.C.: CDC. https://www.cdc.gov/nchs/fastats/obesity-overweight.htm (accessed February 28, 2019).

Common Cents Lab (2017). *2017 Annual Report—Common Cents Lab*, Center for Advanced Hindsight.

Council of Economic Advisers (2014). '15 Economic Facts About Millennials.' Washington, D.C. https://obamawhitehouse.archives.gov/sites/default/files/docs/millennials_report.pdf (accessed February 28, 2019).

Falkous, C. (2016). *Wearable Wellness*, New York, NY: Reinsurance Group of America (RGA). http://www.rgare.com/knowledge-center/media/articles/wearable-wellness (accessed February 28, 2019).

Federal Reserve Bank of New York (2018). *Household Debt and Credit Report*. New York, NY: Center for Microeconomic Data. February: https://www.newyorkfed.org/microeconomics/hhdc.html (accessed February 28, 2019).

Finnie, L., J. Scanlon, and M. Leyes (2017). '2017 Insurance Barometer Study,' LIMRA.

Fry, R. (2018). *Millennials Projected to Overtake Baby Boomers as America's Largest Generation*. Washington, DC: Pew Research Center. http://www.pewresearch.org/fact-tank/2018/03/01/millennials-overtake-baby-boomers/ (accessed February 28, 2019).

Hicken, M. (2013). '$58 Billion Unclaimed: Is Some of it Yours?' *CNN Money*. January 27. https://money.cnn.com/2013/01/24/pf/unclaimed-money/index.html (accessed February 28, 2019).

Hughes, N. C. (2017). 'The FinTech Startup Helping Retirees with Spending, Not Saving,' *The Next Web*. September 27. https://thenextweb.com/contributors/2017/09/27/united-income/ (accessed February 28, 2019).

Kueker, D. (2015). 'The Power of Big Data: An RGA Case Study,' *RGA Quarterly*: *Europe*.

LIMRA (2016). *Facts About Life 2016*. LIMRA Report. Windsor, CT. https://www.limra.com/uploadedFiles/limra.com/LIMRA_Root/Posts/PR/_Media/PDFs/Facts-of-Life-2016.pdf (accessed February 28, 2019).

Macha, R. (2017). 'Association between Dietary Factors and Mortality from Heart-Disease, Stroke, and Type 2 Diabetes in the United States,' *Journal of American Medical Association*, 317(9): 912–24.

Medical Information Bureau. (2017). 'Facts about MIB,' MIB Report. Braintree, MA. https://www.mib.com/facts_about_mib.html (accessed February 28, 2019).

Murakami-Fester, A. (2017). 'NerdWallet's Best Money Saving Apps.' *Nerdwallet*. November 8. https://www.nerdwallet.com/blog/banking/best-money-saving-apps/ (accessed February 28, 2019).

Noble, E. (2018). 'Danger Ahead? Impact of Debt on Retirement Saving.' LIMRA Report. Windsor, CT.

Pew Research Center (2015). *Millennial Ssurpass Gen Xers as the Largest Generation in U.S. Labor Force*. Pew Research Center. http://www.pewresearch.org/fact-tank/2015/05/11/millennials-surpass-gen-xers-as-the-largest-generation-in-u-s-labor-force/ (accessed February 28, 2019).

Pofeldt, E. (2016). 'Freelancers Now Make Up 35% Of U.S. Workforce.' *Forbes*. October 6. https://www.forbes.com/sites/elainepofeldt/2016/10/06/new-survey-freelance-economy-shows-rapid-growth/#140052fc7c3f (accessed February 28, 2019).

Rozar, T. and S. Rushing (2012). *An Analysis of Motor Vehicle Records and All-Cause Mortality*. St. Louis, MO: Reinsurance Group of America (RGA).

Scanlon, J. T. (2016). *Life Insurance Ownership In Focus—U.S. Household Trends 2016*. LIMRA. September 28. https://www.limra.com/Research/Abstracts_Public/2016/Life_Insurance_Ownership_in_Focus__U_S__Person-Level_Trends_(2016).aspx (accessed February 28, 2019).

Touryalai, H. (2017). 'America's Top Next-Gen Wealth Advisors: Millennials Who Survived 2008 Are Now Managing Billions.' *Forbes*. July 25. https://www.forbes.com/sites/halahtouryalai/2017/07/25/americas-next-gen-wealth-advisors-millennials-who-survived-2008-are-now-managing-billions/#5fb7cea42d1a (accessed February 28, 2019).

Wong, M. (2018). 'Fintech Trends to Watch in 2018,' *CB Insights*. https://www.cbinsights.com/reports/CB-Insights_Fintech-Trends-2018.pdf (accessed February 28, 2019).

第五章　伦理、保险定价、遗传问题与大数据

罗伯特·克里兹曼（Robert Klitzman）

电子计算机和基因组学领域取得的巨大技术进步正在从根本上改变当今生活的无数方面，包括医疗护理、预期寿命、养老和理财规划，既给我们带来了机遇，也提出了深刻的伦理和公共政策挑战。包括基因信息在内的数据为如何更好地诊断、预防和治疗许多疾病（从癌症到阿尔茨海默病）提供了新的见解，并揭示了与衰老和寿命长短相关的因素。因此，这些数据可能会潜在地影响对生命、伤残和长期护理保险（Callaway，2019）以及各种其他理财产品和服务的感知需求和定价。例如，携带增患阿尔茨海默病基因的人群，可能会决定提前退休和/或努力购买更多的保险。个人也可能根据遗传信息决定不生孩子，或者试图筛查胚胎是否得了某些疾病——尽管不一定能够取得成功。

在一些学者和其他人致力于探索技术如何颠覆并改变金融服务和养老金规划的时候，考虑计算机、遗传和其他技术如何相互融合和影响从而重塑这些领域，就变得至关重要。

人寿保险的例子

人寿保险受到的影响凸显了许多问题，因此下文以人寿保险为实例来讨论。人寿保险领域存在一些问题，如出售人寿、伤残和长期护理保单的公司是否应该搜集消费者的基因信息，某些个人是否会由于自己的基因而无法申请人寿保险或者要支付无法承受的价格。在决定是否出售这类保单和按什么价格

出售时,保险公司通常会考虑申请人的风险因素,如吸烟和肥胖,但社会现在开始质疑是否应该区别对待基因信息。

与遗传技术有关的背景

基因由脱氧核糖核酸(DNA)组成,脱氧核糖核酸主要由鸟嘌呤、胞嘧啶、胸腺嘧啶和腺嘌呤(缩写为 GCTA)等四种核苷酸组成。这些核苷酸(通常用四个字母的缩写来表示)的数千个序列对人体中具有各种不同功能的特定蛋白质进行编码。其中的某个字母会偶尔地错误替代另一个字母——编码错误。有些编码错误会产生良性影响,而另一些则可能选择性地伤害或帮助生物体,显著提高或降低发病率和死亡率。

技术进步已经允许我们进行低成本的基因检测,包括全基因组测序。在过去的 20 年里,个体基因组测序费用已经从几亿美元急剧下降到了不足 1 000 美元(尽管目前这笔费用还不包括对基因信息的解读)。但是,现在又出现了隐私、保密以及潜在的污名化和歧视问题。像"23 与我"公司(23andMe)这样直接面向消费者的基因测序公司已经以 6 000 万美元的价格把它的 100 万客户的基因信息文档卖给了制药公司(Herper,2015),从而引发了关于这些数据所有权的伦理道德问题。因此,大数据的迅速传播和扩散使得遗传信息的分享、出售和转售变得更加便宜和容易,无论本人是否知情、理解、愿意或明确许可。由此又引发了另一些问题:利用这些数据识别本人有多容易;是否应该以任何方式限制这些共享数据集的使用;如果应该限制,那么应该由谁并如何来决定。

只要再增加一些个人的其他数据(如出生日期和邮政编码),我们就能用基因组数据识别本人,从而提高实施歧视的可能性(Erlich and Narayanan,2014)。电影《千钧一发》(Gattaca)中的科幻情节凸显了公众对基因数据可能被滥用的恐惧。在美国,《反基因歧视法》(*Genetic Information Nondiscrimination Act*, GINA)(US Equal Employment Opportunity Commission,2008)目前禁止在医疗保险承保决策中使用基因信息,但并不禁止在人寿、长期护理或伤残保险中使用基因信息。

基因检测费用直线下降和对基因检测的广泛使用,使得解决这些问题变得更加紧迫。罹患与基因检测有关的严重疾病的高危个体可能会担心失去保险保护或要支付更高的保险费,因此拒不接受可能有助于疾病预防、诊断或治疗的基因检测。例如,医院将来可能会对所有前来就诊的患者进行基因测序,利用他们留下的血液样本,并将这些信息存储在大型数据库中。于是,就提出了以下这些问题:谁有权使用这些信息?研究人员、制药公司、执法官员、学校和保险公司是否应该可以看到这些数据?如果他们可以看到,那么具体应该看到哪些信息?——例如,是否应该先删除某些标识符?如果是,那么应该删除哪些标识符?美国政策制定机构最近在修订所谓的"共同规则"(Office for Human Resource Protections,2009 and 2016)规范包括使用大型生物库在内的人类受试者研究时遇到了一些这样的两难困境。修订后的共同规则(Office for Human Resource Protections,2016)允许对未来未明确的研究用途进行一次性非特定许可,前提是要满足某些保护隐私的要求。但有些问题仍有待确定,譬如说,如何具体实施这些规定,可能会出现哪些意料之外的挑战,在其他情况下可能需要哪些类型的患者同意,以及是否应该对数据共享施加任何限制。另外,是否所有的病人都能接受这些情况,或者可能因此而躲避某些检查或医疗护理等问题。

还有医疗提供者与患者对遗传学、统计数据(如绝对风险和相对风险)和基因检测(涉及较多显著性不确定的变异)的潜在误解等问题。包括大多数医生在内的医疗提供者对遗传学的了解都处于很低的水平。大多数内科医生认为自己对遗传学(73.7%)和基因检测指南(87.1%)的了解少得可怜,并且深深觉得自己需要接受更多的专业培训才能确定何时应该给病人开检测单(79%)、怎样说服病人(82%)、如何解释检测结果(77.3%)以及如何保护隐私(80.6%)(Klitzman et al.,2013)。

一些大公司和机构的数据遭到黑客攻击的例子,也引起了人们的担忧。各种违反保密规定的行为,有些是故意所为,有些是意外造成的(Rouse et al.,2019)。

人寿保险面临的挑战

人寿保险把意外伤残、慢性疾病或过早死亡造成的财务风险汇聚在一起,从而创造了防止生者在工资收入者去世后变得贫困的社会价值。人寿保险允许大量的投保人一起来分担这类风险。

但是,随着越来越多的消费者进行基因检测(通常是自己主动要求),精算风险评估也变得日益复杂(Klitzman et al.,2014)。消费者可能会发现,自己拥有的基因会增加突发心脏病、过早死亡、患阿尔茨海默病或其他可能需要长期护理的疾病的风险。这些消费者可以不向保险公司透露检测结果,但却可以购买保险。对缺乏有效预防或治疗报告的疾病具有高易感基因的人接受建议进行匿名的基因检测,如果他们知道自己存在基因突变的问题,那么就会购买人寿、伤残与长期护理保险(Klitzman,2012)。例如,那些知道自己的基因与罹患阿尔茨海默病较高风险有关的个体购买或计划购买长期护理保险的可能性就会提高2~3倍(Taylor et al.,2010)。另一项对个体检测与阿尔茨海默病有关的基因的研究并没有发现在购买健康、人寿或伤残保险方面的显著差异,但发现那些知道自己拥有这种基因的个体改变长期护理保险的可能性提高了5.76倍(Zick et al.,2005)。如果消费者本人掌握了自己的基因信息,而保险公司没有掌握,那么就会导致信息不对称,进而导致"逆向选择"并且造成不公平的竞争环境。

罗斯柴尔德和斯蒂格利茨(Rothschild and Stiglitz,1976)指出,信息不对称能够对保险市场产生显著的影响。但是,芬克尔斯坦和波特巴(Finkelstein and Poterba,2004)在分析英国年度数据时发现,信息不对称可能会影响消费者某些方面的行为,但不会影响他们其他方面的行为。具体来说,那些预期寿命较长的消费者倾向于购买更多的"后载"保单('back-loaded' policies,保险金逐年增加的保单),而那些预期寿命较短的人则倾向于购买向共同受益人中的生者提供赔付的保险。然而,非对称选择似乎不会影响购买年金的规模(Finkelstein and Poterba,2004)。这些研究结果表明,有必要关注寿险保单有可能受到这种信息不对称影响的多个方面。布朗和华沙夫斯基(Brown and Warshawsky,2013)建议把年金和长期护理保单合并在一起,也就是把这两种保险产品合并在一起,作为减少潜在逆向选择的一种策略。但是,这种方法是否能够减少基因检测引起的逆向选择,目前仍不清楚。

如果保险公司决定搜集保险申请人的基因信息,那么可能会通过以下几种途径来搜集:申请人的家族史、医疗记录、询问申请人或其家庭成员是否进行过基因检测,以及要求申请人进行此类检测。电子病历卡(EHRs)的普及提高了这类数据的可获得性。基因检测结果越来越多地被记入电子病历卡,而申请保险也经常要求如实提交病历信息。

事实上,保险公司目前正在探讨如何解决这些问题。英国的寿险公司已经接受了暂停使用基因信息的规定（Association of British Insurers，2011）。美国一名人寿保险公司的高管表示，他的公司想询问这类基因信息，但不希望成为第一家这样做的保险公司（Peikoff，2014）。一些加拿大和欧洲的作者（Joly et al.，2014）阐述了许多仍需要进一步研究、涉及面很广的问题。

但是，美国寿险公司仍然不能确定该做什么。科学界对基因组学的看法正在迅速变化。虽然有人认为，"目前已知的常见变异的基因组信息很少会对已经根据表型和家族史完成的死亡率风险评估产生重大影响"（Klitzman et al.，2014：2），但对于易感疾病，基因组风险评估比基于家族史的预测更加准确。例如，即使在父母都患有乳腺癌并携带乳腺癌易感基因的家庭里，也可能发现没有发生这种基因突变，因而罹患乳腺癌的风险大大降低的成年女性。许多消费者的基因组信息最终可能有助于诊断、治疗和预防，从而降低罹患某些疾病的风险。了解自己身上存在某些基因，可以促使个人减少采取危险的行为，并寻求加强医疗干预。保险公司应该明白，没有发生致命疾病突变的个体，患病风险要低于一般人群。

如表5.1所示，不同国家在如何处理这些问题方面存在很大的差异。例如，法国和德国已经对保险公司使用基因检测结果做出了全面暂停的规定，而澳大利亚和加拿大则已经决定部分暂停（Knoppers et al.，2004）。

表 5.1　　　　　　　不同国家有关寿险公司暂停使用基因信息的规定

有暂停使用规定	没有暂停使用规定	有部分暂停使用规定
加拿大	奥地利	澳大利亚
芬兰[a]	比利时	加拿大
法国[a]	保加利亚	希腊
德国[a]	智利	新西兰
爱尔兰[a]	塞浦路斯	南非
新西兰	捷克	
南非	丹麦	
瑞典[a]	爱沙尼亚	
土耳其	格鲁吉亚	
英国[a]	匈牙利	
	冰岛	

续表

有暂停使用规定	没有暂停使用规定	有部分暂停使用规定
	印度	
	以色列	
	意大利	
	日本	
	卢森堡	
	韩国	
	西班牙	
	瑞士	

注：a. 数量和有效期各不相同。

资料来源：Knoppers et al. (2004).

美国联邦立法机构没有直接对人寿、伤残或长期护理保险公司使用基因信息的问题发表意见，而各州的相关法律则大相径庭。佛蒙特州等几个州禁止使用基因信息，而其他州则禁止对某些病例（如镰状细胞性状）进行基因检测。纽约州要求对基因检测进行明确的知情许可。威斯康星州要求承保应反映实际风险（National Human Genome Research Institute，2018）。因此，各州从"有力保护"到"不保护"可以说是千差万别。

保险公司应该防止不公平的歧视行为，但对这种观点的理解可能各不相同，特别是在遗传学背景下（Klitzman et al.，2014）。"不公平"的定义可能涉及权衡消费者与保险公司之间相互冲突的利益。了解消费者基因检测结果的保险公司可以更加精确地对风险进行分层。与此同时，保险公司也可能会做出保守的商业决策，高估承保风险，从而拒绝承保，或显著增加某些消费者的投保成本。

虽然关于许多基因的作用和预测力的科学知识正在迅速发展，但是，关于这个问题仍然存在很多不确定的因素。证明特定基因与某些疾病高度相关的研究常常无法复制。遗传学研究往往带有偏见，有选择地关注重病患者，而不是一般人群，从而导致高估风险。因此，对基因信息的使用有可能导致许多人不合理地被排除在人寿保险市场之外。

可能的解决方案

有几种可能的解决方案可用来应对这些问题。首先,政府可以制定政策禁止保险公司使用任何基因信息。但在这种情况下,信息不对称和逆向选择的问题有可能接踵而至。保险公司想必随即就会设法"摊销"这种影响,提高针对全体消费者的保险费率。有些消费者可能会表示反对,担心基因突变的人会不成比例地购买保险。因此,有必要研究评估潜在客户会如何对待这种取舍。

其次,保险公司可以获得它们想要的全部基因信息。但不幸的是,部分消费者可能无法获得保险。

再者,保险公司可能只被允许获得某些特征明显、预先定义的易感基因的遗传信息。具有某些基因的消费者如果通过有效的治疗或预防来降低风险,那么就能享受相对较低的保险费率。我们可以确定并明确列出具有如此高预测力的基因检测的清单。因此,被排除在保险范围之外的申请者人数想必会减少。但是,由于大部分基因并不是非常易感,而且环境和其他因素也会对症状是否会出现、何时和如何出现产生影响,因此需要格外谨慎。保险费率会因这些基因的存在与否发生多大的变化,目前还不清楚。

最后,所有个人都可能被允许获得一定数量的保险,而保险公司可以要求希望购买补充保险的消费者提交基因检测结果。例如,英国目前的情况就是如此,因为英国人必须购买人寿保险才能获得抵押贷款。

由于人寿保险能创造社会福利,公共政策制定机构可以设法最大限度地提高保险的可获得性。因此,选择为每个人提供一定数量的保险可能具有一定的好处。目前,美国的社会保险向全体缴费者提供一些退休年金、伤残保险以及遗属保险,联邦医疗补助计划和附加保障收入也提供一些长期护理保险和伤残津贴,但它们更青睐低收入个人和家庭。此外,对许多人来说,为生活费用(相对于医疗护理)提供的福利相对有限。一些雇主还提供不同程度的人寿保险,但保单在慷慨程度和成本方面也差别很大。

如果寿险公司确实能够使用基因信息,那么,基因和政策专家的意见以及公开透明度将在确定应该包括哪些基因方面起到至关重要的作用。开展更多的基于人群的研究对于准确确定这些遗传标志物以及疾病的无偏差发病率和自然史也是至关重要。保险公司即使要求客户提供基因检测结果的信息,也必须慎之又慎。因为,虽然这样的检测可能有助于患病客户的健康,但他们仍可能对做这样的检测十分反感。保险政策有可能会抑制病人做或许有医学帮助的基因检测的积极性,因为他们担心这种检测可能会降低他们未来的可保性。基因检测结果不同于其他医疗数据,因为个人不能像改变自己的体重、饮食和运动量那样改变自己的基因,而且个人的基因检测结果也会不公平地影响家庭成员的可保性。

现在又出现了一个关键的问题,那就是那些获准获取基因信息的保险公司可能会或者应该怎样获取基因信息。这些保险公司可能只是询问相关个人或家庭成员是否有某些特定疾病的病史,或者是否接受过基因检测;如果接受过基因检测,那么就自行报告结果。或者,保险公司可能会要求潜在客户进行基因检测并报告检测结果。

保险公司也要应对一些重大挑战,因为许多人有显著性不确定的基因变异。鉴于每个 DNA 片段包含数以千计的碱基,科学家们仍不清楚某个具体的碱基变异到底是会导致重大的致病风险,还是实际只会造成温和的轻微损伤,甚至能降低某种疾病的发病概率或严重程度。因此,基因测序具有很大的不确定性,于是就产生了保险公司应该如何看待并对待这种不确定性的问题。保险公司可能想要大幅提高许多消费者的保险费率或者希望把许多消费者排斥在保险市场之外,但这样的决定可能缺乏依据,因为遗传风险可能很小,也可能没有,并且/或者有可能被其他生物或环境因素所抵消。

有关基因检测影响的经济学模型往往表明,结果取决于所强加的假设(Macdonald and Yu,2011;Howard,2014)。例如,有一个这样的模型假设,某种特定高风险基因的携带者 100% 都要终生接受基因检测(Howard,2014)。但是,这个百分比似乎高得不切实际,至少目前看来就是如此,而且在不久的将来也是如此。事实上,美国终生接受基因检测的个体的百分比仍然很低:不超过 20% 有血液透析风险的个体接受基因检测;而北爱尔兰只有 14.7% 有血液透析风险的个体接受 20 年以上的基因检测(Morrison et al.,2011)。乳腺癌等疾病基因携带者的这个比例也低于 20%(Childers et al.,2017)。当然,如果保险公司改变相关策略,那么,这些百分比可能会上涨,但许多人对做基因检测持谨慎态度,因为他们担心被污名化并受到歧视。此外,美国目前只有很少的基因咨询师,从而使得消费者在接受基因检测时不太可能获得所需的信息(Bureau of Labor Statistics,2018)。

结束语

联邦和州的政策制定机构、业内利益相关者、学术研究者和其他人都需要认真思考这些问题。这方面的公共政策可能会影响患者是否出于医学原因选择做基因检测，并且最终有助或有碍于患者本人和公共健康。

这些问题对未来研究也有重要的影响，因此有必要评估消费者对它们的态度。例如，目前还不清楚消费者会为不做基因检测付出多大的代价。对这些问题的深入研究有助于了解关于它们的观点和态度，并可为政府和行业决策提供信息支持。监察保险公司的策略和有关遗传学的决定也很重要。还应该设立独立的监察机构，在发生有人提出不公平歧视申诉时接受和审理有关申诉。公众对医疗护理提供者和机构、政府政策制定机构以及保险公司的信任至关重要，因为无数个人的生命和幸福正受到威胁。未来的研究对于这些技术将如何影响其他消费者和行业的选择也至关重要。比方说，重要的是，应该了解特定消费者是否或在何种程度上更有可能寻求特定种类或数量的理财产品或服务，基因数据是否会影响有关理财投资组合和年金定价的决策；如果会，结果将会造成怎样的挑战和哪些挑战。

简而言之，想要理解新技术对个人和公司有关金融产品决策的影响，需要考虑几个复杂因素。计算机技术不仅会改变金融业提供的产品的类型，而且还会改变消费者对计算机技术提供的有关他们自己的信息的偏好。因此，可以认为，应该对"金融科技"一词的现有用法进行扩展，以说明各种各样的新技术如何对个人和金融机构产生财务影响。考虑到计算机功能和分析能力以及基因组技术的快速发展和变化，这两个领域仍将是监控和监察的重要对象。

致谢

本研究得到美国国家人类基因组研究所（National Human Genome research Institute）的部分赞助（项目赞助编号为 P50HG007257）。本文作者没有经济利益冲突需要披露，但要感谢克里斯蒂娜·霍西（Kristina Hosi）、沙林·萨蒂（Charlene Sathi），特别是帕特里夏·孔蒂诺（Patricia Contino），为准备本章的手稿提供了帮助。

参考文献

Association of British Insurers (2011). *Concordat and Moratorium on Genetics and Insurance.* UK: Association of British Insurers. https://webarchive.nationalarchives.gov.uk/20130123204306/http://www.dh.gov.uk/en/Publicationsandstatistics/Publications/PublicationsPolicyAndGuidance/DH_4105905 / (accessed March 25, 2019).

Brown, J. and M. Warshawsky (2013). 'The Life Care Annuity: A New Empirical Examination of an Insurance Innovation that Addresses Problems in the Markets for Life Annuities and Long-term Care Insurance.' *The Journal of Risk and Insurance,* 80(3): 677–703.

Bureau of Labor Statistics (2018). 'Occupational Outlook Handbook Genetic Counselors.' *US Department of Labor.* https://www.bls.gov/ooh/healthcare/genetic-counselors.htm (accessed March 1, 2019).

Callaway, J. (2019). 'FinTech Disruption: Opportunities to Encourage Financial Responsibility' in J. Agnew and O. S. Mitchell eds., *The Disruptive Impact of FinTech on Retirement Systems.* Oxford, UK: Oxford University Press, pp. 61–74.

Childers, C. P., K. K. Childers, M. Maggard-Gibbons, and J. Macinko (2017). 'National Estimates of Genetic Testing in Women with a History of Breast or Ovarian Cancer.' *Journal of Clinical Oncology,* 35(34): 3800–6.

Erlich, Y. and A. Narayanan (2014). 'Routes for Breaching and Protecting Genetic Privacy.' *Nature Reviews Genetics,* 15(6): 409–21.

Finkelstein, A. and J. Poterba (2004). 'Adverse Selection in Insurance Markets: Policyholder Evidence from the UK. Annuity Market.' *Journal of Political Economy,* 112(1): 183–208.

Herper, M. (2015). 'Surprise! With $60 Million Genentech Deal, 23andMe has a Business Plan.' *Forbes.* January 6. https://www.forbes.com/sites/matthewherper/2015/01/06/surprise-with-60-million-genentech-deal-23andme-has-a-business-plan/#40dc97f02be9 (accessed March 1, 2019).

Howard, R. C. W. (2014). *Report to CIA Research Committee: Genetic Testing model: If Underwriters Had No Access to Known Results.* Document 214082: Canadian Institute of Actuaries. http://www.cia-ica.ca/docs/default-source/2014/214082e.pdf (accessed March 1, 2019).

Joly, Y., H. Burton, B. M. Knoppers, I. N. Feze, T. Dent, N. Pashayan, N. S. Chowdhury, W. Foulkes, A. Hall, P. Hamet, N. Kirwan, A. Macdonald, J. Simard, and I. Van Hoyweghen (2014). 'Life Insurance: Genomic Stratification and Risk Classification.' *European Journal of Human Genetics,* 22(5): 575–9.

Klitzman, R., W. Chung, K. Marder, A. Shanmugham, L. J. Chin., M. Stark, C.-S. Leu, and P. S. Appelbaum (2013). 'Attitudes and Practices Among Internists Concerning Genetic Testing.' *Journal of Genetic Counseling,* 22(1): 90–100.

Klitzman, R., P. S. Appelbaum, and W. K. Chung (2014). 'Should Life Insurers Have Access to Genetic Test Results?' *JAMA,* 312(18): 1855–66.

Klitzman, R. (2012). *Am I My Genes? Confronting Fate and Family Secrets in the Age of Genetic Testing.* New York: Oxford University Press.

Knoppers, B. M., Godard, B., and Joly, J. (2004). 'A Comparative International Overview,' in M. A. Rothstein, ed., *Genetics and Life Insurance: Medical Underwriting and Social Policy (Basic Bioethics).* Cambridge: The MIT Press, pp. 173–94.

Macdonald, A. S., and Yu, F. (2011). 'The Impact of Genetic Information on the Insurance Industry: Conclusions from the 'Bottom-Up' Modelling Programme.' *ASTIN Bulletin: The Journal of the IAA,* 41(2): 343–76.

Morrison, P. J., Harding-Lester, S., and Bradley, A. (2011). 'Uptake of Huntington Disease Predictive Testing in a Complete Population.' *Clinical Genetics*, 28: 1–6.

National Human Genome Research Institute. (2018). Genome Statute and Legislation Database. https://www.genome.gov/policyethics/legdatabase/pubsearch.cfm (accessed March 1, 2019).

Office for Human Research Protections. (2009; 2016). *Federal Policy for the Protection of Human Subjects* ("Common Rule", revised January 15, 2009; effective July 14, 2009; content last reviewed February 16, 2016). https://www.hhs.gov/ohrp/regulations-and-policy/regulations/common-rule/index.html (accessed March 25, 2019).

Peikoff, K. (2014). 'Fearing Punishment for Bad Genes.' *The New York Times*. April 7. https://www.nytimes.com/2014/04/08/science/fearing-punishment-for-bad-genes.html (accessed March 1, 2019).

Rothschild, M., and Stiglitz, (1976). 'Equilibrium in Competitive Insurance Markets: An Essay on the Economics of Imperfect Information.' *The Quarterly Journal of Economics*, 90(4): 629–49.

Rouse, T., D. Levine, A. Itami, and B. Taylor (2019). 'Benefit Plan Cybersecurity Considerations: A Recordkeeper and Plan Perspective,' in J. Agnew and O. S. Mitchell (eds.), *The Disruptive Impact of FinTech on Retirement Systems*. Oxford, UK: Oxford University Press, pp. 86–103.

Taylor, D. H., Cook-Deegan, R. M., Hiraki, S., Roberts, J. S., Blazer, D. G., and Green, R. C. (2010). 'Genetic Testing for Alzheimer's and Long-Term Care Insurance.' *Health Affairs,* 29(1): 102–8.

US Equal Employment Opportunity Commission (2008). *The Genetic Information Nondiscrimination Act of 2008*. https://www.eeoc.gov/laws/statutes/gina.cfm (accessed March 1, 2019).

Zick, C. D., Mathews, C. J., and Roberts, J. S. (2005). 'Genetic Testing for Alzheimer's Disease and its Impact on Insurance Purchasing Behavior.' *Health Affairs (Millwood)*, 24(2): 483–90.

第六章 关于福利计划网络安全问题的思考:基于数据管理人和计划发起人的视角

蒂莫西·劳斯(Timothy Rouse)
大卫·N. 莱文(David N. Levine)
艾莉森·伊丹(Allison Itami)
本杰明·泰勒(Benjamin Taylor)

传统上,福利计划发起人和受托人①都要依靠从律师到会计师再到福利咨询师在内的投资顾问来帮助并指导他们做出有关退休计划的决策。几十年来,这种帮助的基础一直是对退休计划投资组合提出建议。随着缴费确定型计划的兴起和针对金融机构的网络攻击的增加,一些计划发起人和他们的投资顾问开始把更多的时间和资源集中用于关注计划数据的安全上,包括服务提供商掌握的计划参与者信息的安全上。

随着计划发起人及其投资顾问就网络安全问题对服务提供商提出越来越多的质疑,对这些质疑的回应的抵制也变得越来越有力。服务提供商承认计划发起人有权要求计划参与者的数据得到保护,但担心这些信息一旦扩散出去,就有可能帮助网络犯罪分子攻击他们的系统。

政府监管机构仍在努力制定切实有效的监管框架。政府制定的监管规则自然会对服务提供商的运营方式产生限制作用,这反过来又帮助网络犯罪分子专注于破坏这些规则。美国劳工部(DOL)和《1974年雇员退休收入保障法》(*Employee Retirement Income Security Act of 1974*,ERISA)咨询委员会按照该法其他部分所采用的灵活做法,并没有要求采用某种单一方法来确保网络安全。各州也纷纷加入了网络安全问题的讨论,但由于《1974年雇员退休收入保

---

① 本章所说的"计划发起人"包括计划发起人和计划受托人。虽然在计划发起人的"委托人"建议与受托人活动之间有明显的界线,但为了方便沟通,我们自始至终都使用"计划发起人"一词。

障法》规定的优先标准和许多退休计划的跨州性质,因此,各州在把自己的要求强加于依照《1974年雇员退休收入保障法》制定的退休计划时遇到了许多挑战。

养老行业本身已经开始通过与各种不同的利益相关者——各种形式和规模的服务提供商以及计划发起人——进行合作,开发自己的解决方案。在这一章里,我们介绍一种可以用来帮助服务提供商在不泄露有可能有利于网络犯罪的信息的情况下应对验证网络安全能力受到的挑战的解决方案。这一潜在解决方案需要求助于可信赖的第三方认证,也就是按照一套兼容的标准对服务提供商进行审计。由于这种解决方案并不是一种规范的方案,因此具有足够的灵活性,允许行业成员使用他们认为最适合自己组织的任何数据安全框架。然而,尽管按照这种潜在的解决方案,服务提供商可以自由使用他们选择的数据安全框架,但是,为了符合统一的基本框架,服务提供商必须精心设计报告自己使用的控制手段和如何检验控制手段效果的方法。

本章采纳一位投资顾问、一位数据安全专业人员和两位律师的观点来讨论这个统一的基本框架的开发、组成部分和信息传递过程。退休计划通常会聘请投资顾问来协助完成监督受托人的任务,如选择基金、确定基准收费标准以及挑选第三方供应商,如数据管理公司、受托人和托管人。退休计划会聘请的投资顾问包括投资咨询公司、会计师、律师和其他行业的专家。供应商的选择通常由投资咨询公司主导,后者的核心竞争力通常是资产配置、资本市场研究、投资经理选择、监督和其他关联服务。对于许多投资咨询公司来说,就复杂的管理任务对供应商进行尽职调查的最佳方式就是求助于第三方——审计师、律师或其他服务机构——来验证供应商工作流程的准确性和完整性。随着缴费确定型计划占据市场越来越大的份额,投资咨询公司把重点从为待遇确定型计划服务转移到为缴费确定型计划服务,因此需要发展自身挑选和监督数据管理公司和托管机构的能力。

到目前为止,大部分在市场上开展供应商搜寻和尽职调查服务的公司还没有把重点放在网络安全等问题上。然而,一些处于领先地位的公司一直在开发旨在帮助退休计划发起人评估其服务提供商网络安全协议的方法。

目前,业内还没有就哪种网络安全框架可作为"最佳实践"的问题达成共识。此外,现有的主要网络安全框架应对这个问题的方式略有不同,而且每个框架的实施又增加了额外的可变性。

评估网络安全的过程由于具有破坏性的信息周期而变得更加复杂。数据管理公司有强烈的动机只披露数量有限的网络防御信息,因为黑客可以从大量披露的信息中学会调整自己的攻击和反侦查策略。这就意味着,数据管理公司通常只会理性地对有限的网络攻击信息做出回应;而一些计划发起人和投资顾问则以全新的活力做出回应,努力确定数据管理公司的防黑客措施是否落实到位。但无论是可能会导致计划发起人和投资顾问目的落空还是迫使数据管理公司满足他们的要求,这都会削弱数据管理公司的网络安全防御能力。

对供应商网络安全的度量仍有很大的改进空间,本章后面部分将介绍斯派克公司(SPARK)和《1974年雇员退休收入保障法》咨询委员会主要在这方面做出的努力。最后,投资顾问显然缺乏网络安全专业知识,退休计划发起人需要保护计划参与者的数据,再加上双方都缺少第三方网络安全措施审计的统一标准或程序,这些都需要解决方案。这种解决方案最终很可能包含允许第三方审计的行业标准。

现有的监管框架

《1999年格雷姆—里奇—比利雷法案》(*Gramm-Leach-Bliley Act of 1999*,GLBA)。《1999年格雷姆—里奇—比利雷法案》又称《1999年金融服务业现代化法》(*Financial Services Modernization Act of 1999*),该法订立的"保护规则"要求美国金融机构保护敏感数据(15 U.S.C. 6801)。主要从事金融产品或服务提供业务的企业,如银行和经纪公司,属于必须保护客户个人信息的金融机构。这里所说的个人信息包括由金融机构收集的非公开信息,也就是金融机构收集的可识别个人财务信息(所谓的"全美供应商标识码",National Provider Identifier或NPI)。客户提供给金融机构的姓名、社会保险号码、债务和偿债记录以及账号等信息,可以被视为全美供应商标识码。

根据《1999年金融服务业现代化法》,制定保护规则的目的是:

确保客户的档案材料和信息安全,并为客户保守秘密;保护客户档案材料的安全或完整不受任何可预见的威胁或危害的影响;防止未经授权访问或使用客户档案材料或信息的行为可能对客户造成实质性伤害或麻烦[5 U.S.C. 6801(b)]。

保护规则规定了有关信息安全的物理、技术和管理标准,要求制定书面的信息安全计划,而且还要求信息安全计划必须包含一些基本要素,有连续的生命周期,并且可以根据经验进行修订。

书面信息安全计划必须包括(16 C. F. R. § 314):

(1)指定专人负责协调计划。

(2)确定合理可预见的内部和外部风险,并评估防范这些风险的以下措施是否充分:

a. 员工培训与管理;

b. 创建包括信息处理、储存、传输和处置以及网络软件和设计在内的信息系统;

c. 检测、预防和应对攻击、入侵或其他系统故障。

(3)信息保障措施的设计、执行和测试程序。

(4)监督有能力维持适当保护措施的服务提供商对协议的执行。

(5)评估和调整信息安全计划以应对任何重大业务变更的规则。

值得注意的是,根据信息安全保护规则,金融机构没有义务披露其信息安全计划。

"隐私权"。根据《1999年金融服务业现代化法》的"隐私权规则",拥有全美供应商标识码的金融机构还必须把有关其全美供应商标识码的使用情况告知客户,并向客户提供选择不与非关联第三方共享客户数据的机会,除非遇到例外情况(15 U. S. C.)。

谨慎保护。《1974年雇员退休收入保障法》对退休计划受托人规定了注意保护准则。有关机构通过被指定,或通过实际行使与退休计划或其资产管理有关的受托管理权或控制权而成为计划受托人;通过提供投资咨询服务来获取报酬;或者在退休计划管理方面拥有受托管理权或负有责任[ERISA § 3(21)]。

雇员退休计划受托人必须遵守谨慎的专家注意准则,并要对退休计划参与者尽忠实义务。谨慎的专家须以环境所要求的扮演相似角色并具有相似目标的人应有的谨慎、技能和勤奋行事。计划受托人必须仅为计划参与人和受益人的利益履行自己的职责,他们的唯一宗旨就是为计划参与人和受益人谋取利益(ERISA § 404)。

《1974年雇员退休收入保障法》还规定:雇员退休计划的资产必须交由一个或一个以上的受托人托管;这些资产的所有权必须由位于美国境内所在地区法院辖区里的所有人持有(ERISA §§ 403 and 404)。

雇员退休计划参与人账户中的货币资产,当然是属于雇员退休计划的资产,受托人必须采取谨慎的措施保护它们不被盗窃,包括保护它们不被通过网络入侵的方式盗窃。不过,与适用于由《1974年雇员退休收入保障法》规范的医疗保险计划的医疗数据的《健康保险携带与责任法案》(Health Insurance Portability and Accountability Act,HIPAA)的相关规定(45 C. F. R. 160,162 and 164)不同,《1974年雇员退休收入保障法》没有明确规定规范退休计划财务信息保护的监管细则。

没能保护好与雇员退休计划有关的财务数据是否会导致受托人违约,具体取决于这种财务数据是否被视为雇员退休计划的资产。如果这种财务数据被看作是雇员退休计划的资产,那么,受托人没有采取谨慎的措施来防止它们损失或被滥用,就有可能构成违约。

我们可以采用几种不同的方法来确定雇员退休计划的数据是否属于雇员退休计划的资产,但法院没有直接使用其中的任何一种方法来判决个人财务数据是否属于个人财产。美国劳工部的立场是,"雇员退休计划的资产通常并不是依据《1974年雇员退休收入保障法》定义的普通产权概念来确定的"[DOL Adv. Op. 92—02A(January 17,1992)]。法院已经采用其他方法来判定雇员退休计划的数据是否有价值,这类资产是否应该被看作或作为雇员退休计划的资产来处理[Patient Advocates, LLC v. Prysunka, 316 F. Supp. 2d 46, 49 (D. Me. 2004)]。在阿科斯塔诉太平洋企业案(Acosta v. Pacific Enterprises)中,法院已经表示:

为了确定某一特定东西是不是属于"雇员退休计划的资产",有必要确定这件东西是不是有可能由计划参与人或受益人买单为受托人谋取(经济或其他)利益[950 F. 2d 61 1, 620(9th Cir. 1990)]。

另一家法院认为,雇员退休计划的资产必须具有某种可分配的内在价值,或者必须受到市场力量的影响[Grindstaff v. Green, 133 F. 3cl 416,423,425 (6th Cir. 1998)]。

美国劳工部直接触及了必须保护某些参与人信息隐私权的问题。例如,《1974年雇员退休收入保障法》第404(c)条简要提到了与雇主担保有关的参与人行为的相关信息。此外,美国劳工部在它解释某些电子信息披露问题的第2011—03号技术说明中还提出了保护参与人与雇员退休计划有关的私人信息的理念。

考虑到我们社会对个人数据的关注,我们可以采用一种保守的做法,把雇员退休计划参与人的财务数据视为雇员退休计划的资产,而且必须采取谨慎措施加以保护。

国际监管。《欧盟通用数据保护条例》(The European Union General Data Protection Regulation,GDPR)是欧洲关于信息隐私权保护的最重要规则。[1]该条例于2018年5月开始生效。"数据主体"是指向公司提供个人信息的人员,条件是可通过他们提供的信息识别他们的身份。个人数据包括财务数据。根据《欧盟通用数据保护条例》,这些数据主体对"处理"他们数据的公司享有权利。处理数据有一个非常宽泛的定义,包括收集和存储数据。有一些核心原则适用于拥有这类个人数据的公司,其中包括:合法、公平和透明;用途限制;收集尽可能少的数据;数据要准确;数据存储限制;数据完整和保密要求;实行问责制。这些原则包含了美国各单项隐私权法规定的许多目标,但被合并成一个适用范围比美国任何一部现行相关法律都要广泛得多的单一条例。根据《欧盟通用数据保护条例》,数据主体拥有许多权利,包括:"被遗忘"的权利,或从公司数据库中被删除的权利;带走数据的权利;在对数据主体产生法律影响的情况下,还拥有不对外披露的权利。

为了让上面提到的核心原则落到实处,《欧盟通用数据保护条例》就保护个人数据事宜,对作为数据控制人和处理人的公司规定了许多规则,包括从合同必须订立的条款到数据泄露通知制度等不一而足。

《欧盟通用数据保护条例》被公认是世界上最全面的数据保护机制之一。该条例对居住在欧盟以外的欧盟国家公民的数据具有一定的治外法权影响,现在不太可能适用于美国的雇员退休计划,但未来可能会有这种可能性。

现行监管的发展方向

就像并不是所有的欧洲雇员退休计划及其服务提供商都要受《欧盟通用数据保护条例》的约束,美国既没有针对雇员退休计划的网络安全问题制定联邦综合监管计划,同样也没有制定针对全体雇员退休计划服务提供商的联邦综合

---

[1] (欧盟)2016/679号条例(《欧洲议会与欧洲理事会关于保护自然人个人数据处理和自由流动的一般条例》(General Regulation of the European Parliament and the Council on the protection of natural persons with regard to the processing of personal data and on tJ1e free movement of such data),并废除欧盟第95/46/EC 25号指令)。

监管计划。《1974年雇员退休收入保障法》只字未提电子数据的保护问题,而美国法院还没有就网络安全风险管理是否属于受托人责任范围做出裁决。许多为养老市场提供服务的机构都受到了它们本行业的联邦法规的约束。然而,这些雇员退休计划服务提供商往往横跨几个不同的行业,从而使得合规工作更像是一种拼凑物。

为了填补这些监管漏洞,美国有些州已经开始制定自己的法律,主要是为了确定数据泄露告知制度和个人就受保护的个人信息未经授权被泄露提起诉讼的权利。虽然美国有几个州的总检察长在网络数据泄露案件中积极执行这些法律,但各州各自为政的监管框架仍然是一种拼凑式的解决方案。

《1974年雇员退休收入保障法》咨询委员会。虽然美国缺少退休计划网络数据安全的监管法规,但是,《1974年雇员退休收入保障法》咨询委员会最近建议美国劳工部向员工福利界通报网络安全风险和管理这些风险潜在的可用的方法(ERISA,2016)。《1974年雇员退休收入保障法》咨询委员会向美国劳工部提出的建议包括指导计划发起人评估退休计划的网络风险;要求他们熟悉退休计划的数据,并了解用于保护数据的不同安全框架;制定具有实施和监控、检测和更新、报告、培训、访问控制、数据保存和销毁、第三方风险管理以及有适应功能的网络安全流程。此外,帮助计划发起人评估退休计划网络风险的指导意见要求计划发起人:量身定制能满足他们特殊需要的策略;根据规模、复杂性和风险暴露程度平衡他们面临的威胁;考虑州相关立法应该注意的事项。

虽然《1974年雇员退休收入保障法》没有提到保护数据的具体规则,但美国劳工部确实已经认识到与退休计划信息电子传输技术有关的风险。例如,美国劳工部在监管条例第2520.104b-1(c)条中提到了通过电子方式向计划参与人传递计划信息的问题,并且表示计划管理机构必须采取适当措施"保护与个人账户和退休金有关的个人信息的机密性"。这里所说的适当措施是指防止非目标用户个人未经授权接收或访问这些信息。此外,美国劳工部在第2011-03号技术说明中谈到了计划管理机构网站上可获得的参与人信息,并要求计划管理机构采取合理计算的适当和必要措施,确保电子交付系统保护所有个人信息的机密性。但是,美国劳工部并没有在它的技术说明中明确界定怎样才算最为妥善地保守有关个人账户和退休金个人信息的秘密。

《1974年雇员退休收入保障法》咨询委员会虽然就如何评估风险提出了自己的建议,但并没有回答重要的问题。例如,该咨询委员会根本没有回答以下问题:退休计划数据网络安全是不是《1974年雇员退休收入保障法》规定的计划受托人的责任？如果是,《1974年雇员退休收入保障法》是否优先于国家网络安全法律？退休计划发起人和服务提供商已经认真承担了保护参与人数据的责任,但在发生数据泄露事件时,应该如何明确并追究责任？

关于其他法律问题的思考

有些退休计划,如州和地方政府发起的退休计划,并不适用《1974年雇员退休收入保障法》及其优先性。此外,即使对于适用《1974年雇员退休收入保障法》的州和地方政府发起的退休计划,也不清楚《1974年雇员退休收入保障法》是否优先于州隐私保护或网络安全法。

政府发起的退休计划。 许多由政府发起的退休计划,特别是由州政府发起的退休计划,几乎完全采纳《1974年雇员退休收入保障法》的条文。例如,哥伦比亚特区、伊利诺伊州和俄亥俄州等许多州的退休制度都使用与《1974年雇员退休收入保障法》基本相同的条文来管理州退休计划(7 DCMR 15;40 ILCS 5/;ORC145.01)。这些由州政府发起的退休计划在确定哪些行动和补救措施是适当的行动和补救措施时,大多十分关注根据《1974年雇员退休收入保障法》发起的退休计划或受《1974年雇员退休收入保障法》约束的服务提供商会如何处理相同的情况。在这些司法管辖区,法院也是这么做的。其他司法管辖区即使采用不同法律条文,也采用与《1974年雇员退休收入保障法》相似的受托人概念,而法院也可能会援用依照《1974年雇员退休收入保障法》执行的先例。

州法。 虽然颁布《1974年雇员退休收入保障法》是为了防止出现同一份退休计划适用不同州法规定的混乱状况,但《1974年雇员退休收入保障法》是否优先于个人隐私和网络安全保护法规这一点并不清楚。显然,《1974年雇员退休收入保障法》是在广泛使用互联网和普遍认识到网络安全威胁之前制定的。《1974年雇员退休收入保障法》没有规定全面保护财务隐私权的内容,从而可能会导致法院裁定《1974年雇员退休收入保障法》并没有相对于州财务隐私权保护法的优先性。大多数州制定了一些关于保护隐私权、网络安全、财务信息的法规,或者制定了所有这些法规。例如,马萨诸塞州订立了《本州居民个人信息保护准则》(*Standards for the Protection of Personal Information of Residents of the Commonwealth*)(201 CMR 17.04)。包括雇主在内的保存马萨诸塞州居民个人可识别财务信息的实体,都必须按规定提交书面的信息安全计划。马萨诸塞州采用的那些法规和条例可以为计划发起人、受托人和服务提供商提供额外的参考,从而方便他们为自己发起、受托管理或提供服务的退休计划制定网络安全协议。

纽约金融服务监管部是另一个突出的例子,它制定的网络安全条例被认为是美国最全面的州级网络安全法规之一。纽约金融服务监管部在2007年颁布了名为《关于金融服务公司的网络安全规定》(*Cybersecurity Requirements for Financial Services Companies*)的监管条例,用于规范根据《纽约银行、保险或金融服务法》(*New York Banking, Insurance, or Financial Services Laws*)颁发的许可证或营业执照运营的金融服务公司(23 NYCRR 500)。该条例旨在为网络安全计划设定某种最低标准,在让金融服务公司跟上技术进步步伐的同时,促进它们做好保护客户信息的工作。该条例要求公司高管层参与向纽约金融服务部提交年度合规情况报告。虽然该条例规定了一些阶段性的最后期限,但遵守这个条例通常还需要做好网络安全计划、政策、渗透检测、灾难补救计划、风险评估、非公开信息加密、培训和监控等方面的工作(Id.)。

网络安全漏洞举例。网络攻击已经成为当今商业灾难的一部分。值钱的东西无论什么时候,不管存放在哪里,总有小偷惦记。小偷的动机没有发生变化,但他们的偷窃方法和手段已经适应了我们储存有价值的东西的地方和方式。目前,美国是世界遥遥领先的网络攻击头号目标,而英国则紧随其后(Tech World,2017)。在过去的几年里,一些最臭名昭著的黑客攻击事件使数百万甚至数十亿人的身份信息被盗。著名的黑客攻击案例包括:

(1)优步(Uber):2016年,超过5 700万客户和司机的姓名、电子邮件和电话号码被盗。

(2)塔吉特(Target):2013年,该公司客户的姓名、信用卡/借记卡号、有效期和卡内资金被盗。这起盗窃案涉及超过7 000万个零售客户账户。调查显示,窃贼是通过塔吉特公司为了翻新一些门店而雇用的第三方制冷公司进入这个零售商系统的。

(3)艾奎法克斯(Equifax):艾奎法克斯公司在2017年遭遇的网络攻击是有史以来最严重的网络攻击事件,因为有超过1.43亿人的姓名、社会保险号码、出生日期和地址被盗。

网络攻击一般可分为以下几类,信息安全人员会根据不同的类型来确定应对措施和解决方案：

网络钓鱼(Phishing)。黑客伪装成可信赖的供应商或第三方请求数据，通常会提供一个链接，让受害人输入个人数据。近年来，虽然网络钓鱼邮件变得越来越复杂，但消费者也变得越来越精明老练。许多消费者在点击链接或提供信息之前，会直接与自己的金融服务机构验证此类请求。不过，老年人是黑客最青睐的攻击目标，也是一个容易受到攻击的群体。为了应对这类网络攻击，大多数公司向客户强调，他们不会通过电子邮件索要个人信息，并告诉客户，如果收到此类请求，应立即向公司报告。

恶意软件(Malware)。恶意软件这个术语包括几种网络威胁，如木马、病毒和蠕虫。简单地说，恶意软件是指任何带有恶意意图的代码，通常会窃取或破坏数据或者锁住计算机。数据管理人员通过防火墙在恶意软件进入系统之前就实施抓捕，或者教育公司员工不要点击可疑链接或下载不明身份的发送者发来的附件，来抵御此类网络攻击；但有时是通过安装功效更大和更新的防火墙来防御这类网络攻击，因为这种防火墙能够防止通过网络传输大型数据文件，以清除可能包含恶意软件的附件。同样重要的是，要始终保证所有的电脑操作系统得到更新并使用最新的安全程序。

流氓软件(Rouge software)。这是一种伪装成正版安全软件的新型恶意软件。犯罪分子设计这种软件，为的是让弹出窗口和警报看起来就像是真的。一旦用户下载新的安全软件，这种流氓软件就会被下载到用户的电脑里。组织的信息技术实践可以用更新的防火墙或值得信赖的反病毒或反间谍软件来帮助防范这类网络攻击。

密码攻击(Password attacks)。当黑客通过破解用户密码进入用户账户时，就是在进行密码攻击。这种类型的攻击往往很简单，通常不需要任何类型的恶意代码或软件。黑客使用软件通过比较词典文件中不同的单词组合来猜测密码。数据管理公司通常要求自己的客户使用复杂的密码，包括字母、数字和特殊字符的组合，并且限制登录失败的次数。

阻断服务攻击[Denial-of-Service(DoS)attacks]。阻断服务攻击会中断网络服务。这类网络攻击者会向网络发送大量的数据请求，直到网络过载而无法正常工作为止。阻断服务攻击者通常会采用几种不同的攻击手段，但最常用的攻击手段是分布式阻断服务攻击；采用这种手段的攻击者会使用多台计算机发送流量或数据，目的就是要使系统过载。通常，计算机用户甚至不会意识到自己的计算机已经被黑客劫持。许多这类攻击的目的并不是窃取数据或金钱，而是为了对某事表示抗议。虽然数据管理公司通常并不是这类网络攻击的目标，但它们能够通过监控网络安全和数据流，在数据流量出现任何异常或危险的峰值之前就发现系统受到的这类攻击，从而帮助客户防范这类攻击。黑客也可以通过切断电源或服务器连接来实施阻断服务攻击。所以，客户公司也要保护自己网络的物理属性和系统。

"中间人"('Man in the Middle'，MITM)攻击。老奸巨猾的黑客经常会仿制某个单位网站的登录页面或终端，然后通过仿制的登录页面或终端向客户索要在线信息。例如，如果您正在网上银行办理业务，"中间人"攻击者会通过冒充您的银行与您在线沟通，并通过冒充您与您的银行在线沟通。这样，"中间人"攻击者就能接收到双方在线传送的全部信息，其中可能包括银行账户和个人信息等敏感数据。数据管理公司和金融公司通常要求客户只用加密的接入点上网办理业务。

隐蔽强迫下载(Drive-By Downloads)。只要用户访问网站或链接到目标系统，程序就会通过合法网站或可拆卸驱动器上的恶意软件下载到用户的系统中。在通常情况下，一小段代码在被下载到用户的系统里后，就会传送到另一台计算机获取程序的其余部分。这种网络攻击常常会利用用户操作系统或其他程序中的漏洞。一些黑客甚至在 U 盘上贴上"工资单"的标签，然后把 U 盘扔在工作场所的停车场里。这样做的目的是让毫无戒心的员工捡起 U 盘，并把它插入安全的电脑。一旦发生这种情况，恶意软件就会释放它的代码。工作场所会通过各种方式来保护自己的电脑系统免受这种类型的攻击，比如教育员工、严格规定不准使用可拆卸驱动器以及限制上网。

数据安全最佳实践

职业资产经理人与数据管理人协会的数据安全监督委员会(Data Security Oversight Board，DSOB)已经制定标准帮助数据管理公司把自己维护网络安全系统的全部能力告知退休计划发起人、投资顾问和其他相关人员。职业资产经理人与数据管理人协会责成它的数据安全监督委员会制定这个标准，并不是为了针对数据泄露或丢失提供所推荐的网络保护或保障水平，而是为了帮助会员单位建立统一的沟通手段，以帮助计划发起人和服务提供商妥善评估和比较退休计划供应商。

　　退休计划发起人和他们的投资顾问一般都能理解数据管理公司必须在一定程度上对用于保护客户数据的产品和流程的保密；而数据管理公司也明白自己的客户和潜在客户有必要了解他们的数据是如何得到保护的。职业资产经理人与数据管理人协会下属的数据安全监督委员会制定的这些标准通过对网络安全控制进行独立的第三方审计，在数据管理公司和退休计划发起人之间奠定了沟通的基础。有了这个基础，退休计划供应商就能妥善验证自己的网络安全系统的稳健性，并向客户和潜在客户保证自己的网络系统不会受到黑客的攻击。

　　公司保护数据安全的总体能力可用来确定职业资产经理人与数据管理人协会设定并推荐的数据安全 16 个关键方面的控制目标，而最终的网络安全审计报告则可用来确定支持所提供服务的主要应用程序和处理系统。数据管理公司和服务提供商可以用两种方式来报告它们的结果。首先，它们可以根据美国注册会计师协会的审计准则进行审计并出具服务组织控制（Service Organization Control，SOC 2）审计报告。这份报告侧重于公司与安全性、可用性、处理完整性、机密性或隐私权相关的控制（AICPA，2017）。其次，它们还可以出具一份议定程序报告（Agreed Upon Procedures report，AUP）。审计师签订合同答应根据与客户议定的具体程序签发一份用于网络安全控制的报告或调查结果，供指定方使用（AICPA－AT－C Section 215）。[①]

　　服务组织控制审计报告的第三节或议定程序报告的封面可用来说明哪些系统在审计范围内，哪些系统不在审计范围内。审计范围包括任何处理或存储客户或计划提供的全美供应商标识码或个人身份信息（Personally Identifiable Information，PII）的地方。个人身份信息被定义为（US Department of Labor，2017：n. p.）：

　　任何允许以直接或间接方式合理推断其信息适用于代表其个人身份的信息陈述。此外，个人身份信息还可被定义为：(i)能直接识别个人身份的信息（如姓名、地址、社会保险号码或其他可识别身份的号码或代码、电话号码、电子信箱，等等）；(ii)某个机构打算结合其他数据元素（数据元素可以包括性别、种族、出生日期、地点和其他描述符的组合）用来识别（即间接识别）特定个人的信息。

[①] 根据美国注册会计师协会的相关准则，议定程序报告只能由就相关程序达成一致的各方使用。为新客户重复使用的议定程序报告，首先要求客户接受原先议定的程序。

……此外，允许与特定个人线下或线上联系的信息也被视同个人身份信息。个人身份信息可以用纸质、电子或其他媒介保存。

全美供应商标识码被定义为(Federal Trade Commission,2002：4—5)：

个人为获取金融产品或服务而提供的任何信息(如姓名、地址、收入、社会保险号或在申请表上填写的其他信息)；金融服务机构在涉及它们的金融产品或服务的交易中获得的有关个人的任何信息(如个人是该机构消费者或客户的事实、账户号码、付款记录、贷款或存款余额以及信用卡或借记卡消费记录)；或者由于给个人提供金融产品或服务而获得的有关个人的任何信息(如法庭记录或消费者报告中的个人信息)。

审计报告详细说明控制目标的部分必须包括每个控制目标、检测程序和结果。这份报告的格式应类似于表 6.1 例示的格式。表 6.2 显示了每个所规定类别的控制目标，介绍了每个类别的控制目标，并且举例说明了一种可实施的控制。

表 6.1　美国职业资产经理人与数据管理人协会推荐的数据安全报告格式样本

控　制	检测程序	检测结果
每种被检测的控制都按照美国职业资产经理人与数据管理人协会推荐的安全重点 16 个关键目标中的一个定义，并严格按照定义实施控制	检测参数：确定检测什么和如何执行检测	概述检测结果(未发现异常情况，或者发现异常情况并详细说明)

资料来源：The SPARK Institute(2017)。

表 6.2　美国职业资产经理人与数据管理人协会为网络安全能力沟通制定的 16 个控制目标

控制目标	说　明	样本控制[a]
(1)风险评估与处理	组织明白组织运营(包括任务、职能、形象或声誉)、组织资产和组织成员个人面临的网络安全风险	已经完成技术风险评估
(2)安全政策	已经制定组织的信息安全政策	安全政策获得批准并已经公布
(3)组织安全	按照内部角色，与外部合作伙伴协调确定各自的职责	已经任命首席信息安全官或信息安全官
(4)资产管理	能使组织实现业务目标的数据、人员、设备、系统和设施根据他们对业务目标和组织风险应对策略的相对重要性来确定和管理	信息技术应用记录已经保存在正式的记录系统中

续表

控制目标	说　　明	样本控制[a]
(5)人力资源安全	组织的成员和合作伙伴适合组织为他们考虑的角色,接受过网络安全意识教育,并接受过充分的培训,因此能够履行与信息安全相关并符合相关政策、程序和协议的责任和义务	组织的全体成员都要接受初始和定期的背景调查
(6)物理和环境安全	资产线下使用的管理和保护	各数据中心实行全年365天、全天24小时的现场物理安全控制
(7)沟通与运营管理	根据相关的政策、程序和协议,对技术安全解决方案进行管理,以确保系统和资产的安全性和复原力	网络和系统配有防火墙、防病毒入侵检测和补丁管理等标准的数据安全工具
(8)权限控制	资产使用和相关设施的访问仅限于受权用户、流程或设备以及经过授权的活动和交易	赋予每个成员独一无二的密码
(9)信息系统的购置与开发	推行用于系统管理的系统开发生命周期法,制定并实施漏洞管理计划,并且进行漏洞筛查	定期对面向客户的应用程序进行渗透测试
(10)事件沟通管理	执行并维护响应流程和程序,以确保及时应对检测到的网络安全事件	记录并例行检查网络事件过程
(11)业务复原力	制定并管理响应计划(事件响应和业务连续性)和恢复计划(事件恢复和灾难修复)	组织维护和检查业务连续性和灾难修复计划
(12)合规	包括隐私权和公民自由义务在内的网络安全法律规定得到理解和管理	有适当的政策和程序来履行适当的隐私权保护义务
(13)移动计算和通信设施	组织应该制定正式的政策,并采取适当的安全措施来防范使用移动计算和通信设施可能带来的风险	批准并执行移动计算和通信设施政策
(14)加密	必须同时保护静止数据和传输数据	对外传输使用联邦信息处理标准认可的算法来进行加密
(15)供应商风险	确保供应商可访问的组织资产得到保护	供应商要接受定期的安全检查
(16)云安全	保护在云环境中存储或处理的组织资产	云服务提供商要接受定期的安全检查,或者能提供其环境安全的独立评估报告

a. 仅供说明之用,无意罗列各控制目标。
资料来源:The SPARK Institute(2017).

网络安全检测结果的报告方式在几个方面有所不同。首先,公司可以选择执行议定程序契约。根据这种契约,审计师承诺根据适用于特定主题事项的具体议定的程序发布报告和调查结果,供特定缔约方使用。在这种情况下,特定缔约方通常是客户计划发起人,他们会要求出具独立的网络安全能力证据。各特定缔约方依照美国注册会计师协会制定的相关准则,确定他们认为适合审计人员使用的程序,从而在使用职业资产经理人与数据管理人业内最佳实践时引发了一个小小的挑战,因为客户必须酌情验收上文提到的 16 个关键方面的控制目标以及数据管理公司根据这些目标实施的控制。客户可以采用几种不同的形式来完成验收程序,可以发正式的信函或者简单的电子邮件。①

服务组织控制报告(即 SOC 2 报告),说明一家公司对有关运营、可用性、安全性、处理完整性、机密性和隐私权等进行控制的情况。这份报告要根据美国注册会计师协会制定的五大信托服务准则出具,并详细说明审计师检测控制的过程和结果。

《1974 年雇员退休收入保障法》律师的作用

虽然投资顾问经常扮演主导角色,但依照《1974 年雇员退休收入保障法》聘请的律师在退休计划组织服务招标和回复投标申请书时常会深度参与建议征询过程。依照《1974 年雇员退休收入保障法》聘用的律师通过在参与建议征询过程之前先熟悉美国职业资产经理人与数据管理人协会推荐的最佳实践,就可以促进各有关当事方之间的沟通。依照《1974 年雇员退休收入保障法》为数据管理公司聘请的律师可以利用自己掌握的该协会推荐的最佳实践的知识来应对最初可能并不一定以某种连贯的方式聚焦于网络安全问题的建议征询过程。通过对建议征询做出周全的回应并汇总信息,依照《1974 年雇员退休收入保障法》聘请的律师就可以使退休计划发起人集中关注最适合他们计划的服务项目。虽然采购和技术人员都熟悉网络安全问题,因为这个问题关系到计划发起人的业务,但是,依照《1974 年雇员退休收入保障法》聘请的律师能够提供有关退休计划规范的指导意见,从而帮助计划受托人在行为上与其他在需要遵守

---

① 根据美国职业资产经理人与数据管理人协会推荐的网络安全最佳实践进行自我评估,只是一种旨在帮助行业采用这种最佳实践的权宜之计。数据管理公司可以使用美国职业资产经理人与数据管理人协会推荐的 16 个控制目标,在没有第三方认证的情况下报告它们的控制和检测结果,但前提是它们必须与自己的审计公司签订合同,并进行独立报告。

《1974年雇员退休收入保障法》规定的谨慎准则的类似情况下行为谨慎的专家看齐。通过促进对相关准则和实践的理解，依照《1974年雇员退休收入保障法》聘请的熟悉业务的律师可以帮助退休计划寻求并获得适合计划特定需要的网络安全保护，同时降低计划受托人的责任风险。

通向网络安全和雇员福利的前行道路

计划发起人接下来要采取的措施。计划发起人必须迅速对自己的工作人员进行关于退休计划网络安全环境的自我教育，内容可以包括向计划发起人手下负责退休计划的工作人员详细介绍退休计划的网络安全问题，或者组织他们参加有关退休计划网络安全的人力资源专业人员会议。对网络安全问题的认识可以帮助获得经费支持，从而避免退休计划的网络安全工作落后于其他方面的工作。网络安全教育还有助于构建贴近现实的预期，因为我们无法做到全面预防网络安全问题，而把网络安全问题全部外包给别人也并不现实。这些基本原则确定以后，计划发起人就可以开始或进一步为满足适当受托准则的退休计划数据安全进行富有成效的努力。

此外，计划受托人可能会考虑"数据节食"问题，以减少退休计划、计划发起人和服务提供商之间共享退休计划信息的数量。像任何节食行为一样，"数据节食"的第一步也是确定现在正在收集、生成、保留和分享哪些数据。在此基础上，计划发起人也许能够确定以上每个环节不够节制的地方。在这个过程中，计划发起人可能应该评估每个有关当事方是否真的需要共享所有这些数据才能完成各自的任务；如果不是，那么，是否有一种实际有效的方法可以用来减少生成、传输和存储多余的数据。通过减少正在运行的数据，计划发起人可以限制自己的计划遭受网络攻击的风险。当然，计划发起人能够修改现有实践的程度很可能取决于自己的退休计划的规模和资产。

《1974年雇员退休收入保障法》并没有要求制定书面的网络安全或财务信息政策，也没有规定必须采取的一刀切方法，而是要求计划发起人必须谨慎行事。要证明计划发起人谨慎地走完了整个过程的最简单方法，就是记录整个过程。创建任何超出《1974年雇员退休收入保障法》要求的规范性文件都会带来巨大的挑战和风险，因此网络安全文件应该关注流程项目，而不是试图制定任何硬性规定。

关系到计划发起人的网络安全事件或漏洞只是一个什么时候发生的问题，而不是会不会发生的问题。因此，计划发起人还应该考虑制定"应对—恢复"计划。制定这样一种计划在时间上可能有从主动制定到事后补救的很大区别。受托人责任保险通常在提起诉讼或开始监管调查时（有时是在监管机构认定有问题时）生效，而网络责任保险则通常是在数据泄露时生效。这就意味着，虽然现有的受托人责任保险在提起诉讼后可能会有所帮助，但在这之前，计划和/或计划发起人可能要承担与网络漏洞有关的成本和机制（具体取决于保险单的条款），其中包括寻找并聘用专家评估漏洞大小和制定削减计划的费用以及寻找并雇用有能力告知和回答计划参与人询问有关事件的人员的费用。

计划发起人可能会希望能用特别的网络安全责任保单，或者能在现有保单（目前市场上已有的部分保单）中附加补充条款来为雇员退休计划投保。网络漏洞保单可以向确定适当的人员从确定漏洞大小、告知相关个人或实体、提供资源来减少问题或弥补因网络漏洞而遭受的任何损失（如核实身份或赔偿被盗资产）的整个过程的每个环节提供帮助。计划发起人也希望考虑如何定期评估和更新自己与计划有关的网络安全保护方法。

结束语

雇员退休计划的网络安全环境正在经历重大的变化，而且有可能经历速度不断加快的变化。虽然计划发起人告知计划参与人有关计划的信息的确切受托责任尚未得到明确界定，但很明显，各有关方面正在努力界定这种责任，并对日益增长的加强保护的需要做出回应。目前，美国证监会、劳工部、多个州以及像美国职业资产经理人与数据管理人协会这样的关键行业组织正在努力规范网络安全标准并制定更多的保护措施。

在有关各方进行以上诸方面努力的同时，计划发起人必须与他们的供应商（包括数据管理公司、投资顾问、会计师和律师）合作，共同落实充分的保障措施。要使这些保障措施取得成功，规定有关保障措施执行情况的尽职调查的一般做法也同样至关重要，同时还要避免披露可能有助于恶意行为者作恶的信息。美国职业资产经理人与数据管理人协会通过的服务组织控制审计报告或议定程序报告的执行标准，可以作为一个基本的起点，并创造通过可信赖的第三方保证获得经过行业检验的实践的机会。计划发起人还可以通过仔细审查自己投保的网络安全保险的承保范围来获益，因为有很多保护措施可用来弥补包括保单生效前或保单承保范围外出现的常见缺口。

参考文献

AICPA (2017). *AT-C Section 215: Agreed-Upon Procedures Engagements.* Association of International Certified Professional Accountants. https://www.aicpa.org/research/standards/auditattest/downloadabledocuments/at-c-00215.pdf (accessed March 1, 2019).

ERISA Advisory Council (ERISA) (2016). *Cybersecurity Considerations for Benefit Plans.* Report to the Honorable Thomas E. Perez, United States Secretary of Labor. https://www.dol.gov/sites/default/files/ebsa/about-ebsa/about-us/erisa-advisory-council/2016-cybersecurity-considerations-for-benefit-plans.pdf (accessed March 1, 2019).

Federal Trade Commission (2002). *How to Comply with the Privacy of Consumer Financial Information Rule of the Gramm-Leach-Bliley Act.* Washington, DC: FTC. https://www.ftc.gov/system/files/documents/plain-language/bus67-how-comply-privacy-consumer-financial-information-rule-gramm-leach-bliley-act.pdf (accessed March 1, 2019).

Tech World (2017). 'The Most Infamous Data Breaches.' *Tech World.* December 6. https://www.techworld.com/security/uks-most-infamous-data-breaches-3604586/ (accessed March 1, 2019).

The SPARK Institute (2017). 'Industry Best Practice Data Security Reporting.' *SPARK Institute Release 1.0.* September 20. http://www.sparkinstitute.org/pdf/SPARK%20Data%20Security%20Industry%20Best%20Practice%20Standards%209-2017.pdf (accessed March 1, 2019).

US Department of Labor (2017). *Guidance on the Protection of Personal Identifiable Information.* https://www.dol.gov/general/ppii (accessed March 1, 2019).

第七章 为老年人设计:帮助老年人排忧解难,让他们过上一种有人帮助、安全健康的退休生活

科斯明·蒙特亚努(Cosmin Munteanu)
贝内特·阿克斯特尔(Benett Axtell)
希巴·拉菲(Hiba Rafih)
阿姆纳·利亚卡特(Amna Liaqat)
约姆娜·阿里(Yomna Aly)

老年人[①]通常被认为理解科技的能力低于人口平均水平(Grimes et al.,2010),这是由以下几个因素造成的:老年人从工作岗位上退下来以后,他们理解科技的能力开始下降;或者,老年人与社会隔绝,减少了获得同龄人支持的机会,而这种支持则能为使用网络技术提供帮助和鼓励。老年人的这种状况有可能影响到他们某些方面的安全和福祉,如增加蒙受经济损失的风险(如因为被骗)(Garg et al.,2011;CFAC,2014)。

与此同时,许多老年人处于与社会隔绝的状态,或感到自己被社会孤立(Nicholson,2012)。实际上,这两个问题可能是相互关联的:我们自己的研究(Munteanu et al.,2015)表明,老年人[②]依靠自己的社交网络来应对与互联网有关的问题;他们由于缺乏数字自信或担心遭遇风险(如被骗)而远离许多在线活动。

---

① 根据加拿大统计局(Statistics Canada,2012)的定义,我们把65岁或以上的人作为老年人,但就如加拿大统计局报告的那样,如果有相关性的话,我们也考虑包括55~64岁成年人的研究,如考察长期问题(如退休、健康)的研究(Schellenberg and Turcotte,2007)。

② 我们承认,关于描述年龄分布如此广泛的用户群体可用的合适术语存在很大争议(Taylor,2011;Smith,2012)。在本研究中,我们交替使用术语"older adults"和"seniors",因为我们非正式地发现,我们的参与者(在我们的实验室进行的研究中)也混用这两个术语来指称自己。此外,本研究在本质上具有探索性质,并没有针对这个人群的特定子集。但必须指出,在我们考察的地区,居民习惯用"seniors"来表示"older adults",但没有比较具体的年龄界限,包括资助我们研究的相关出资机构和政府部门也是如此(在这一章里,我们统一把"older adults"和"senior"译作"老年人"。——译者注)。

老年人大多通过家庭来获得数字知识(Boothroyd,2014),但与社会隔绝的老年人也许只有限的机会与能传授这种知识的家人或朋友接触。因此,他们只能依靠大众媒体来获取通常以令人担忧的方式传递的信息(Boothroyd,2014)。这种得不到支持的状况减少了老年人学习在线实践(如使用网络安全设备)的机会,这反过来可能会妨碍老年人参加网上活动,如网上购物或办理银行业务,从而导致老年人处于不利的境况。造成老年人处于不利境况的原因就在于,互联网可为他们提供相关的资源(Czaja et al.,2009);更重要的是,互联网能帮助他们降低与社会和数字隔绝的程度(Czaja and Lee,2007),而与社会和数字隔绝则就是造成这个问题的原因。

为老年人设计的背景

由老年人得不到社会支持和科技素养低于平均水平合并造成的数字边缘化问题,可能会因为数字(网络)技术的易用性和感知效用而进一步复杂化。科技接受模型(Technology Acceptance Model,TAM)(Venkatesh and Davis,2000)指出了几个尤其是影响老年人采用(潜在有益的)技术的因素(Venkatesh et al.,2012)。科技接受模型是一个用途广泛的理论框架,可用来考察人们如何接受和使用某种特定技术。虽然科技接受模型仍存在不足的地方(Salovaara and Tamminen,2009),但它已经成功地被用于分析影响老年人采用技术的因素的(为数不多的)研究(Neves et al.,2013)。

科技接受模型捕捉到的两个关键技术采纳因素是易用性和感知价值(有用性/效用)。格鲁丁(Grudin,1992)把易用性定义为一个软件系统的目标用户"容易学会操作它"的属性,而把有用性定义为"软件系统服务于某个可识别用途"的属性。在这样定义"易用性"和"有用性"的情况下,科技接受模型通常被认为可用来表示,为了让老年人采用某个软件系统(或者更一般地说,某种数字技术),这个系统必须对老年人来说具有高度的易用性,而且还能提供某种可识别的用途。后一个因素通常被归结为"能激励老年人产生学会操作软件系统并克服潜在易用性障碍的动机"——这种动机本质上与被认为能创造价值的系统有关。这种动机(价值)由多种因素促成,其中最常见的因素是维系家庭关系的愿望或利用这种关系的需要(Neves et al.,2015;Dang,2016)。许多在日常活动中得到广泛使用的最普遍的软件工具(如网上银行)往往并不是为老年人能够使用而设计的(Franz et al.,2015;Munteanu et al.,2015),从而进一步加剧了老年人在采用数字技术方面被边缘化的问题,因为这些工具需要相对较高的感知价值,才能激励老年人做出为克服可用性问题所必需的努力。

为老年人设计金融科技工具的障碍

因此,专为老年人设计基本数字服务和工具(如网上银行或其他网上金融工具)的设计和开发人员必须找到消除与易用性、感知有用性和缺乏数字素养(或数字素养较低)等有关的技术采用障碍的解决方案。这些阻碍老年人采用技术的障碍与老年人与社会隔绝和被数字边缘化的问题相互关联,而老年人的这些问题又进一步放大了这些障碍的负面影响。在这一章里,我们认为,这些障碍的核心问题是一个与设计(交互式)数字工具有关的最基本概念——心智模式或心智模型。

许多学科都有自己的心智模型,我们可以认为心智模型与科技接受模型中感知有用性和易用性具有内在的联系(Rouse and Morris,1986)。在一个技术空间内,心智模型决定用户对交互系统或数字技术工作方式的看法(Nielsen,1990)。也就是说,心智模型能够反映"用户(或者使用用户认为自己)对某个系统(如网站)的了解程度"(Nielsen,2010;n. p.)。例如,能在现代(截至2018年)浏览器"地址栏"中输入搜索词的功能,是为了响应用户在浏览器或具有搜索框外观的网页元素中输入搜索词的心智模式——这种心智模式可能是用户访问在线搜索引擎网站(如谷歌)才形成的——而增加的功能(2018年在设计的心智模式)。

用户的心智模式会受到许多非技术因素的影响,包括用户的社会人口背景或文化规范和期望(Moffat,2013;Neves et al.,2015)。对于这类系统的设计者来说,挑战就在于尽量降低用户的心智模式和系统设计之间的错位程度。设计师的心智模式和用户的心智模式之间的巨大差异会导致科技接受模型确定的技术采纳因素——有用性和易用性感知——作用减弱。就像诺尔曼(Norman,2013)指出的那样,这是由于这种错位会导致两条"鸿沟"的出现,一条是"评估鸿沟",另一条是"执行鸿沟"。执行鸿沟是指用户认为系统能做什么和系统实际能做什么间的差别,而评估鸿沟则是指用户了解系统内部状况的难度。具体而言,评估鸿沟反映用户心智模式和科技接受模型定义的可用性/易用性感知之间的关系——例如,系统是否能提供符合用户对系统的看法且容易理解的信息?评估鸿沟的一个典型(虽然太过简单)实例就是蓝牙连接滑动开关上的"开"或"关"标签:当标签显示"关"时,滑块开关的位置与标签"关"正好相反——这可以解释为"滑动开关的状态不是开就是关"(Whitenton,2018)。

如果基本数字服务的设计师没能完全理解老年用户的心智模式,包括不了解老年人采用哪些不同的方式来获取相关服务,老年人不知道所推荐服务的作用,而且也不知道所推荐新服务能带来的好处,那么就可能会导致老年用户不采用新的数字服务。具体而言,我们从信任,特别是从对网络平台的信任和对已有("传统")服务的信任之间相对关系的视角来审视老年用户心智模式和采用网上服务的问题。

为老年人设计金融科技工具的解决方案

有许多设计方法可用来改善用户对新的数字工具或服务的体验,但其中的不少方法只是在服务开发周期的后期阶段才被采用,通常是在采用不同的方法,根据不同来源的信息确定用户需求的假设之后。相比之下,如果我们能采用更加彻底的方法来深入了解用户的具体实际需要,那么就能通过基本服务设计(如在针对老年人的金融科技领域)来提高老年人的采用率。在这一章里,我们将证明在为老年人设计金融科技这个领域采用情境调查法(Contextual Inquiry,CI)的合理性。情境调查是一种在工作场所设计等领域取得广泛成功的方法,但在为老年人设计的领域却没有得到大量的探索性应用。我们还将评估采用这种要求征集法(requirement-collecting methods)并辅之以像参与式设计(Participatory Design,PD)这样的以用户为中心的设计策略,怎样才能缩小老年用户的心智模式与系统或服务设计者的心智模式之间的差距,从而提高老年人的服务采用率。然后,我们将讨论这种方法怎样才能具体适用于为老年人设计金融科技,如网上银行或其他网上金融服务。

影响老年人采用金融科技工具的障碍

退休后的经济保障问题是老年人面临的最紧迫问题(Kemp and Denton,2003)。因此,许多老年人正在积极寻求确保实现这个目标的策略(Kemp and

Denton,2003;Sixsmith et al.,2014)。这似乎是一个得到普遍关注的问题,它与包括是否存在政府资助或支持的退休计划(如加拿大等有社会保障计划的国家就有这样的退休计划)在内的其他一些因素没有关系(Raphael et al.,2001)。

制定确保退休后收入安全的长期策略是复杂的,由此造成了一些退休后经济方面的问题(Vettese,2015)。此外,退休人员还要面临老年人特有的充满不确定性的前景,特别是在退休后收入不是来自政府支持或资助的待遇确定型计划的情况下,因此有可能要把推行其他策略(比方说大幅削减支出,从而降低生活质量)作为预防机制,以确保退休后的经济安全(Vettese,2016)。许多老年人虽然原本为人生大事做了很好的安排,但在管理自己的理财规划方面遇到了越来越多的困难(Denton et al.,2004)。有研究人员认为,认知能力下降以及其他与衰老有关的因素(如缺乏理财知识)导致老年人难以管理自己的财务状况和规划安全的退休生活(Loibl,2017)。但另有研究人员并不同意老年人认知能力下降对其理财规划产生的影响,而是认为"领域专有性知识和专业技能可为合理的理财决策另辟蹊径"(Li et al.,2015:65)。因此,这种观点表明,设计能在理财实践方面支持、鼓励和教育老年人的服务可能是解决整个问题的一种方式(Lusardi and Mitchell,2007)。

已经有政策制定者呼吁金融机构提供老年人教育项目或资源,以帮助他们规划安全的退休生活,包括保护他们的金融资产不被欺诈(Blazer et al.,2015)。但是,这些建议可能与金融业从"实体"银行和金融服务向网上空间转变的趋势不符(Campbell,2017)。这种趋势性转变可能会对老年人产生更大的影响,因为最近的研究表明,老年人是网上银行和金融服务使用率最低的人群(Alhabash et al.,2015)。不过,也有证据表明,如果把便利以外的因素考虑进去,那么,网上金融科技的使用率就能有所提高——例如,如果实体金融机构能与老年人建立信任关系,那么(尽管很慢,但)能成功地让老年客户转而使用同一些金融机构提供的网上服务(Montazemi and Qahri-Saremi,2015)。

也有学者探讨了老年人采用在线金融科技服务遇到的其他方面的障碍。具体而言,人机交互(HCI)以及这个领域用户体验(UX)设计方面的研究,最近开始着手考察如何排除老年人群遇到的障碍。这些研究和设计领域已经开始关注如何了解与技术有关的用户以及如何设计与技术交互更加方便、更有意义、更贴近用户的解决方案等问题(Interaction Design Foundation,2018)。

瓦因斯等学者(Vines et al.,2012)的研究就是这类研究的一个例子。他们进行了一项类似于人种学研究的定性研究,考察老年人如何看待和使用电子支付工具。他们的研究揭示了老年用户如何看待在线金融科技服务的重大问题,如缺乏信任(不信任服务提供商和基础技术)或对使用网络版的这些服务缺乏信心(如认为"电子数据无法长期保存"——引自瓦因斯等的论文)。这表明,除了科技接受模型确定的维度(即有用性感知)外,网上金融科技服务的工作方式与老年用户对它们的感知(即他们对这些服务的心智模式)之间的错位,也是影响老年人使用金融科技服务的一大障碍。

行为经济学和金融学研究对心智模式进行了广泛的探讨,最近又从个人与经济、金融政策和发展的关系(World Bank,2015)以及(金融)决策背景(Denzau and North,1994;De Bondt and Thaler,1995)的视角对心智模式进行了探讨。把个人的心智模式与金融服务的工作方式以及两者之间错位的后果联系起来的研究(Acemoglu,2009)又提出了新的观点,如有关消费者看待企业在市场空间中如何运营的观点。这方面的研究和发现对网上金融服务工作方式有不同看法的用户体验研究(Vines et al.,2012)一起,进一步支持了我们的观点,即针对老年人的金融科技设计和开发必须专注于解决(除了像有用性和易用性感知这样的与用户体验有关的其他障碍外)老年人对此类服务的心智模式所表征的障碍。

如何针对老年用户的心智模式进行设计

我们在这里介绍三个案例研究来支持我们的中心论点,即老年人的心智模式是阻碍他们接受网上金融科技服务的关键因素。这些案例研究都是在我们自己的定性和实地研究的基础上完成的,目的是要了解老年人在与退休有关的以下三个关键方面的信息行为:与社会隔绝、健康信息获取和网络安全。我们详细阐述了与针对用户心智模式进行设计有关的两个方法论问题:一是如何了解老年用户对网上服务的需要;二是如何让老年用户参与设计过程,以确保最终的服务符合他们的心智模式。

如何了解老年用户的需要

人机交互方法已经有很长的历史,其中包括用户对技术设计过程的投入。

大多数人机交互方法通过不同的方式诱使用户表达对交互应用程序设计的要求，这样做的目的是要设计出能够满足用户需要的技术。然而，由于老年人通常不熟悉技术，或者不愿意采用新技术，因此，为这个用户群体设计也许可得益于并不要求老年人直接参与设计过程或立即对技术做出反应的初始研究。为此，在考虑设计解决方案之前，应该在设计环境之外收集有关用户信息行为的数据。也就是说，应该采用一种人种志（ethnographic）研究方法（人种志研究方法是一种研究者与研究对象交互的实地调查方法。研究者采用这种研究方法往往是希望在现场发现可推广应用到不同情境的有意义的东西或现象。——译者注）来了解用户的当前行为。人种志研究方法是一种有助于了解影响人们日常生活或特定活动（如工作场所活动）的问题的社会科学研究方法，而采用这种方法的研究人员是通过大量全面或隐蔽的观察来了解研究对象的行为的（Hammersley and Atkinson，2007）。

根据我们自己的研究经验，我们认为，情境调查作为一种人种志调查方法，是一种了解用户在活动情境——对于老年人来说，就是对于保护一种财富安全、保持社会联系和健康的退休生活至关重要的情境——下的行为（以及他们随后形成的心智模式）的适当方法。

情境调查

情境调查是一种类似于人种志调查的方法，可用来进行人机交互研究和征集要求，目的就是观察和了解一种新设计怎样才能以最小的干扰来适应目标用户的当前行为。这种调查方法为了解用户行为提供了一种特殊的观察方式。采用这种方法进行的观察有助于进行能支持或改进被观察行为的设计，而这样的设计则更有可能被目标用户采纳（Wixon et al.，1990；Beyer and Holtzblatt，1997）。情境调查中的观察专注于相关的活动，可以由研究者出于观察的目的来推进，并且鼓励参与者解释他们在做什么以及为什么这样做。

这种调查方法有助于深入、集中地了解用户的行为、他们的相关动机和态度以及新设计怎样才能适应用户的行为。虽然最初只是打算把这种方法用于工作场所，但在给定情境（包括把理解老年用户的行为作为设计技术解决方案先决条件的情境）中把它应用于任何特定的目标用户群体也很有用。但直到最近，情境调查法才开始被用于对这个年龄段人群的调查。例如，马斯肯斯等人

(Muskens et al.，2014)采用这种方法来了解老年人使用移动设备替代电视机的情况，结果有人根据他们的调查结论设计出一款模仿许多传统电视频道浏览功能、以娱乐为主的媒体消费平板电脑应用程序。在我们自己的研究中，我们也使用情境调查法来观察纸质或数码照片在促使老年人分享过去记忆的故事中所起的作用。结果，有人根据我们的调查设计了一款直观性很强的平板电脑应用程序。这款应用程序能让老年人根据数码照片口述故事，从而增强他们的社交联系(Axtell，2017)。

适合老年人的情境调查方法

情境调查是一种定性的实地调查方法，先对用户进行现场观察，然后对观察结果进行主题分析，从而达到详细了解用户的目的。拜尔和霍尔兹布拉特(Beyer and Holtzblatt，1999:34)把用户情境调查说成是一个"了解用户到底是谁以及他们每天如何工作"的明确步骤。用户通常很难说清他们具体做了什么和说明他们这么做的动机，因此，情境调查观察能够捕捉到调查参与人无法清楚表达，但却是他们工作过程重要组成部分的工作元素。这些观察都是围绕与调查参与人工作过程相关的任务、活动、做法和(技术或非技术)人造物的使用等进行的。直接观察这些东西，可以让研究人员确定怎样以最小的干扰把一种新的设计引入调查参与人的当前实践。情境调查必须以下列四项核心原则为指导，才能正确进行调查观察：

第一是情境：为了获得最佳且最相关的数据，应该在"自然"情境下进行观察。

第二是合作：调查人员在了解参与者的行为时必须争取后者的合作，因为只有参与者知道有关他们行为的一切。

第三是解读：从主题和新设计意义的角度去分析观察结果。

第四是专注：基于共同的出发点来指导观察和谈话，并为实现共同的目标而努力。

用这些原则来指导整个调查过程，以便了解什么对用户重要，并根据主题分析有可能产生新的设计创意的调查结果。通过这些观察，不但可以了解参与者的行为，而且还能了解他们掌握的知识、具有的能力和所持的态度。这个调查过程还能反映某些特定行为的细节，而这些特定行为不是他们有意选择的。

情境调查研究的一般步骤是：观察参与者在调查情境中的相关行为；根据观察结果，在用户的"引导"下进行访谈，细说他们的行为和动机；在可能的情况下分析观察和访谈结果，以寻找主题并构建会促成初始设计的理解，并在目标用户执行实际任务的情况下评估最终完成的设计方案（Wixon et al. ,1990）。从方法论的角度看，这些步骤构成了情境调查的以下四个主要阶段（Wixon et al. ,1990）：

（1）第一阶段（调查）：与目标区的特定参与者交谈；

（2）第二阶段（解读）：解读数据，以抓住调查中发现的关键问题；

（3）第三阶段（建模）：对有关参与者的数据进行整合并构建有助于整体理解已确定问题的模型；

（4）第四阶段（创新设计）：采用新技术来重新设计完成任务的方案。

以上前三个阶段主要是征集设计新技术的要求，侧重于了解什么对用户重要以及描述用户所做的事情（Wixon et al. ,1990）；而第四阶段是采取有助于设计解决方案的具体步骤。

情境调查案例研究

许多影响老年人在与当前交互技术互动时的用户体验问题已经众所周知，例如，老年人视力退化或认知能力下降，导致现在的网站或网页界面对他们来说缺乏可访问性（Johnson,2015）。这些问题有可能会进一步导致老年人在数字化方面被边缘化，因为之前有研究已经表明，易用性感知是影响老年人长期成功采用潜在有益技术的关键因素（Venkatesh et al. ,2012）。然而，在互联网和移动技术的研究和商业开发中使用的工具和方法主要遵循与用于任何其他用户群体的原则基本相同的用户体验设计原则。在大多数情况下，一些当前的技术开发实践只是略微结合使用（通常只是名义上的使用）注重用户体验的设计方法。最糟糕的是，此方法的一些用途非常可疑——甚至被一些学者称为"万金油"（Sauro et al,,2017）。虽然部分原因是缺乏行业意识或用户体验设计和开发知识，但实际上更重要的原因是普遍缺乏适当的工具来支持专注于老年人的设计和开发。

这种状况造成了双重影响：一是老年人面临的数字鸿沟进一步扩大，二是阻碍有益技术（如网上银行）的市场化采纳。如上一节所述，我们需要更加丰富

第七章 为老年人设计:帮助老年人排忧解难,让他们过上一种有人帮助、安全健康的退休生活

的用户体验方法来扫清这些障碍,其中一些较难攻克的障碍是用户与设计者之间互不匹配的心智模式。我们已经建议对情境调查这种内容如此丰富的方法进行更新和改进,因为这种方法有利于开发老年人更加容易使用的技术,而且还能为他们带来更好的用户体验。在我们的"优雅地老去"技术实验室里,我们已经把这种方法应用于一些短期和长期用户体验研究,目的是要开发支持老年人基本活动的交互技术。我们在这里介绍最近三个这样的项目的研究结果,以展示我们(根据我们对心智模式的理解)为征集老年群体对设计的要求而调整的情境调查的适用性。这三个研究项目涉及与退休生活质量有关的安全、健康和社会联结三个基本方面。然后,我们对它们进行了比较,指出了它们对金融科技行业的启示意义,并建议采用这种方法来设计面向老年人的数字金融工具。在下一节里,我们将详细阐述其他用户体验研究方法(即参与式设计)怎样才能有助于落实通过针对老年人的情境调查征集到的设计要求。

注意安全与谨防(网上)金融诈骗

加拿大65岁以上的老年人主动使用互联网的人数在不断增加。加拿大2011年的人口普查(Stats Canada,2011)表明,这个年龄段的成年人有66%是互联网的日常用户。但是,这些用户最容易受到攻击——常常被看作是"新手",自身也缺乏"安全意识"(Grimes et al.,2010)。据加拿大反欺诈中心(Canadian Anti-Fraud Centre,CFAC)估计,老年人是各种网络诈骗犯罪的首选目标。据报告,加拿大每年因网络金融诈骗而损失的金额超过1 000万美元。

之前关于这个主题的研究表明,老年人通常是在家人的鼓励下才接受新技术的,而且他们掌握的大部分有关技术设备或工具的知识往往也是从家人那里获得的(Boothroyd,2014)。老年人使用新金融工具(如网上银行)的情况也是如此。但是,老年人与家人或朋友的联系是有限的,从而限制了老年人了解网络安全的机会,反而迫使他们依赖大众媒体来获取通常以令人担忧的方式传递的信息(Boothroyd,2014)。这种情况可能会进一步恶化老年人在与网络技术打交道时采用的心智模式,尤其是涉及经济问题时。我们通过研究(Munteanu et al.,2015)发现,老年人缺少他们可用来解决与互联网有关的安全问题的可靠社交网络,往往会因为担心经济损失或针对他们个人数据的网络攻击而逃避许多网上活动。这种情况对金融科技的设计者和开发者来说意义重大。

我们在研究中采用一种混合多种方法的方式进行跨学科调查,目的就是要回答有关老年人在网络安全方面的信息行为的几个问题。我们采用经过我们调整的情境调查法完成了这项研究。有 10 名老年人参与了我们的研究,他们都参加了一次内容丰富(持续 2 个多小时)的会议,包括情境调查观察、访谈和问卷调查。情境调查观察围绕几个任务进行,比如处理电子邮件信息;其中有些电子邮件的内容是由研究团队精心设计的,用以模仿金融骗子冒充合法企业使用的各种常见模板;但他们还使用了一些其他合法但被标记为有潜在威胁的邮件,如实际存在的知名度较低的慈善机构的电子邮件。这次情境调查会议的主要活动包括参与完成银行网站上要求的常规操作——这个网站的外观和给人的感觉可以乱真,但它的某些元素表明情况可能并非如此。

我们对会议期间收集到的数据进行了专题分析,发现了一些值得注意的问题,有些问题涉及我们的参与者有关网上金融工具的心智模式以及他们采用这些工具遇到的障碍,特别是一些与安全有关的问题。最突出的主题是参与者反对使用网上银行和类似的应用程序。除了其他一些信息外,这种情况主要是由对在网上处理支付交易和私人信息的信任程度低造成的。而这方面的信任度则取决于开展这些业务的实体,通常信任具有可辨识实体存在的金融机构的程度较高。这个调查结果证实了之前调查从纸质支票转换成在线工具可能遇到的障碍的研究捕捉到的一些主题(Vines et al., 2012)。

在心智模式的问题上,我们已经确定了参与者在金融交易中喜欢与"真人"互动的偏好。在网上完成这些任务与他们当前的心智模式有冲突——网上没有"安全网"(就像我们的参与者对我们说的那样:"如果出了问题,我能向谁反映? 我到哪里找他们?")

最后,我们捕捉到的其他主题也很明显地反映了科技接受模型反映的一些问题,如参与者没有动力采用自己之前没有用过的新方法。一些参与者认为没有必要把金融业务搬到网上,并对现状感到满意。我们的观察也证实了科技接受模型所反映的易用性问题,新的(网上)工具不但要有易用性,而且要设法帮助用户树立使用新工具的信心。即使那些已经看到使用新的网上工具有重大利好(如提高了便利性,比方说冬天不用出门)的参与者,也担心犯错误和"把事情搞砸"。在某些情况下,采用亲身实践的学习方法,在家人或朋友的鼓励和支持下,这些问题就能得到缓解。

关于金融科技的建议。情境调查可以揭示老年用户怎样才能信任一个同时处理支付交易和个人（金融）信息的网络平台以及他们如何考虑与学习使用一种新工具有关的效益/努力问题。

如何通过网络获取重要信息

虽然在过去的 20 年里有很多关于知识获取和分享技术的研究，但很少有研究把老年人和他们的独立感和控制感作为主要研究对象。此外，凡是专注于老年人的研究，绝大多数把老年人作为内容、知识和关爱的消费者来研究，很少关注他们管理甚至促进知识创造的能力。为了弥补这个不足，我们开展了一项混合方法研究，旨在开发一种更加综合的方法来帮助老年人获取、管理和分享日益复杂的信息。为此，我们以获取网上健康信息为代表案例，基于普拉萨德等人（Prasad et al., 2012）之前的研究来具体考察老年人网上信息获取和共享心智模式中的隐私维度。普拉萨德等人 2012 年完成的研究表明，老年人是否愿意分享自己的私人信息（如健康方面的信息），往往取决于与谁分享。

在一项以 12 个老年人为调查对象的研究中，我们试图回答这样几个问题：在讨论私人信息和问题（如健康）时，老年人在他们的保健或社交圈子里信任谁？老年人如何为自己关心的问题寻找答案？老年人如何判断网络信息来源的可靠性和可信性？

我们对典型的网上健康信息访问活动（如访问健康信息库）进行了情境调查，并根据调查收集到的数据进行了主题分析，结果获得了几个关键的发现。我们发现，老年人是积极的信息搜寻者，他们积极参与阅读多个来源的信息。他们在不能理解自己阅读到的信息时，既出于保护隐私的愿望，也出于不给自己的社交圈或关爱圈子增加负担的考虑，更喜欢自己寻找答案。然而，他们希望完全控制自己的健康信息并绝对保守秘密的期待往往与他们希望为有关所发现信息的问题（尤其是在遇到专业术语问题时）迅速找到答案的偏好相悖。

关于信任，我们（出乎预料地）发现，这项研究的参与者几乎都知道各种网上健康信息库和在线讨论论坛的声誉和可信度。我们的观察结果表明，老年人更加信任那些有"知名度"但信息以更专业（但也更具技术性）的方式进行呈现的网站。

对金融科技的意义。在对老年人进行情境调查时，重点关注与要设计的应用程序的（技术）领域有关的信息搜寻（包括回答问题的策略）活动至关重要。

这样的活动可以揭示老年人关于信任信息源的心智模式。

个人人造物分享

我们在这里讨论的三个研究案例中的最后一个案例，是关于社会联结问题的。我们采用情境调查法观察了9个老年人和他们与家庭照片的"交互"，目的是要创建一种支持不经意的图片交互的数字工具。现有的数码照片解决方案没有被老年人采用，尤其是没有用于回忆活动。为了更好地理解为什么会出现这种情况以及怎样才能支持老年人在数字空间中开展回忆活动，我们想先了解他们能从分享纸质照片上的故事以及与这些照片的交互中获得什么，所以，采用情境调查法来进行这项研究是我们的必然选择。我们在参与者家中召开情境调查会，以便在"自然"环境下唤起他们不经意的口述回忆。

我们在参与者中间观察到他们选择从相册到平板电脑等许多不同的方法保存和访问照片。我们也在参与者中间发现了一些共同的主题，例如，在一个经常访问的空间中策划一个家庭照片"展示墙"。我们故意把这种观察提示设计成开放式的，让参与者来引导体验。他们被要求展示他们保存和分享家庭照片的不同方式，引导研究人员浏览他们保存的部分照片，并自由回忆讲述这些照片的故事。几乎所有的参与者都使用传统相册，但也有几个参与者更喜欢镶框的照片或平板电脑。由于我们观察的活动要求参与者讲述与照片有关的故事，因此，参与者无法描述他们在被观察过程中所做的事情。也有研究表明，这种"有声思维"调查方法对老年人效果较差（Franz，2017）。不过，我们在观察之后进行了采访，让参与者详述自己的最新回忆。采访者和参与者的讲述都是建立在观察的基础上的，目的是要在对新技术的期望没有造成偏见或形成假设的情况下揭示他们的动机和要求。

虽然这个项目的侧重点是设计新颖的交互技术，通过根据数字化照片讲故事来加强社会联结，但对在情境调查会上收集到的数据进行的分析捕捉到了有关参与者心智模式的一些值得关注的方面。具体而言，我们发现，参与者有关在线云存储数码照片的心智模式显示，用这种方式保存的照片被认为不如纸质保存方式持久。这个研究结果与之前取得的其他初步研究结论（Petrelli et al.，2009；Keightley and Pickering，2014）相一致。这些学者的研究表明，老年用户有觉得在线保存不安全的心智模式。

对金融科技的意义。老年人关于网络技术,特别是适用于存储有价值的人造物或信息的网络技术(如云储存口述)的心智模式,与他们关于非数字技术的心智模式相比,有可能无法完全反映网络技术的风险-效益比。在设计需要保护有价值的信息或数字人造物(养老金文档)的金融科技解决方案时,情境调查有助于识别老年人反映他们担心失去这些有价值信息风险感知的心智模式。

用户体验法在金融科技领域的应用

就如我们在上文已经说明的那样,设计支持老年人在退休后获得基本服务的技术,必须克服与老年人的心智模式错位有关的障碍。这一点在我们从访问网上健康信息到基于云储存技术的照片社交共享等内容广泛的服务的调查研究中得到了证明,而且在我们调查老年人网络安全方面的行为(如躲避金融诈骗)的研究中表现得尤为显著。我们运用能够更加深入地反映用户心智模式的方法,极大地提高了我们洞察老年人如何与补充或取代现有服务(如银行或金融支持)的数字技术交互的能力。情境调查能够帮助我们揭示用户心智模式中因难以用语言表达自己的心智历程而造成的隐秘元素(Liaqat et al.,2018)。相应地,我们也阐明了像情境调查这样的人种志调查数据收集方法作为老年人基本退休生活服务支持技术设计和开发的关键组成部分的价值。

研究实境中的用户并能够了解他们的心智模式,是一个必不可少的设计步骤,但这本身并不足以保证最终的设计完全能被老年用户接受,也没有一种单一设计方法可以解决全部的易用性和被用户接受的问题。我们认为,使用在设计过程各个阶段能够更加深入地吸引用户的方法——特别是参与式设计,可以补强并扩充许多经常被用于用户体验设计(User Experience Design)的方法(Preece et al.,2015)。

参与式设计通过采用访谈、观察或组织设计活动等多种不同的方法让用户参与技术创造过程(Muller and Kuhn,1993;Muller,2003)。参与式设计在设计—开发周期的几个阶段被用来征集用户要求时,它的核心方法(协同设计)在这个周期的早期阶段最为有用,因为这种方法能够促进用户提出有关潜在设计的建议和设想。参与式设计会让用户参与整个项目各个阶段的设计,并诱使他们为确定系统的设计和功能要求做出直接的贡献(Schuler and Namioka,1993)。参与式设计通常是以小作坊的形式进行的。在设计过程中,用户参加者分为2~4人一组，使用便利贴、印刷图标、记号笔等各种设计道具，根据低保真度的用户界面原型在纸上完成草图绘制（Liaqat et al.，2018）。

虽然参与式设计已被广泛用来为老年人设计各种应用程序，包括我们自己的研究中从防跌倒监测（Yu and Munteanu，2018）到学习支持工具（Liaqat，2018）等不同的应用程序，但它在为老年人设计金融科技方面的作用直到最近才受到关注。在这类研究中，最引人注目的研究项目是由瓦因斯等学者（Vines et al.，2012）完成的。他们与老年人一起采用参与式设计法设计纸质支票的数码替代品。老年人关于金融服务的心智模式被认为是阻碍这类服务向网络空间转移的最重要障碍，而采用参与式设计法设计一种像纸质支票那样的普遍且根深蒂固的金融工具的替代品，对于克服这种障碍至关重要。这表明，参与式设计是一种在为老年人设计金融科技方面很有发展前途的设计方法。

应该为老年人考虑的问题

用户体验研究人员在与老年人合作开展研究时会面临方法论上的挑战。例如，由于老年人的沟通能力下降，因此，对老年用户，很难采用焦点小组法（一种广泛使用的用户体验研究方法）来进行用户体验研究（Barrett and Kirk，2000）。其他常见的用户体验研究方法，如访谈法或易用性评估法，也可能会遇到一些问题，如参与研究的用户用他们认为研究人员想听的话来回答问题，从而导致收集到不准确的数据（Franz，2017）。虽然仍有人使用这些用户体验研究方法，但采用情境调查法也许能在不面临上述挑战的情况下更好地支持由老年人参加的早期研究。

具体而言，采用情境调查法进行金融科技工具设计，有可能了解也许无法通过其他诱导技术发现的老年人心智模式。这是因为情境调查法采用的是"师徒"模式。在情境调查中，研究人员不但能观察到用户在他们自己的环境中不受影响地执行任务，而且还由用户"指导"如何完成这些任务。这对于设计新的应用程序来取代现有服务特别有用，例如，这种情况在把金融服务转换为只能在网上操作的业务时十分常见。在这种情况下，研究或设计团队通常可能有自己的心智模式；而在服务提供（和应用程序运行）方式的问题上，研究或设计团队的心智模式不同于目标用户的心智模式。这可能是一个与（网络）金融科技非常相关的问题，部分原因是不同代的人对怎样或应该怎样提供金融服务的问题有不同的看法。除了可以解决由心智模式代际差异造成的问题外,在设计这类技术的早期阶段进行情境调查,也能减少老年人在采用数字技术时遇到的其他障碍。其中的一个障碍就是与老年人使用技术(少)有关的污名化,这可能会影响老年人在用户体验设计的要求征集阶段直接被问到有关他们的活动时对问题的回答(Franz,2017)。

在本章的前面,我们已经介绍了有老年人参加的情境调查研究取得的结果。这些结果表明,情境调查有助于了解通过其他方法很难了解到的老年人的关键行为。这些研究结果与财务安全、健康知识和社会联结这几个定义积极退休体验的维度具有很大的相关性。这也表明,情境调查法非常有助于设计师更好地理解老年人在采用类似于金融科技方法的解决方案问题上的心智模式。基于这些研究结果,我们在此详细阐述三个关于如何把情境调查法应用于有老年人参加的早期设计的新的方法论问题:

独立于技术的观察。为了在尽可能自然的情境下支持情境调查观察,参与者在有机会展示自己当前的行为之前,不应该因为介绍技术及其采用的问题而抱有偏见。情境调查观察应在介绍某种新技术或改进技术的想法之前完成,以避免被污名化或访问受限的可能性。在观察之前介绍有关新技术的想法,可能会影响老年参与者展示他们活动的方式。

首先支持当前的做法。新技术通常会不顾老年人和他们偏好的做法,因此,了解和实施设计的目的应该首先是支持当前的做法,其次是排除可能存在的阻碍或限制。在我们的研究中,我们观察到老年人常会坚持耗时或费力但他们熟悉的做法,而不是采用新技术来迫使自己改变自己已经习惯的做法。如果老年人不需要调整自己当前的活动或学习新的方法,那么就更有可能采用新技术。但是,设计师不应该因此而认为新技术不适合老年人采用。本章讨论的一项案例研究表明,情境调查的结果支持青睐当前活动的设计(通过看家庭照片唤起的对家庭的回忆)和扩展支持多媒体数字故事创建的功能。

逼真环境下的比较。在完成情境调查全部四个阶段的任务以后,参与者在对设计进行评估时应该能够在尽可能逼真的环境中体验新技术,并有机会把这种体验与他们对当前活动的体验进行比较。举实例说明参与者可能如何使用新的设计,最好是使用他们自己的数据(如他们的经历、照片等),并使他们能够把使用新设计的体验与当前实践的体验进行比较,讲述自己的具体体验,并且把这种体验融入他们熟悉的活动。这个建议是根据我们自己所做的研究的经验提出的。我们已经在研究中注意到老年人如何通过把新的设计融入他们之前的实践来获益。在对新设计进行潜在的改进或其他改变之前，应该要求老年人首先评估支持当前实践的那部分新设计。

结束语

我们在为老年人设计交互式应用程序帮助他们过好退休生活时会遇到一些障碍。我们认为心智模式就是一个重要的障碍，而且我们发现情境调查——一种经常被忽视的用户体验研究方法——可被金融科技等关键服务的设计师用来更好地了解老年人的心智模式。根据三个有老年人参加的基本数字服务案例研究，我们提出了一些改进情境调查法以提高它在金融科技设计领域适用性的建议：

(1)在老年人参与的相关活动引入新技术之前观察并采访老年用户。

(2)构建并了解他们目前的做法，以确保这些做法在即将开发的新技术或数字服务中最先得到支持。

(3)在老年人使用自己的人造物的逼真情境中评估新的设计。

(4)在同一调查会上，让用户对新设计的体验与他们已有的体验进行比较。这样，他们就可以提供关于新体验的直接反馈信息。

评价工作应该把现有做法和新技术提供的任何潜在机会分开，以消除这些新工具可能产生的偏压效应。

参考文献

Acemoglu, D. (2009). The Crisis of 2008: Lessons for and from Economics. *Critical Review*, 21(2–3), 185–94.

Alhabash, S., Brooks, B. A., Jiang, M., Rifon, N. J., Robert, L., and Cotten, S. (2015). Is It Institutional or System Trust?: Mediating the Effect of Generational Cohort Membership on Online Banking Intentions. *iConference 2015 Proceedings*.

Axtell, R. B. (2017). *Frame of Mind: Bringing Family Photo Interaction into Speech-Enabled Digital Spaces to Support Older Adults' Reminiscence*. Master of Science Thesis. Toronto, ON: University of Toronto.

Barrett, J., and Kirk, S. (2000). 'Running Focus Groups with Elderly and Disabled Elderly Participants.' *Applied Ergonomics*, 31(6), 621–9.

Beyer, H., and Holtzblatt, K. (1997). *Contextual Design: Defining Customer-Centered Systems*. San Francisco, CA: Morgan Kaufmann.

Beyer, H., and Holtzblatt, K. (1999). Contextual Design. *ACM interactions*, 6(1), 32–42.

Blazer, D. G., Yaffe, K., and Karlawish, J. (2015). Cognitive Aging: A Report from the Institute of Medicine. *Jama*, 313(21), 2121–2.

Boothroyd, V. (2014). *Older Adults' Perceptions of Online Risk*. Master of Arts Thesis. Ottawa, ON: Carleton University.

CFAC (2014). *Annual Report*, 2014. North Bay, Ontario: The Canadian Anti-Fraud Centre. http://www.antifraudcentre-centreantifraude.ca/reports-rapports/2014/ann-ann-eng.htm#a2 (accessed March 1, 2019).

Campbell, T. (2017). 'How Canadians are harnessing the technological revolution in banking,' *The Hamilton Spectator*. March 2. https://www.thespec.com/opinion-story/7168266-how-canadians-are-harnessing-the-technological-revolution-in-banking/ (accessed March 1, 2019).

Czaja, S. J., and Lee, C. C. (2007). 'The Impact of Aging on Access to Technology.' *Universal Access in the Information Society*, 5(4): 341–49.

Czaja, S. J., Sharit, J., Nair, S. N., and Lee, C. C. (2009). Older Adults and Internet Health Information Seeking. *Proceedings of the Human Factors and Ergonomics Society Annual Meeting* 53(2): 126–30.

Dang, Y. (2016). *Engaging Seniors through Automatically Generated Photo Digests from their Families Social Media*. Master of Science Thesis. Toronto, ON: University of Toronto.

De Bondt, W. F., and Thaler, R. H. (1995). Financial Decision-Making in Markets and Firms: A Behavioral Perspective. *Handbooks in Operations Research and Management Science*, 9, 385–410.

Denton, M. A., Kemp, C. L., French, S., Gafni, A., Joshi, A., Rosenthal, C. J., and Davies, S. (2004). 'Reflexive Planning for Later Life. *Canadian Journal on Aging/La Revue Canadienne Du Vieillissement*, 23(5), S71–S82.

Denzau, A. T., and North, D. C. (1994). Shared Mental Models: Ideologies and Institutions. *Kyklos*, 47(1), 3–31.

Franz, R. L. (2017). *I Knew That, I Was Just Testing You: Understanding Older Adults' Impression Management Tactics during Usability Studies*. Master's Thesis. Toronto, ON: University of Toronto.

Franz, R. L., Munteanu, C., Neves, B. B., and Baecker, R. (2015). 'Time to Retire Old Methodologies? Reflecting on Conducting Usability Evaluations with Older Adults.' *Proceedings of the 17th International Conference on Human-Computer Interaction with Mobile Devices and Services Adjunct*, pp. 912–15.

Garg, V., et al. (2011). 'Designing Risk Communication for Older Adults.' *Symposium on Usable Privacy and Security (SOUPS)*, ACM.

Grimes, G. A. et al. (2010). 'Older Adults' Knowledge of Internet Hazards.' *Journal of Educational Gerontology*, 36(3): 173–92.

Grudin, J. (1992). 'Utility and Usability: Research Issues and Development Contexts.' *Interacting with computers*, 4(2), 209–17.

Hammersley, M., and Atkinson, P. (2007). *Ethnography: Principles in Practice*. Abingdon, UK: Routledge.

Interaction Design Foundation (2018). 'User Experience (UX) Design.' *Interaction Design Foundation*. https://www.interaction-design.org/literature/topics/ux-design (accessed March 1, 2019).

Johnson, J. A. (2015). 'Designing Websites for Adults 55+: Toward Universal Design.' *Proceedings of the 33rd Annual ACM Conference Extended Abstracts on Human Factors in Computing Systems* ACM, pp. 2449–50.

Keightley, E., and Pickering, M. (2014). 'Technologies of Memory: Practices of

Remembering in Analogue and Digital Photography'. *New Media & Society*, 16(4), 576–93.

Kemp, C. L., and Denton, M. (2003). 'The Allocation of Responsibility for Later Life: Canadian Reflections on the Roles of Individuals, Government, Employers and Families.' *Ageing & Society*, 3(6): 737–60.

Li, Y., Gao, J., Enkavi, A. Z., Zaval, L., Weber, E. U., and Johnson, E. J. (2015). 'Sound Credit Scores and Financial Decisions despite Cognitive Aging'. *Proceedings of the National Academy of Sciences*, 112(1), 65–9.

Liaqat, A. (2018). *Design Requirements for a Tool to Support the Writing Development of Mature ELLs.* Master of Science Thesis. Toronto, ON: University of Toronto.

Liaqat, A., Axtell, B., Munteanu, C., and Demmans Epp, C. (2018). 'Contextual Inquiry, Participatory Design, and Learning Analytics: An Example.' *Companion Proceedings 8th International Conference on Learning Analytics & Knowledge* (LAK18), pp. 1–5.

Loibl, C. (2017). 'Living in Poverty: Understanding the Financial Behaviour of Vulnerable Groups.' In R. Ranyard (ed.), *Economic Psychology*. Hoboken, NJ: John Wiley & Sons, Inc. 421–34.

Lusardi, A., and Mitchell, O. S. (2007). 'The Importance of Financial Literacy: Evidence and Implications for Financial Education Programs'. *Policy Brief.* The Wharton School.

Moffatt, K. (2013). 'Older-Adult HCI: Why Should We Care?' *ACM interactions*, 20(4), 72–5.

Montazemi, A. R., and Qahri-Saremi, H. (2015). 'Factors Affecting Adoption of Online Banking: A Meta-analytic Structural Equation Modeling Study.' *Information & Management*, 52(2), 210–26.

Muller, M. J. (2003). 'Participatory Design: The Third Space in HCI.' *Human-Computer Interaction: Development Process*, 4235: 165–85.

Muller, M. J., and Kuhn, S. (1993).' Participatory Design.' *Communications of the ACM*, 36(6): 24–8.

Munteanu, C., Tennakoon, C., Garner, J., Goel, A., Ho, M., Shen, C., and Windeyeret, R. (2015). 'Improving Older Adults' Online Security: An Exercise in Participatory Design.' *Proceedings of the ACM Symposium on Usable Privacy and Security (SOUPS)*, pp. 1–2.

Muskens, L., van Lent, R., Vijfvinkel, A., van Cann, P., and Shahid, S. (2014). 'Never Too Old to Use a Tablet: Designing Tablet Applications for the Cognitively and Physically Impaired Elderly,' in K. Miesenberger, D. Fels, D. Archambault, D. Penaz, and P. Zagler (eds.), *Computers Helping People with Special Needs*. New York, NY: Springer Publishing, pp. 391–8.

Neves, B., Franz, R., Munteanu, C., Baecker, R., and Ngo, M. (2015). 'My Hand Doesn't Listen to Me! : Adoption and Evaluation of a Communication Technology for the 'Oldest Old'.' *Proceedings of the ACM SIGCHI Conference on Human Factors in Computing Systems. CHI*, Seoul, South Korea, April 2015, pp. 1–10.

Neves, B. B., et al. (2013). 'Coming of (Old) Age in the Digital Age: ICT Usage and Non-Usage among Older Adults.' *Journal of Sociological Research Online*, 18(2): 6.

Nicholson, N. R. (2012). 'A Review of Social Isolation: An Important but Under-assessed Condition in Older Adults.' *The Journal of Primary Prevention*, 33(2–3): 137–52.

Nielsen, J. (1990). 'A Meta-model for Interacting with Computers'. *Interacting with Computers*, 2(2), 147–60.

Nielsen, J. (2010). 'Mental Models,' *Nielsen-Norman Group*. https://www.nngroup.

com/articles/mental-models/ (updated October 18, 2010; accessed March 1, 2019).
Norman, D. (2013). *The Design of Everyday Things: Revised and Expanded.* New York, NY: Perseus Basics Books.
Petrelli, D., Van den Hoven, E., and Whittaker, S. (2009). 'Making History: Intentional Capture of Future Memories.' *Proceedings of the SIGCHI Conference on Human Factors in Computing Systems*, pp. 1723–32.
Prasad, A., Sorber, J., Stablein, T., Anthony, D., and Kotz, D. (2012). 'Understanding Sharing Preferences and Behavior for Health Devices.' *Proceedings of the 2012 ACM Workshop on Privacy in the Electronic Society*, pp. 117–28.
Preece, J., Rogers, Y., and Sharp, H. (2015). *Interaction Design: Beyond Human–Computer Interaction*, 4th Edition, Hoboken, NJ: John Wiley & Sons.
Raphael, D., Brown, I., Bryant, T., Wheeler, J., Herman, R., Houston, J., and McClelland, B. (2001). 'How Government Policy Decisions Affect Seniors' Quality of Life: Findings from a Participatory Policy Study Carried out in Toronto, Canada.' *Canadian Journal of Public Health*, 92(3): 190–5.
Rouse, W. B., and Morris, N. M. (1986). 'On Looking into the Black Box: Prospects and Limits in the Search for Mental Models.' *Psychological Bulletin*, 100(3): 349.
Salovaara, A., and Tamminen, S. (2009). 'Acceptance or Appropriation? A Design-Oriented Critique of Technology Acceptance Models,' in H. Isomäki and P. Saariluoma (eds.), *Future Interaction Design II*. Springer London, UK: Springer, pp. 157–73.
Sauro, J., Johnson, K., and Meenan, C. (2017, May). 'From Snake-Oil to Science: Measuring UX Maturity.' *Proceedings of the 2017 CHI Conference Extended Abstracts on Human Factors in Computing Systems* (pp. 1084–91). ACM.
Schellenberg, G., and M. Turcotte. (2007). 'A Portrait of Seniors in Canada.' *Statistics Canada Journals and Periodicals*. Catalogue No. 89–519–X.
Schuler, D. and Namioka, A. (1993). *Participatory design: Principles and practices*. CRC Press: Boca Raton, FL.
Sixsmith, J., Sixsmith, A., Fänge, A. M., Naumann, D., Kucsera, C., Tomsone, S., Haak, M., Dahlin-Ivanoff, S., and Woolrych, R. (2014). 'Healthy Ageing and Home: The Perspectives of Very Old People in Five European Countries.' *Social Science & Medicine*, 106, 1–9.
Smith, A. (2012). 'Elders? Older Adults? Seniors? Language Matters.' *GeriPal—A Geriatrics and Palliative Care Blog*. March 21. https://www.geripal.org/2012/03/elders-older-adults-seniors-language.html (accessed March 1, 2019).
Stats Canada (2011). *Statistics Canada 2011 Census of Population* https://www12.statcan.gc.ca/census-recensement/index-eng.cfm (updated June 15, 2018; accessed March 1, 2019).
Stats Canada (2012). *Statistics Canada 2012 Canada Year Book* 11-402-X http://www.statcan.gc.ca/pub/11-402-x/2012000/chap/seniors-aines/seniors-aines-eng.htm (updated October 7, 2016; accessed March 1, 2019).
Taylor, A. (2011). 'Older Adult, Older Person, Senior, Elderly or Elder: A Few Thoughts on the Language we use to Reference Aging.' *British Columbia Law Institute*. October 30. https://www.bcli.org/older-adult-older-person (accessed March 1, 2019).
Venkatesh, V., and Davis, F. A. (2000). 'A Theoretical Extension of the Technology Acceptance Model: Four Longitudinal Field Studies.' *Journal of Management Science*, 46(2): 186–204.

Venkatesh, V., Thong, J. Y. and Xu, X. (2012). 'Consumer Acceptance and Use of Information Technology: Extending the Unified Theory of Acceptance and Use of Technology.' *MIS Quarterly*, 36(1): 157–78.

Vettese, F. (2015). *The Essential Retirement Guide: A Contrarian's Perspective.* New York, NY: John Wiley & Sons.

Vettese, F. M. (2016). 'How Spending Declines with Age, and the Implications for Workplace Pension Plans.' *Essential Policy Intelligence E-Brief.* Toronto, ON: C. D. Howe Institute.

Vines, J., Blythe, M., Dunphy, P., Vlachokyriakos, V., Teece, I., Monk, A., and Olivier, P. (2012). 'Cheque Mates: Participatory Design of Digital Payments with Eighty Somethings.' *Proceedings of the SIGCHI Conference on Human Factors in Computing Systems*, pp. 1189–98.

Whitenton, K. (2018). 'The Two UX Gulfs: Evaluation and Execution.' *Nielsen Norman Group Technical Report.* California: Neilson Norman Group. https://www.nngroup.com/articles/two-ux-gulfs-evaluation-execution/ (accessed March 1, 2019).

Wixon, D., Holtzblatt, K., and Knox, S. (1990). 'Contextual Design: An Emergent View of System Design.' *Proceedings of the SIGCHI Conference on Human Factors in Computing Systems*, pp. 329–36.

World Bank. (2015). 'Thinking with mental models'. In *World Bank—World Development Report 2015: Mind, Society, and Behavior.* World Bank Group. Chapter 3, pp. 62–75.

Wu, A. Y., and Munteanu, C. (2018, April). 'Understanding Older Users' Acceptance of Wearable Interfaces for Sensor-based Fall Risk Assessment'. *Proceedings of the 2018 CHI Conference on Human Factors in Computing Systems*, paper no. 119. ACM, pp. 1–13.

第三部分

退休计划发起人和监管者的新角色和责任

第八章 大开销：数字投资咨询与资产处置

史蒂文·波兰斯基（Steven Polansky）
彼得·钱德勒（Peter Chandler）
加里·R. 莫托拉（Gary R. Mottola）

随着婴儿潮一代人开始退休，并把理财的重点放在创造养老收入上，他们中的许多人为达到创造养老收入的目的开始寻求简单且廉价的方式来管理自己的资产。我们在这一章里讨论数字投资咨询服务提供商（通常被称为"智能投资顾问"）能否满足这种需要的问题。我们首先简要概述数字投资咨询服务的发展，然后考察退休后的资产处置挑战，其中的许多挑战，不但传统的投资顾问需要面对，而且智能投资顾问也要应对。但是，由于智能投资顾问主要是在电子通信领域作业，因此要面对许多独特的需要。然后，我们简要讨论数字投资咨询服务提供商在试图为客户提供资产处置服务时需要努力解决的问题。最后，我们讨论资产处置业务对智能投资咨询服务市场产生的影响。

自动化投资咨询服务发展史简介

数百年来，技术在推动美国金融服务发展方面发挥了重要的作用。在19世纪和20世纪早期，金融服务交易都用手写的方式记在了纽约证券交易所的分类账上；后来，电子报价机取代了交易所分类账本；而到了20世纪60年代初，邦克·拉莫（Bunko Ramo）公司开发了一种计算机报价系统，为我们今天熟悉的自动化高速交易市场的出现奠定了基础。技术进步也促进了可供投资顾问使用的投资工具的发展。

从21世纪初开始，一些公司开发了面向客户的网上工具，而这些工具从它们能够履行的一些功能来看就是今天的智能投资顾问的前身(Ameriks,2001；Agnew,2006)。一般来说,这些工具具有两个主要的元素：(1)有限的投资或投资策划功能,如计算器和预算工具的功能,它们可以帮助投资者决定为实现某个特定目的或目标需要在某个时间段里积蓄多少钱(如为退休生活积攒养老金,或者为5年内购买新房攒钱)；(2)资产配置工具,通常由网上经纪自营商提供给客户,帮助客户根据自己的情况决定如何配置资金。除此之外,一些网上经纪自营商还提供其他工具,帮助自主投资者筛选证券。

在2008~2009年爆发金融危机以后,出现了一种新型投资中介,也就是面向客户的数字投资顾问或智能投资顾问。随着这个行业的发展,一些公司直接向消费者提供智能投资咨询服务,另一些公司通过第三方投资顾问和/或雇主提供的退休计划以"白标"的方式提供它们的产品,而还有一些公司则兼做这两种业务。

智能投资顾问通常会询问客户为数有限的问题,包括他们的投资目标、投资期限、风险容忍度以及其他一些问题,然后运用算法处理客户的答案,对客户的情况进行综合分析,并为他们构建通常由交易所交易基金组成的低成本投资组合(FINRA,2016)。此外,有些智能投资顾问还提供投资组合再平衡和税损收割服务。最早版本的智能投资顾问通常并不向客户提供与真人投资顾问接触的机会。正如下文要讨论的那样,上述情况已经发生了变化,许多智能投资顾问现在还开设技术援助界面供客户访问,通常还要承担额外的费用雇用真人投资顾问为客户提供咨询。

当然,数字功能对于证券业来说并不是什么新鲜事儿。长期以来,职业咨询界通常是以专有的"内部"服务形式一直可获得精良的资源,可以进行模拟、定制投资组合等等。已经发生变化的方面是,这种功能正以一种可访问的简化形式直接为散户投资者服务。此外,投资咨询公司长期以来一直运用投资和其他模型以及现代投资组合理论来让投资者觉得它们提供的服务是严肃认真的。

虽然投资咨询服务由共同的学术基础驱动,但很明显,即使是为某个给定的投资者,智能投资顾问与真人投资顾问相比,有可能构建不同的投资组合(Polansky and Sibears,2016；Deschenes and Hammond,2019)。此外,目前还没有一种得到普遍接受的投资方法论,能够让投资咨询公司确定它们代客处置资产的方法。

为什么生成退休收入是一项挑战

许多美国人都面临一项艰巨的任务,而寻求为客户提供资产处置服务的投资顾问也是如此:想要生成稳定的退休收入流并不是一件容易的事情。造成这种情况的一个原因是,我们可能需要从开设在不同金融机构的不同雇主名下的退休金账户、个人退休金账户(IRA)、传统的待遇确定型退休金账户、应税投资账户和储蓄账户中支取退休收入。退休人员还必须考虑他们的社会保险选择,因为决定何时申领社会保险金受到许多行为因素的左右,可能对退休收入产生相当大的影响(Knoll,2011)。还有一个问题是退休人员是否利用自己的房产净值(如果存在的话)来生成退休收入流。退休收入的税收待遇是退休人员必须考虑的另一个因素;退休收入的税收待遇因退休收入的账户或投资类型、收入数额和其他因素而有所不同。

我们在规划自己的退休收入时必须做一些重要的假设,从而使得问题变得更加复杂。这些假设与通货膨胀率、股票回报率、债券收益率、本人退休后的健康状况和预期寿命有关——如果我们假设有误,就有可能影响到自己晚年的生活质量。

退休人员能够承担多大的风险,这也是一个重要的问题。自动再平衡的生命周期基金和其他产品通常会随着时间的推移而逐步降低风险水平(如减持股票,增持债券和现金)。与此同时,一些年龄较大的投资者可能会觉得有必要承担较大的风险,以期在养老资金不足时尽快补上。这可能会导致他们采取"追逐收益率"等的行为,或者更糟糕的是,导致他们容易成为金融欺诈的攻击目标。事实上,一些研究已经发现了喜欢冒险和容易被骗之间以及欠债程度和容易被骗之间的关系(Kieffer and Mottola,201;Kircanski et al.,2018)。

因此,通过处置已积累的资产来形成退休收入,可以说比积累养老资产更加困难。在资产积累阶段,需要做出的决策是越来越少,越来越不复杂,而且在这个过程中常有机会纠正错误。此外,在资产积累阶段,整个过程——注册、选择基金、确定储蓄率和提高储蓄率——通常都是自动进行的,只要求雇员本人做出较少的决策。例如,据先锋集团(Vanguard,2017)报告称,他们管理的退休计划中有近一半提供自动注册服务,并且覆盖了61%的计划参与者。

一般来说,客户积累的投资组合具有不同数量的股票和固定收益证券以及不同水平的风险(Polansky and Sibears,2016),但大多是在得到普遍接受的现代投资组合框架中运作。关于怎样才能最好地处置养老资产的问题,理财专业人士几乎没有达成共识,也很少有学术研究指导投资者和理财专业人士如何应对资产处置。[①] 例如,我们常说"4%法则"(4% rule),这个法则建议退休人员每年支取4%的养老资产,这样可以避免在退休期间把钱花光。不过,这是一条过于简单的法则,可能会导致风险不对称,从而导致退休期间开销过度的严重问题,最终导致在去世前就已经把钱花光(Finke et al.,2013)。或者,这条法则可能会导致退休期间消费不足,在去世后留下多于计划留下的资产(Fellowes,2017)。此外,还有年金、债券梯、只取利息的提款、长寿保险、支出管理基金,或者这些方法或工具的部分或全部组合等其他资产处置方法。

那些正面临资产处置问题的退休人员也可能成为某些会对他们的财务决策产生负面影响的偏见的牺牲品。例如,过度自信、厌恶损失、心理账户、处置效应、框架效应、锚定效应(Byrne and Utkus,2013)、选择过度效应(Iyengar and Lepper,2000)、确定性效应(Kahneman and Tversky 1979)、情绪(Kircanski et al.,2018;Frydman and Camerer,2016;FINRA Foundation,2014)和冲动控制(Knutson and Samanez-Larking,2014)等行为都会影响退休人员的理财行为。此外,部分退休人员不能理解且不会运用概率论来进行决策,从而进一步阻碍有效的投资决策(Gigerenzer,2002)。

由于以上这些原因,有些退休人员寻求投资咨询服务,而他们寻求的服务和个性化水平取决于他们通常用资产来衡量的经济能力。富裕的退休人员可能有财力求助于传统的投资顾问,要求他们提供一对一的个性化投资咨询服务、投资计划和工具,指导自己在退休期间如何投资和支出。但是,即使在这方面,一些投资策划师也缺乏专业技术和知识,无法为关键的资产处置决策(如医疗保险或社会保险福利的申领)提供综合建议,或者他们不会通过模拟来评估如何优化这方面和其他方面的决策,以使资产处置与投资计划保持一致。资产较少的退休人员通常只有较少的选择,因为余额较小的账户对传统的投资顾问来说常常是性价比太低。但是,我们关于智能投资顾问的讨论表明,这个客户群体可能已经成熟,有能力使用智能投资咨询平台。

---

① 因此,如果没有达成一致的资产处置方法论,投资者可能要面对投资顾问缺乏坚实基础的方法和策略的更大变化,不过还请参阅:Horneff et al.(2015)。

通过业内访谈总结的经验教训

为了深入研究智能投资咨询经济的现状,我们采访了十几位分别来自数字投资咨询服务提供商、金融服务公司和数据聚合公司的代表以及由一个主要的消费者权益保护团体组织派遣的投资者问题小组的几个成员。这个投资者问题小组由投资者权益保护组织和证券业代表组成,他们的任务是在非正式场合讨论重要的市场和政策问题。我们还采访了一位撰文报道退休收入问题的记者。这些访谈分别在 2017 年第四季度和 2018 年第一季度通过电话交谈、面谈和书面交流的方式进行。在可能的情况下,我们已经通过发表关于这个主题或与这个主题有关的文章来证明我们的发现。

我们围绕以下一些问题与智能投资顾问、其他行业参与者和(围绕略有不同的问题)消费者维权人士进行了谈话:(1)您如何看待智能投资咨询业的现状和智能投资顾问的资产处置策略?(2)智能投资顾问遇到了怎样的与资产处置有关的业务挑战?(3)除了积累资产的功能外,智能投资顾问还需要具备哪些功能才能提供资产处置服务?(4)除了在资产积累阶段收集的信息外,智能投资顾问还需要从客户那里获取哪些补充信息才能实施资产处置策略?(5)智能投资咨询服务提供商之间是否就资产处置阶段需要从客户那里获取哪些补充信息达成了一致?(6)业内是否已经有得到广泛认同的资产处置方法;如果已经有,那么,您是否认为智能投资顾问已经采用这些方法来处置资产?(7)您是否认为"纯智能投资顾问"服务模式可行,或者养老计划的复杂性要求与真人投资顾问进行某种程度的互动?如果是后者,是否存在需要真人投资顾问干预的关键节点?(8)关于智能投资顾问实施的资产处置策略,客户应该要求智能投资顾问披露哪些信息?(9)智能投资咨询服务提供商如果对求助于他们的资产处置服务的客户经历的认知能力衰退有什么考虑的话,那么会是怎样的考虑?(10)如果真人投资顾问在智能投资咨询服务提供商的资产处置计划中扮演了角色,那么,您认为他们扮演了怎样的角色?(11)是否还有其他我们应该提出或者应该考虑的问题?关于最后一个问题,没有受访者提出我们应该考虑的其他领域或问题。我们告诉受访者,除非得到他们的允许,否则我们不会指名道姓地发表他们的评论意见或见解;他们为之效力的组织会被列在文章的致谢部分,除非他们不希望我们这么做。在我们发表有关这次访谈的文章前,受访者有机会审阅文章的清样并提出反馈意见。

目标市场。大多数智能投资顾问把千禧一代视为关键的目标市场,但它们也表示,它们的服务对象更加广泛,包括大量的 X 一代和婴儿潮一代客户,还有一些已经退休或即将退休的客户。有兴趣求助于智能投资顾问的投资者往往:(1)乐意在最低限度或根本不与真人投资顾问互动的情况下采用基于技术的解决方案;(2)没有足够的资金维持传统的投资咨询关系;(3)对传统金融中介机构缺乏兴趣,并且有可能不信任它们;(4)有"自己动手"的态度(也就是说,他们感兴趣的是广泛地参与管理自己的投资过程,而不是构建、管理和调整自己的投资组合);(5)对由指数驱动的被动投资策略有信心,同时可能对主动管理的投资策略和/或传统投资顾问的价值缺乏信心;(6)希望选择相对简单、完全或基本上是"打包"的投资解决方案。另一个相关因素是希望支付较低的管理费。

主流的智能投资顾问往往瞄准那些既不从事主动交易,也没有兴趣发展/实施自己的投资理念的投资者。此外,虽然这些投资者往往选择基于指数基金的被动投资方式,但确实也有一些智能投资顾问瞄准那些寻求更加主动管理的投资者。一般来说,智能投资咨询服务提供商希望投资者接受"现成"的投资组合。而且,虽然投资者可能有一定的自由决定权来调整自己的投资组合,并且使自己的投资组合多少有一点进取性,但智能投资顾问总是预计这种情况很少发生。此外,投资者通常在选择证券构建自己的投资组合方面只有有限的选择余地或根本就没有任何选择余地。

一些研究用一种两分法来区分投资者对投资咨询服务的需要:一是"不依赖任何投资咨询服务/始终完全靠自己做",二是始终完全依赖投资咨询服务。接受我们采访的人普遍认为,在现实世界中,投资者对投资咨询服务的需要更加多样化。有些投资决策并不十分复杂,或者影响并不很大;而另一些投资决策则比较复杂,可能会产生深远的影响,包括一些不容易调整的影响。因此,前一种投资决策可能只需投资者自己求助于网上简单的解决方案,而后一种投资决策则可能要求投资者无论是通过网上互动和在线教育还是直接与真人投资顾问联系的方式,花更多的时间并进行更多的投资咨询。因此,为了提供不同价位的多层次服务,以帮助满足差别化的需求,智能投资咨询服务的商业模式也在不断发展。

有观察人士认为,智能投资顾问是一股大众化力量,它们能使广大的投资者群体,哪怕是许多因缺乏足够的资产而无法吸引许多传统经纪公司和咨询公司的投资者,获得高质量的投资咨询服务。切鲁里合伙公司(Cerulli and Associates,2017)报告称,美国 1.01 亿户家庭的可投资资产平均不足 25 万美元,其中 7 500 万户家庭的可投资资产平均不到 5 万美元。根据我们收到的反馈信息,智能投资顾问似乎能够很好地满足这类投资者的部分需求。这里需要注意的是,财务状况复杂的投资者,无论他们有多少可投资资产,都可能需要更高水平的投资咨询服务。

行业发展。智能投资咨询服务仍然是证券业中一种相对较新的业务,但这种业务的经营者正在迅速发展,因为他们试图在一个高度竞争的市场上找到自己的立足点。这个行业的新进入者、已经在位的智能投资顾问和已经在位的传统金融公司之间的竞争可能会推动这个行业不断创新,同时也会放大可能推动市场整合和分化的力量。据我们预计,在现有投资咨询服务价值链的每个环节上都会出现创新,一些公司将通过开发支持资产处置的工具来延长这个行业的价值链。智能投资咨询服务市场的发展也可能会受到"邻近智能投顾"的投资咨询服务空间的发展的影响,比如像大理财规划(broad financial planning)这样的邻近金融服务领域的公司。在这种情况下,智能投资咨询业的经营环境可能会变得更加复杂,而智能投资顾问的定义可能会继续发生变化。

不断变化的智能投资咨询业。大多数智能投资顾问在客户单一投资账户的背景下提供投资咨询服务(即投资咨询服务仅限于在本智能投资顾问开设的账户,而不考虑开户人在其他地方进行的投资)。有些智能投资顾问正在考虑提供顾及客户不同投资账户总额的投资工具,至少在某些情况下以独立服务的形式或通过注册投资顾问(Registered Investment Advisor,RIA)提供投资规划和投资咨询服务。

虽然我们介绍的大多数智能投资顾问专注于一般投资咨询服务,但也有一些智能投资顾问专注于特定的利基或细分市场。最值得注意的是,有些智能投资顾问提供服务专门用来满足即将退休或已经退休的个人的需求;另一些智能投资顾问虽然不专注于资产处置,但确实为 401(k)账户持有人提供自动化投资咨询服务。

在早期,智能投资顾问通常由系统算法生成的咨询建议来提供服务,并且在技术支持和开户流程之外只提供非常有限的与真人互动的机会。随着智能投资咨询业的发展,许多咨询公司现在提供分层服务。这样,咨询公司可以向客户提供较多访问真人顾问的机会和更加个性化的投资建议，当然要收取较高的费用。随着科技的不断进步，例如人工智能技术的发展，智能投资顾问也许能利用这类技术进步成果来扩展它们的服务内容，因为这类技术进步成果可能具有允许自动化系统处理个人退休后有可能要面对的更复杂情况的功能。

业内人士的看法

在这一节里，我们来考察影响投资顾问和已经退休或即将退休的投资者之间互动的相关注意事项或者背景因素。

背景因素和注意事项。从资产积累到资产处置的变化，对投资者和投资顾问来说都是一种重大的变化，并且会对投资顾问可能需要提供的服务功能和他们提供咨询的模式产生重要影响。

对于投资者来说，这种变化的典型特征是不确定性增加，需要在特定时间点做出具有重大影响的决策，而投资者往往只有有限或根本就没有做这种决策的经验。在人生的资产积累阶段，投资者要面对一些不确定性（如潜在的严重健康问题或失业），但随着退休年龄的临近，不确定性显著增加：例如，投资者不知道自己能活多久，健康状况会发生怎样的变化，如何度过余生，还有将会面对怎样的经济需要。此外，个人有几十年的时间在投资实践中进行"干中学"，并且有机会从错误中吸取教训，在许多情况下还有机会实质性地纠正自己所犯的错误。相反，投资者必须在只有有限的经验或者根本没有经验面对这些问题的情况下做出重要的理财决策，而且只有很少的机会或根本就没有机会纠正错误。

因此，从积累资产到处置资产的变化可能会导致投资者与他们的投资顾问（智能顾问、真人顾问或混合型顾问）互动的方式发生实质性的变化；随着投资者进入或开始退休生活，他们从基本被动的角色转变为积极参与投资顾问的工作。关键的问题包括，譬如说，是否以及何时购买年金，或者是否有退休金，是一次性支付的退休金还是每年领取的退休金，什么时候开始领取社会保险金（在退休时或晚些时候），等等。

从投资顾问的角度看，为个人养老财务规划提供咨询，会明显需要更多的信息。如今，大多数智能投资顾问为自己管理的资产提供投资建议，但有些智能投资顾问可以在个人更大的投资组合(即投资者可能在其他地方持有的资产)的背景下管理客户的资产。很多受访者表示,不管怎样,有效的养老投资计划需要对退休人员的情况有更多的了解,不但要全面了解退休人员的全部资产(如潜在的社会保险金和养老金收入)和负债(如积欠的抵押贷款),而且还要了解其他一些定量和定性因素。例如,投资顾问可以从了解客户本人及其家人的健康史中获益。如果退休人员已婚或有伴侣,有关配偶或伴侣的经济和健康信息也会提供帮助。最后,如上所述,退休人员常常不知道自己在退休以后如何消磨时间,而且退休后消磨时间的方式通常会随着年龄的增长而变化。

有一些经验法则可以指导退休后的资产处置,比如4%法则,但这些法则都没有建立在严格的实证分析的基础上,我们的受访者大多认为,就连4%法则也是一个不适当的法则。相反,那些接受我们采访并且确实提供了至少某种水平的资产处置服务的投资公司,主要采用一些反映他们自己的分析结果的方法和明智的方法来进行资产处置。例如,其中的一些投资公司利用低风险、高流动性的投资来提供足以满足退休人员基本需要的基本收入,而利用高风险投资来满足退休人员旅游或买房等选择性愿望。

侧重于资产处置的智能投资顾问。虽然我们与智能投资咨询公司员工的讨论大多赞同这样一种观点:目前智能投资顾问侧重于吸引处于资产积累阶段的投资者和资产,但是,这些公司提供的部分产品或服务的某些方面与资产处置有关。例如,有一家公司提供一种投资者可以打开或关闭的自动提款功能,而且还提供一种更加复杂的提款功能(这种提款功能内设与最低提款要求有关的考虑因素),但投资者选用这个提款功能,就必须使用该公司提供的混合型投资咨询服务。另一家公司表示,它有与有"自助"取向的客户合作的传统,为他们提供以收入为导向的投资组合和工具,用于规划可持续提款率,并根据这个提款率跟踪提款情况。不过,这些工具仍最适合经济状况简单的个人。这家公司还提供混合型服务来解决更加复杂的问题,如确定从应税账户和非应税账户提款的顺序。

我们还采访了一家几乎完全专注于资产处置的公司。这家公司提供免费、自助和全方位三个层次的服务。自助服务基本上就是由负责资产处置的智能投资顾问提供(也就是说,它为客户提供完全数字化的互动),全方位服务把基于技术的咨询和访问真人投资顾问结合在了一起,而高层次的服务要求较高的账户最低限额并收取较高的费用。这家公司以资产处置为取向的服务包括提款账户排序（也就是向退休人员提供应该按照什么顺序从不同账户提款的建议）、社会保险优化和医疗支出计划。

目标市场。在一个竞争日益激烈的市场上，有些智能投资顾问继续寻找各种不同的潜在投资者，而另一些智能投资顾问则采取在市场营销以及产品或服务提供方面更有针对性的经营方式。在最大的细分市场上，智能投资顾问通常被说成是为千禧一代服务的工具。不过，有些公司的客户年龄分布相当广泛，包括X一代和婴儿潮时期出生的人。例如，有一家公司30%的客户年龄已超过50岁。

有时，智能投资咨询公司会根据消费者的人口统计因素、投资目标或投资风格来瞄准某些特定市场。例如，有一家智能投资咨询公司以女性消费者为目标市场；另一些智能投资咨询公司只做符合某些道德标准或社会利益的证券，如只进行符合伊斯兰教规的投资或社会责任投资；而还有一些智能投资咨询公司则通过自己的投资风格和/或提供的产品来做到与众不同。在许多智能投资咨询公司采取被动的投资策略的同时，有些智能投资咨询公司采取更加主动的投资策略，或可能进行更多不同的投资。例如，有一家智能投资咨询公司利用交易所交易基金来进行战术性资产配置，而另一家智能投资咨询公司则实施"核心—卫星"投资策略（提供交易所交易基金和其他主流证券产品），同时又进行其他智能投资顾问通常不会涉足的比特币和风险资本投资。

养老规划需要真人投资顾问多大程度的参与？我们采访的许多人都认为，资产处置需要真人投资顾问参与的程度取决于两个因素：(1)个人经济状况的复杂性；(2)个人在做特定投资决策时可能需要的安慰程度。一些受访者认为，目前纯智能服务也许能够帮助有简单规划需要（比方说只有一两个账户）的个人解决养老规划的问题。

有一位受访者表示，智能投资顾问有点像税务软件：它们可以帮助我们应对很多相当标准的财务状况，但投资者需要为获得更加复杂的帮助——无论是以更加高级的软件还是可访问税务顾问的形式——支付更多的费用。好消息是，智能投资顾问确实能为经济能力有限的个人提供获得理财规划选择的途径。智能投资顾问为投资者提供低成本的投资建议，在许多情况下是瞄准处于投资生命早期阶段的投资者。

一旦某人开始拥有多个账户,可能是出于本人特殊的医疗需要,和/或因为他或她需要考虑与伴侣有相同的退休待遇,那么,对于根据客户当前经济能力提供理财建议的纯智能咨询模式来说,情况就会变得颇具挑战性。不过,随着时间的推移,技术进步可能会使纯技术平台能够处理更加复杂的情况。

我们的一位受访者指出,自助服务可能会出现"无用输入/无用输出"(GI-GO)的问题。这位受访者还表示,由于养老收入规划必须不断适应退休人员不断变化的经济和个人状况,如本人患严重的疾病或配偶去世等,因此,不存在"一次设定,终身无忧"型的资产处置软件。试图成为自己的资产处置顾问和试图成为自己的律师,都有一些相同的陷阱:你可能是个傻瓜客户。"你缺少经验,你会倾向于低估某些风险,如医疗费用风险和长寿风险。所以,这里有个学习曲线的问题,很少有人了解自己退休后会面临怎样的风险。大多数人只是想知道自己能花多少钱这个问题的答案"。

目前还不清楚,纯智能投顾能否满足投资者的安全感需要,尤其是在进行何时领取社会保险金等重大或不可逆转的决策时的安全感需要。此外,随着投资者年龄的增长,他们可能需要更多的时间、支持和确定性来做出自己的养老收入决策。相反,那些已经倾向于采取自助式服务的人可能更喜欢纯粹基于技术的解决方案。这也可能因人而异,如千禧一代,也快到退休的年龄,他们在退休前使用过各种基于技术的工具,而到退休时可能有机会利用比现有工具先进得多的工具。此外,投资者对自己需要做出的决策和需要考虑的因素了解得越多,就越会对只利用智能投资咨询平台提供的服务进行决策感到舒服。对于投资咨询公司来说,这可是一个让投资者在做决策前就了解自己需要做的决策的机会。

数据和分析要求。纯粹以技术为基础的投资咨询平台必然需要收集大量的定量和定性信息才能制定合理、周全的养老理财规划。这些信息包括:客户的全部资产和负债[如银行账户、401(k)计划、个人退休金账户、养老金数额、抵押贷款和其他债务],以及客户的配偶/生活伴侣(如果有关系的话)的全部资产和负债;客户的退休后活动计划或愿望,包括这些计划如何随着退休后年龄的增长而变化;客户及其配偶/生活伴侣的健康史;客户的医疗、长期护理和其他保险信息以及客户的遗赠目标。

投资咨询平台系统需要执行不同类型的分析,具体包括:预测客户的寿命;预测医疗护理费用;编制基本需要、医疗护理和其他预期目标(如旅游)的预算;

评估客户是否有足够资金满足其预期的基本需要和实现其他目标;评估倘若客户面临资金短缺(譬如说,如果相对于他们的退休生活目标。最重要的是,相对于他们退休后的基本需要,资产相对较少),应该采取什么措施(如果有的话)来应对;最后,确定客户应该从什么时候开始领取社会保险金(即便有以下这个问题,我们也暂且不考虑客户可能会因为社保系统政策或财政约束而无法领到部分预期的社会保险金这个更大的问题)。同样重要的是,应该把最低提款要求和税收筹划考虑进去;确定从不同账户提款的顺序,也就是先从哪个账户提款,后从哪个账户提款;持续评估客户的预期寿命和提款率,以确定两者是否匹配,还要考虑客户希望死后留下多少遗产。

竞争动态和资产处置能力的发展。我们的受访者一般把智能投资咨询服务提供商分为两类。这两类智能投资咨询服务提供商都按照不同的要求和期限开发它们的资产处置服务。第一类是新创公司,它们完全围绕自己的智能或混合投资咨询平台构建自己的商业模式。这些公司专注于快速积累资产的投资咨询业务,因为这对它们的长期生存至关重要。(根据经济学原理,智能投资顾问必须具有一定的规模,才能创造可维系其自身生存的收入。)

提供智能投资咨询服务的在位大公司旨在创建新的渠道,以经济上可行的方式为现有的低账户余额客户提供服务,并吸引新的小账户余额客户,有可能包括高净值客户的子女和亲属,而长期目标则是把两者作为"喂料机"争取受托管理利润率更高、需要真人投资顾问服务的客户的资产。这些在位大公司有的已经开发了自己的网上投资咨询平台,而另一些则已经收购第三方平台或给第三方平台贴上白标。我们的一名受访者表示,这些直接面向消费者的公司可能是开始像智能投资顾问那样推行资产处置策略的最佳"人选",因为它们已经为自助客户服务了几十年。

对于这两类公司来说,资产处置能力的投资回报率都是重要的问题。虽然这项业务有很大的潜在市场,但我们的许多受访者认为,开发一种纯粹依靠智能来服务的资产处置解决方案,在技术和财务两个方面都具有挑战性,至少目前就是这样。我们的大多数受访者认为,为了有效地为客户服务,至少在中短期内,有必要采用一种混合方法。

我们的一位受访者表示,"软件公司正在为投资顾问开发资产处置软件,而投资顾问也在为自己开发这种软件。从专业水平的角度看,目前的资产处置软件开发水平相当于几年前的投资管理软件开发水平。对于投资顾问来说,一些新的资产处置软件最终有可能变得非常精简、使用简单，可供外行人使用。"如果真能开发出这样的资产处置软件，那么，资产处置软件开发就会在某种程度上再现之前智能理财公司如何开发先是主要供投资顾问使用然后把这种技术整合成可直接供消费者使用的功能的情景。

认知能力下降。认知能力下降的发生率，尤其是与理财管理有关的认知能力下降的发生率的提高，是人体衰老的一种重要表现。客户可以与真人投资顾问互动，至少能为投资咨询公司提供一些评估客户能力的机会，而在纯网络投资咨询的情况下并不存在这种机会。我们的大多数受访者赞同，这对现在的智能投资顾问来说是一个具有挑战性的问题。我们将在下文更加深入地讨论老年人认知能力下降的问题。

投资维权人士。我们与投资维权人士进行了交谈。他们表示，智能投资顾问在帮助消费者方面具有很大的潜力。智能顾问可以通过在大多数客户都能承受的价格点上提供投资和资产处置建议来使理财大众化。此外，从行为金融学的角度看，智能投资顾问有助于推动客户按照有利于他们自己的方式行事。例如，许多智能投资顾问提供的网络和移动平台是频繁发送短信提醒客户更新信息、检查自己的支出率并监控目标实现进度的理想工具。

然而，投资维权人士也提出了一些投资者在考虑使用智能投资咨询服务时应该考虑的重要问题。首先，尽管智能投资顾问可以让投资咨询服务变得便宜，但消费者仍然需要承担咨询服务费用，因为智能投资咨询服务的收费因服务的不同而显著变化。智能投资顾问并不一定总是一种低费用的选择。其次，有一名投资维权人士指出，就本质而言，智能投资顾问是根据通用方法为客户提供资产积累和处理咨询服务。因此，如果智能投资顾问出错，那么就有可能影响到许多客户。这位投资维权人士更加明确地表示，如果智能投资顾问犯错，那么会导致很多人受损。当然，这句话也可以倒过来说。如果智能投资顾问做对了，那么就能成功地向大批客户提供低成本的服务。无论怎样，随着数字投资咨询服务的成熟，智能投资顾问、它们的客户和监管机构都必须认真考虑这个问题。

智能投资顾问造成的影响

投资者需要考虑的问题。由于年龄较大的美国人从退休前为养老积累资产转变为在退休后处理资产,因此,他们中的很多人,不管资产基础的规模和复杂性如何,都会寻求投资咨询服务。数字投资咨询服务提供商在投资者的资产积累阶段,向由雇主资助的退休计划内和计划外的投资者提供低成本投资咨询服务;而在投资者寻求从过去的投资中获得收入流时有机会做同样的事情。即使是只有少量资产的投资者,也无疑是一个巨大的投资咨询服务市场。数字投资咨询服务提供商正在抢占这个为养老积累资产的利基市场,并且也有潜力抢占这个退休后处置资产的利基市场。

正如前面提到的那样,许多公司采用混合投资咨询服务模式,客户有机会与真人投资顾问进行不同水平的互动。这是一个很有前途的趋势,因为处理已经积累的资产是非常复杂的事情,而且只有很少的数字投资咨询平台已经先进到足以在没有真人投资顾问参与的情况下制定复杂的资产处置预案。因此,客户需要的量身定制程度(或者只是希望更加舒服地领到收入)可能会引导他们去求助于同样也提供不同程度的人机互动服务的智能投资咨询公司。

此外,资产处置阶段对投资咨询服务的需要可能是非线性的,或者呈"波浪起伏"状。也就是说,退休人员可能在有些关键点或事件点上需要更多的资产处置咨询服务,但在这些事件点之间可能很少需要这类咨询服务;而且,就是在这些"拐点"上,他们可能最需要与真人投资顾问互动,或者说,与真人投资顾问互动才最有价值。例如,退休人员在最初制定养老收入生成策略时可能需要与真人投资顾问互动;然后,在提出最低提款要求时,本人生大病需要救治,或配偶不幸去世,又会需要与真人投资顾问互动。对于退休人员来说,在这些关键时刻能够求助于真人投资顾问,可能意义重大。不过,在我们的几位受访者看来,可能有一天,技术进步足以使纯智能咨询模式具有可行性。

对养老收入的需要的非线性,再加上市场变幻莫测,使得退休人员在退休期间监控甚至修正自己的养老收入生成策略变得非常重要。因此,即使使用纯粹或接近纯粹的数字投资咨询服务模式,退休人员有可能仍然需要或希望与真人顾问接触,以便根据自己个人情况发生的重大变化更新自己的养老收入生成策略。这与资产积累阶段的情况相似:在资产积累阶段,即使采用目标日期基金投资的投资者(即不求助于智能投资顾问的投资者)也希望监控他们投资的基金和自己的风险容忍度,以确保他们的投资目标始终与他们投资的基金的策略保持一致。

年龄增长和认知能力衰退。随着年龄的增长,我们的决策可能会受到认知能力衰退的影响(Spreng et al.,2016;Hammond et al.,2017)。这是一个所有金融服务提供商和投资者都关心的问题,但对于使用数字投资咨询服务进行资产处置的退休人员来说,是一个更加需要关注的问题。由于服务不同,因此,数字投资咨询服务的客户与服务提供商互动的频率可能低于支付较高费用接受真人投资顾问服务的客户。这一点,再加上一些智能投资顾问的客户可能永远也不会与真人理财专业人士互动,从而使得智能投资顾问更难发现其客户认知能力的衰退。因此,求助于数字投资咨询服务处理投资组合资产的退休人员需要仔细考虑这个问题。

有一种方法可用来应对认知能力衰退的问题,那就是投资者指定一个值得信任的联系人,如果投资顾问担心这个客户的理财行为方式,那么可以与这个联系人进行联系。为了鼓励这一做法,美国金融业监管局于2017年通过了该局第4512号令(客户账户信息)的修正案,要求投资咨询公司为获得每个客户账户的可信联系人的姓名和联系信息(参见:FINRA Regulatory Notice 17-11)做出合理的努力。这个规定直到最近(2018年2月)才开始生效,这是一个解决退休人员晚年认知能力衰退问题的重要步骤。

客户需要考虑的另一个重要问题是,他们希望让他们的投资顾问(无论是真人还是智能投资顾问)全面了解自己的全部金融资产和负债,而不是只了解某个账户中的资产。更加全面地了解客户的资产组合(如果可能的话,也要了解客户伴侣的资产组合),可以帮助投资顾问就客户应该如何处置自己积累的资产提出更加明智的建议。有三种账户聚合方式——客户可以把自己的全部资产转移到一个投资咨询服务提供商那里、把自己的全部资产告诉自己的投资咨询服务提供商,或者使用某种也许嵌入智能投资咨询平台中的账户聚合工具。考虑到这项技术还相当新,消费者到底对账户聚合服务有多大的兴趣,目前还不清楚。此外,投资者需要权衡账户聚合的感知风险和实际风险,如有关数据安全、隐私权和未经授权访问等的问题以及数据聚合能带来的好处——即便利和资产处置综合策略(参见:Rouse et al.,2019;CFPB,2017;FINRA,2018)。

教育的作用。许多学术研究表明,投资者教育与有效的投资决策正相关(Lusardi and Mitchell,2014)。无论投资者是在积累资产还是处置资产,掌握投资风险的基础知识、选择理财专业人士或投资咨询公司、资产配置以及投资咨询服务费用对投资业绩的影响,都是投资者教育核心内容的组成部分。

但与以资产累积为导向的投资者教育相比,资产处置阶段需要许多不同内容的教育在资产积累阶段,投资者教育的重点通常是如何参加退休计划(如果还没有自动加入的话)、储蓄多少以及多样化和复合化的好处。投资者在资产处置阶段还需要更多的信息。例如,投资者可能还需要掌握关于预算和债务管理的进修课程知识,他们可能已经多年没有实践过这种基础知识。此外,投资者在评估智能投资咨询服务提供商时,可能会得益于在做出选择之前巧妙地提问了解智能投资咨询服务提供商,提问的内容包括智能投资咨询服务提供商提供的让客户与真人投资顾问互动的水平,以及如何解决投资者认知能力衰退、账户聚合或隐私保护等问题。此外,投资者倘若打算求助于数字投资咨询服务提供商,那么就可能还需要接受专业技能训练并对自己的计算机硬件/软件进行升级(利用公共图书馆的计算机,通常可能不是可接受的选择)。

投资者可能还需要帮助才能理解和利用智能投资顾问提供给客户的信息。运用蒙特卡罗模拟法来进行概率分析,就是这方面的一个例子,因为有些人可能并不理解在做投资决策时要使用的概率分析法。此外,信息传输方式可能会影响投资者的决策。吉格瑞泽(Gigerenzer,2002)已经注意到,使用自然频率可能比使用概率能更好地揭示风险——根本改变框定风险的方式。例如,智能投资顾问可能会告诉客户,他或她有 80% 的几率实现养老收入目标,也就是说,退休期间不会把养老的钱花光;或者,智能投资顾问可能是在告诉投资者,同样经济状况的投资者有 80% 不会在退休期间把养老的钱花光。有关医生了解患者风险的研究表明,概率法比自然频率法能更有效地揭示风险(Gigerenzer,1996;Hoffrage and Gigerenzer,1998)。

投资者可能还需要了解智能投资顾问进行资产处置的方法。正如我们的一位受访者所说的那样,"它们都有一定的倾向性,例如,有些计划会引导客户购买固定收益指数年金;而另一些则倾向于执行 4% 法则,或者当投资组合的市值下跌时,它们会自动化解投资组合面临的风险,也许会自动购买趸缴保费即付年金合约。实际上,客户可以通过回答一组有关风险和风险承受能力的非技术性问题来选择倾向性不同的智能投资顾问。"

基本了解投资顾问奉行的策略,可以帮助投资者在知情的情况下就哪种智能投资顾问最能满足自己需要的问题做出更加明智的决定。这类似于了解目标日期基金的运作方式、它们的走势轨迹以及它们是以"到退休"还是以"度过整个退休生活阶段"为目标日期,而了解这些情况可能有助于处在资产积累阶段的投资者选择符合自己需要的目标日期基金(FINRA,2018b;SEC,2010)。投资者也应该注意自己的资产处置计划中的假设前提(例如,资产处置计划是依据哪种寿命表制定的)。同样,像制定计划采用的股票投资回报率这样简单明了的事情,也会对投资者未来的退休生活产生巨大的影响。例如,尽管市场预测股票投资的未来回报率将低于历史回报率,但有些投资者仍采用股票投资的历史回报率(Horneff et al.,2018)。

目前,我们还不清楚应该通过哪些渠道来开展投资者教育。不过,我们采访的智能投资咨询公司的代表大多已经认识到,他们需要承担这种教育的部分责任。监管机构、雇主、非营利组织、投资者权益保护团体和媒体也可以提供有助于投资者顺利度过"资产处置阶段"的信息。由于婴儿潮一代人陆续开始退休,因此将会有越来越多的人需要获得可持续的养老收入,而投资者教育的信息来源也可能会随之增加。

结束语

近年来,大部分智能投资顾问能够满足寻求积累资产的年轻投资者的需要,因此,它们管理的资产有所增加。不过,有些智能投资顾问现在也为自己的客户提供资产处置服务,而且有更多的智能投资公司打算在未来这样做。

这种状况既提供了机遇,也带来了挑战。智能理财平台有望能够以相对较低的成本向广大投资者(包括账户余额相对较小的投资者)提供资产处置咨询服务。与自动化和资产积累咨询服务一样,智能资产处置平台也能创造机会引导投资者远离包括过度自信、厌恶损失、心理账户、框架效应等的有害行为。简而言之,智能资产处置平台能帮助用户消除情感因素对资产处置的影响。智能理财平台的用户也会有更多的选择,因为即使现在,智能理财平台所提供的服务、投资建议以及采取的资产处置策略、假设前提和收费等都存在差别。我们可以期待它们在优化养老收入生成的同时,持续在限制风险方面进行创新。例如,一些智能投资咨询公司正在检验这样一种做法:用流动性和安全性更大的投资来提供足以满足退休人员基本需要的收入水平,同时进行风险更大的投资以支付可自由决定的费用并促进投资组合的持续增长。现在,专门针对智能顾问提供的资产处置服务的研究之门已经打开。这方面的研究将有助于指导平台开发者实现或修正他们所选择的资产处置服务模式。但投资者仍要面对这样一个挑战：在还没有就评估资产处置方法的效度或其历史效果的基准达成普遍共识的情况下，必须选择合适的投资顾问并继续参与咨询过程。智能理财平台的用户还必须做好自己的功课，才能明白用自己的钱能换来什么、自己掌握了哪些知识以及自己的资产得到了怎样的管理。

同样值得强调的是，智能投资顾问无法解决金融文盲的问题。有太多的人仍然不了解风险和回报的基础知识，不明白债券等核心投资工具怎么会增值或贬值，更不用说在大多数智能模拟中出现的概率等复杂概念了。金融教育者，包括那些为智能投资顾问工作的从业人员，在解释智能理财平台提供的资产处置服务方面遇到了相当大的挑战。然而，智能投资顾问功能的增强可能会使金融教育和投资能力在未来变得不那么重要。

致谢

本章介绍的许多见解和观点都是基于对十几个数字投资咨询服务提供商、投资维权人士和其他专家的采访。本章作者感谢受访者分享他们的时间、见解和专业知识，并且还要感谢以下公司派遣了主题内容专家：联合收入公司、增值公司、电子交易公司（E＊Trade）、嘉信理财公司、退休收入杂志社（Retirement Income Journal）、金融理财师理事会（CFP Board）和美国消费者联合会的投资者问题对话组（Consumer Federation of America's Investor Issues Dialog Group），以及另外三家选择匿名的公司。本章的作者还要感谢安娜·拉帕波特（Anna Rappaport）和美国金融业监管局的几位雇员［海梅·沃基（Haime Workie）、莎拉·格罗尔（Sara Grohl）和艾琳娜·施里肯麦尔（Elena Schlickenmaier）］对本章初稿提出了评论意见，当然还要感谢美国金融业监管局投资者教育基金会（FINRA Investor Education Foundation）理事会提供了资助，使本章得以与读者见面。虽然本章作者是美国金融业监管局和美国金融业监管局投资者教育基金会的雇员，但他们通过本章传递的信息和表达的观点仅代表作者本人。因此，本章所包含的信息仅供参考，不涉及监管问题。

参考文献

Ameriks, J. (2001). 'The Response of TIAA-CREF Participants to Software-Driven Asset Allocation Guidance,' TIAA-CREF Working Paper. New York, NY: TIAA Institute.

Agnew, J. (2006). 'Personalized Retirement Advice and Managed Accounts: Who Uses Them and How Does Advice Affect Behavior in 401(k) Plans?' Center for Retirement Research Working Paper No. 2006–9. Boston, MA: Boston College.

Bryne, A. and S. Utkus (2013). *Understanding How the Mind Can Help or Hinder Investment Decisions.* Valley Forge, PA: Vanguard Asset Management.

Cerulli and Associates (2017). *U.S. High-Net Worth and Ultra-High-Net-Worth Markets 2017: Emergent Product Trends for Sophisticated Investors.* Boston, MA. https://www.cerulli.com/vapi/public/getcerullifile?filecid=Cerulli-2017-US-High-Net-Worth-2017-Information-Packet (accessed March 1, 2019).

Consumer Financial Protection Bureau (CFPB) (2017). *Consumer-Authorized Financial Data Sharing and Aggregation: Stakeholder Insights That Inform the Consumer Protection Principles.* Washington, DC: CFPB. https://files.consumerfinance.gov/f/documents/cfpb_consumer-protection-principles_data-aggregation_stakeholder-insights.pdf (accessed March 1, 2019).

Deschenes, S. L. and B. Hammond (2019). 'Matching FinTech Advice to Participant Needs: Lessons and Challenges,' In J. Agnew and O. S. Mitchell (eds.), *The Disruptive Impact of FinTech on Retirement Systems.* Oxford, UK: Oxford University Press, pp. 172–89.

Fellowes, M. (2017). 'Living Too Frugally? Economic Sentiment & Spending Among Older Americans,' *United Income.* https://unitedincome.com/documents/papers/LivingTooFrugal.pdf (accessed March 1, 2019).

FINRA (2016). 'Report on Digital Investment Advice.' March: https://www.finra.org/sites/default/files/digital-investment-advice-report.pdf (accessed March 1, 2019).

FINRA (2018a). 'Know Before You Share: Be Mindful of Data Aggregation Risks.' *FINRA.* March 29. http://www.finra.org/investors/highlights/be-mindful-data-aggregation-risks (accessed March 1, 2019).

FINRA (2018b). 'Target-Date Funds—Find the Right Target for You.' http://www.finra.org/investors/target-date-funds-find-right-target-you (accessed March 1, 2019).

FINRA Foundation (2014). 'Thinking Money: The Psychology Behind our Best and Worst Financial Decisions,' Washington, D.C.: FINRA Investor Education Foundation.

Frydman, C. and C. Camerer (2016).'The Psychology and Neuroscience of Financial Decision Making,' *Trends in Cognitive Sciences,* 20(9): 661–75.

Finke, M., Pfau, W. and Blanchett, D. (2013). 'The 4 Percent Rule is Not Safe in a Low-Yield World.' *Journal of Financial Planning* 26(6): 46–55.

Gigerenzer, G. (1996). 'The Psychology of Good Judgement: Frequency Formats and Simple Algorithms,' *Medical Decision Making,* 16: 273–80.

Gigerenzer, G. (2002). *Calculated Risks,* New York, NY: Simon & Schuster.

Hammond, P. B., O. S. Mitchell, and S. P. Utkus, eds. (2017). *Financial Decision Making and Retirement Security in an Aging World.* Oxford: Oxford University Press.

Hoffrage, U. and G. Gigerenzer (1998). 'Using Natural Frequencies to Improve Diagnostic Inferences,' *Academic Medicine,* 73: 538–40.

Horneff, V., R. Maurer, and O. S. Mitchell (2018). 'How Low Returns Alter Optimal Life Cycle Saving, Investment, and Retirement Behavior.' In R. Clark, R. Maurer, and O. S. Mitchell, eds. *How Persistent Low Returns Will Shape Saving and Retirement.* Oxford: Oxford University Press. Forthcoming.

Horneff, V., R. Maurer, O. S. Mitchell, and R. Rogalla (2015). 'Optimal Life Cycle Portfolio Choice with Variable Annuities Offering Liquidity and Investment Downside Protection.' *Insurance: Mathematics and Economics.* 63: 91–107.

Iyengar, S. and M. Lepper (2000).'When Choice is Demotivating: Can One Desire Too Much of a Good Thing?' *Journal of Personality and Social Psychology,* 79(6): 995–1006.

Kahneman, D. and A. Tversky (1979).'Prospect Theory: An Analysis of Decision under Risk,' *Econometrica,* 47(2): 263–92.

Kieffer, C. and G. Mottola (2017). 'Understanding and Combating Investment Fraud,' in O. S. Mitchell, P. B. Hammond, and S. P. Utkus, eds., *Financial Decision Making and Retirement Security in an Aging World.* Oxford, UK: Oxford University Press, pp. 185–216.

Kircanski, K., N. Notthoff, M. DeLiema, G. Samanez-Larkin, D. Shadel, G. Mottola, L. Carstensen, and H. Gotlib (2018). 'Emotional Arousal Increases Susceptibility to Fraud in Older Adults and Younger Adults,' *Psychology and Aging,* 33(2): 325–37.

Knoll, M. (2011). 'Behavioral and Psychological Aspects of the Retirement Decision,' *Social Security Bulletin,* 71(4): 15–35.

Knutson, B. and G. Samanez-Larkin (2014). 'Individual Differences in Susceptibility to Investment Fraud.' Working Paper. Palo Alto, CA: Stanford University.

Lusardi, A. and O. S. Mitchell (2014). 'The Economic Importance of Financial Literacy: Theory and Evidence,' *Journal of Economic Literature,* 52(1), 5–44.

Polansky, S and D. Sibears (2016). *Report on Digital Investment Advice.* Washington, DC: FINRA.

Rouse, T., D. N. Levine, A. Itami, and B. Taylor (2019). 'Benefit Plan Cybersecurity Considerations.' In J. Agnew and O. S. Mitchell (eds.), *The Disruptive Impact of FinTech on Retirement Systems.* Oxford, UK: Oxford University Press, pp. 86–103.

Spreng, N., J. Karlawish, and D. Marson (2016). 'Cognitive, Social, and Neural Determinants of Diminished Decision-Making and Financial Exploitation Risk in Ageing and Dementia: A Review and New Model,' *Journal of Elder Abuse & Neglect,* 28(4–5): 320–44.

US Securities and Exchange Commission (US SEC 2010). *Investor Bulletin: Target Date Retirement Funds.* Washington, DC: US SEC. https://www.sec.gov/investor/alerts/tdf.htm (accessed March 1, 2019).

Vanguard (2017). *How America Saves 2017: Vanguard 2016 Defined Contribution Plan Data.* Valley Forge, PA: Vanguard. https://pressroom.vanguard.com/nonindexed/How-America-Saves-2017.pdf (accessed March 1, 2019)

第九章　行为金融学、资产处置和对智能投资咨询业的监管策略

汤姆·贝克(Tom Baker)
本尼迪克特·德拉埃特(Benedict Dellaert)

这一章将对智能投资顾问提供的资产处置服务进行案例研究,并以此为例考察由自动化投资咨询服务引发的监管和市场结构问题。基于这项案例研究,我们得出了两个初步的结论。首先,《1940年投资顾问法》以准则为基础的监管方式,至少从目前的情况来看,似乎具有充分的灵活性,足以解决由自动化提出的新问题。其次,我们迫切需要发展新的机制来鼓励智能投资顾问(和一般投资顾问)为它(他)们的客户提供高质量的资产处置服务,因为目前盛行的两种报酬方式——托管资产收费和佣金——都不能提供足够的激励,而消费者自己也没有足够的能力来评估资产处置服务的质量。

本章在介绍了智能投资顾问之后,还要简要讨论"资产处置"问题,分析在确定最优资产处置策略时可能会遇到的不确定因素,并概述投资顾问在这个领域应对这些不确定因素时发展起来的一些"经验法则"。然后,我们考察有可能阻止消费者奉行最优资产处置策略的行为效应,并且认为,任由消费者自行其是,他们可能会做出次优的资产处置决策。接着,我们又介绍了一些市场上可获得、具有潜在有用性的自动化资产处置服务,并且介绍一项评估这些服务是否由智能投资顾问提供的调查的结果。最后,我们讨论有可能阻碍投资顾问为客户实施最优资产处置策略的市场结构问题,并且探讨是否存在能够鼓励理财顾问提供更优的资产处置服务的监管策略的问题。我们认为,有两种很有希望的监管策略,它们分别是:(1)对智能投资顾问规定在概念上类似于对商业航空公司实施的"黑匣子"规定的记录保存要求;(2)为智能投资咨询业制定一套"该

做什么和不该做什么"的行为准则以及相关的输入/输出测试,以确定记录保存要求是否得到了满足。

智能投资顾问

我们把"智能投资顾问"定义为提供可在个性化基础上对消费者和理财产品进行排序或匹配的自动化服务的设备。在大众媒体和理财策划界,"智能投资顾问"最常被用来指称提供为消费者组建和管理投资组合的自动化投资服务的设备。智能投资咨询业的技术、组织结构、营销和许多其他方面提出了很多涉及整个金融服务业的一般公共政策问题(Baker and Dellaert,2018)。在这一章里,我们主要关注智能投资咨询业,但我们得出的一些结论也适用于保险和银行业。

从理论上看,智能投资咨询服务起源于现代投资组合理论(Lam,2016)。现代投资组合理论提供了一种基于数学并经过经验检验的方法,而这种方法可用来在自动化的基础上构建和维护被动投资组合。采用这种方法推出的自动化投资工具可用来创建投资组合,重新平衡或者修改投资组合,而且还可用来(对于应税账户)进行税损收割。现代资产管理业通过多种不同的方式让消费者可以利用这些投资工具。在智能投资顾问的背景下,媒体把注意力都集中到了由增值公司和财富前线公司等带头开发的纯自动化、面向用户的系统以及由先锋和嘉信理财等已有资产管理公司推出的"混合投资咨询服务"(嘉信理财公司的混合投资咨询服务,除了让投资者通过登录网站直接获得自动化服务以外,还允许投资者访问真人投资顾问)。不过,传统的注册投资顾问也利用自动化工具在幕后为客户构建和维护投资组合(FINRA,2016;SEC,2017a)。此外,越来越受欢迎的目标日期基金(TDFs)通常是一些采用一种算法方法进行投资组合管理的"基金中的基金",这种算法方法也可被视为智能投资顾问。这些智能投资顾问,无论可以直接访问还是间接访问,都有潜力以低于传统投资咨询服务的成本提供优质理财服务(Lam,2016;Baker and Dellaert,2018)。

资产积累与资产处置

自从美国和其他国家历史性地朝着缴费确定型养老计划转向以来,现代投资组合理论和被动投资策略在生命周期投资的资产积累阶段变得越来越重要(Zelinsky,2012;Baker and Simon,2002)。这种向被动投资的转变并不是在一夜之间发生的,但现在已经成为金融市场上的一种普遍现象。最后,这种转变可能为主动投资创造机会,从而减慢被动基金管理的资产所占份额的增长速度,进而导致被动基金管理的资产所占份额停止增长。尽管如此,金融理论以及有关市场表现和投资行为的实证研究将继续在帮助个人管理缴费确定型养老计划的投资风险方面发挥重要的作用。其中一个原因是,金融理论和实证研究催生了被编程在智能投资顾问中的投资策略。①

金融理论和实证研究对帮助个人管理长寿风险或生命周期投资资产处置阶段的其他方面产生的影响较小。虽然有关养老的研究对我们理解"年金之谜"做出了重要的贡献(Benartzi et al.,2011;Yaari,1965),但这些和其他洞见还没有对资产处置咨询服务产生可与金融理论和研究对资产积累咨询服务产生的影响比拟的影响。例如,虽然有研究一再证明年金化在理论上的好处,但在美国私人养老资产中,只有一小部分(不到9%)是年金准备金(Salisbury and Nenkov,2016)。

对资产处置影响的缺失也许可归因于这样一个事实:研究人员只是在相对较近的时期才开始关注人生中的资产处置阶段(如Mitchell and Moore,1997)。在从待遇确定型养老计划转向缴费确定型养老计划之前,资产处置(或其引起的避税效应)主要是富人们关心的问题,因此是财富管理业的主要兴趣所在,但退休研究人员或社会福利政策团体并不关注这个问题。由于没有得到研究界的权威指导,因此,理财策划专业人士对资产处置策略的共识还没有达到他们对资产积累策略的共识的程度。

提供资产处置咨询服务需要指导客户做出许多复杂的决策,其中包括:

(1)客户的资产是否需要年金化;如果需要,以什么形式和在什么时候年金化。

(2)评估遭遇承担数额不确定但难以避免的费用(如医疗护理费用)的潜在风险以及现有的应对这些风险的管理策略。

---

① 值得注意的是,美国劳工部关于在员工福利背景下使用智能投资顾问的规定,要求智能顾问运用"考虑不同资产类别在特定时间内的历史风险和回报的普遍接受的投资理论"。Investment Advice-Participants and Beneficiaries, 29 CFR 2550.408g-1(4), https://www.law.cornell.edu/cfr/text/29/2550.408g-1(2019年3月2日发布)。

(3)在不让客户不适当地遭遇因长寿而养老资产不足的风险的前提下,每年可从可用资产中提取多少钱。

(4)按照怎样的顺序从不同类别的账户中取钱。

决策失误有可能导致可怕的后果:客户过快地支用自己的投资资产;在他们想花钱的时候消费不足;或者因为选择了糟糕的年金或医疗保险产品而蒙受损失。我们还可以对税收低效的提款策略说不。一般来说,这些决策都很复杂,因为它们取决于不确定的未来状况,涉及许多难以理解的不同分量,而且做出这些决策的客户有不同的需要和偏好。

面对这样的不确定性,理财策划师已经总结出一些有关资产处置的经验法则。"本根的 4% 法则"(Bengen 4% rule)是其中最著名的一条经验法则。根据这条经验法则,退休人员每年从自己的投资组合中提取(按通胀率进行调整后)4%的资产,就不会因为长寿而导致养老资产不足(Bengen,1994)[后来,本根对自己提出的这条法则进行了修改,并且表示,如果提款免税,退休人员可从投资组合中提取 4.5%的资产;如果提款要缴税,那么就提取 4.1%的资产(Scott et al.,2009)]。这条 4%法则的一种替代方法是一种结合客户的预期寿命,并根据客户的剩余资产每年调整其支出金额的方式计算建议支出的精算方法。

由于多种原因,本根的 4%法则受到了诟病。有些投资顾问认为,退休人员的支出通常遵循"微笑曲线"模式,也就是在退休初期支出较多,中途支出较少,而到了晚年支出就更多。此外,退休人员经常会遇到"支出冲击",如住院治疗或其他重大医疗护理事件,遇到这种情况,他们就要提取数额不小的款项来支付费用。因此,有些投资顾问认为,推荐以相对稳定的支出为基础的支出计划,是一种不明智的做法。不过,也有投资顾问抱怨称,本根法则可能过于保守,从而会导致退休人员长期消费不足(如 JP Morgan,2014)。还有一些投资顾问则认为,在长期低利率的环境下,本根法则过于激进(Blanchett et al.,2013)。

另一条有关资产处置的"经验法则"叫作"养老取款顺序"(retirement withdrawal sequence),也就是按照某种顺序取款养老。富达公司(Fidelity,2018:n. p.)网站上有这样一段引文:

一种简单的策略就是按照以下顺序从您的退休和投资账户中取钱:

从传统的个人退休金账户、401(k)账户、403(b)账户或 457 和罗斯(Roth)401(k)账户、403(b)账户或者 457 退休金账户提取所规定的最低取款额;

应税账户,如证券账户;

税收递延的传统个人退休金账户和 401(k)账户、403(b)账户或 457 退休金账户；

免税的罗斯个人退休金账户。

为什么要按照这个顺序取钱呢？首先，如果您的年龄已经超过 70.5 岁，那么，您就能提取任何规定的最低取款额（只要账户原始持有人还活着，罗斯个人退休金账户没有规定最低取款额）。如果您没有全额提取所规定的最低取款额，那么，通常要支付相当于未提取金额一半的罚款。

虽然有些投资顾问推荐这样的提款策略，但这种策略也许并不是对每个退休人员来说都是最佳的策略，特别是对于那些最高所得税税率在退休后发生变化的退休人员来说，并不是最优提款策略（Cook et al.，2015）。

这些经验法则以及有关其可靠性的争论表明，最佳资产处置策略的发展和推广，要涉及三个重要的方面。首先，想要发展理论上可靠并经过经验检验的资产处置策略，还有大量的工作要做。其次，就像以上这些简单的经验法则所表明的那样，资产处置决策是需要做大量计算、面向未来的决策，我们人类不太擅长做这种决策，但计算机算法却能做得很好，当然前提是确实有最佳资产处置策略可以遵循。最后，关于最优生命周期投资组合的最新研究成果（如 Horneff et al.，2009 and 2015；Hubener et al.，2015；Chai et al.，2011）还没有被应用到向消费者提供的一般资产处置建议中。

行为效应与养老资产处置

最优的资产处置模式应该能使整个生命周期内的效用最大化（Chen et al.，2017；Chai et al.，2011）。然而，使一生的效用最大化，是一个很难解决的问题：它不但有很高的认知要求，而且还要求我们做出受行为效应影响的决策，而行为效应有可能会导致次优决策。在这一节里，我们将考察各种有可能影响个人资产处置决策的行为效应。为此，我们把这些行为效应宽泛地分为三个反映个人决策过程不同方面的作用域。

首先，个人会利用对自己情况及更大的经济和社会环境的了解以及可用来对自己面对的资产处置决策构建心理表征的备选方案（Johnson-Laird，1983）。这些心理表征很可能是不完整或不准确的，因为在心理上表征许多不同的分量时需要付出很高的认知成本（Gershman et al.，2015），或者因为在想到要做资产处置的决策时会出现情绪反应,例如,因为在做这种决策时要考虑死亡的问题。因此,个人不可能充分和准确地预测未来(Huffman et al.,2017)。心理表征的这些偏差是行为效应的第一个作用域。

其次,个人必须处理关于可选择项的信息才能对可选择项进行评估。具体来说,我们必须根据每个可选择项与我们的偏好匹配的程度来判断每个可选择项的吸引力(Lancaster,1966)。这个过程不太可能反映基于规范模型的完全理性的行为过程(如 Tversky and Kahneman,1992),其中的一个原因就是个人可能对可选择项的价值有不正确的看法(如可能会高估某些可能性),或者可能有不规范的偏好(如可能会非常厌恶损失)(Dimmock et al.,2016)。这些由评估造成的偏差是行为效应的第二个作用域。

最后,个人需要通过运用决策规则来进行决策,因为决策规则允许他们对多个可选择项进行比较并最后决定选择哪一项(Payne et al.,1993)。但是,决策规则不太可能反映基于规范模型的完全理性行为过程,其中的一个原因就是,个人可能会被自己遇到的复杂局面或面对的可选择项的绝对数量所困惑(Chernev et al.,2015)。使用这种不规范的决策规则或启发法是行为效应的第三个作用域。

在本节的以下部分,我们来考察这三个行为效应作用域的一些具体例子,为后续关于自动化投资咨询服务如何帮助个人抵御这些行为效应的讨论奠定基础,从而做出更优的资产处置决策。请注意,虽然我们在概念上区分了行为效应的三个作用域,但在实践中它们会有重叠。例如,对某个可选择项某个特征的评价力度可能会影响该可选择项和这个特征是否在心理表征中被激活以及如何反映在决策规则中。

心理表征的影响。心理表征影响决策的一种重要方式是让个体更加容易或更加困难地获取相关知识。例如,可得性启发(availability heuristic)是指个体往往会混淆自己回忆某个事件的易难程度和该事件发生的可能性(Schwarz et al.,1991)。由于这些和其他启发,心理表征几乎肯定是残缺不全的,会歪曲个人根据这些表征做出的决策(Hegarty and Just,1993)。

对影响决策的分量的不同心理表征也会产生行为效应。最近关于解释水平理论(construal level theory)的研究就是这种机制的一个绝好例子(Liberman and Trope,2008)。例如,个体可能在认知上对时间(或空间等其他维度)上距离较远的事件和可选方案的表征不同于对时间(或空间等其他维度)上距离接近的事件和可选方案的表征。这些发现对于和养老相关的决策具有启示意义,因为许多与养老有关的决策要跨越相当长的时间(如 Van Schie et al.,2015;Gottlieb and Mitchell,2015)。

目标是第三个有可能影响个体资产处置决策心理表征的方面(Austin and Vancouver,1996)。个体根据在自己心中激活的目标对可选方案进行的评估有可能产生对可选方案的不同选择。例如,与主要考虑退休后乐趣和享受的个体相比,那些主要考虑衰老对健康的影响的个体可能会对自己资产处置和其他养老可选方案做出不同的评估。这也可能会影响(譬如说)个体做出的投资、储蓄和保险决策,因此,比较关注潜在健康影响的个体可能会花较多的钱购买医疗保险,并且为将来获得医疗护理支持而存钱,而比较注重享受的个体则会在旅游和改善住房条件上多花钱。

评估的影响。在评估方面,最著名的行为效应与评估有风险的可选方案有关(Tversky and Kahneman,1992)。个体往往会表现出有偏差的概率感知(如在概率加权方面)和有偏差的选择偏好(如厌恶损失);而且,当个体缺乏有关相关风险的信息时,或者,当他们不了解特定领域(厌恶模糊)时,他们宁可不做选择(可参见:Fox and Tversky,1995;Borghans et al.,2009)。

预期后悔(anticipated regret)是可选方案评估行为效应的另一个重要例子。研究表明,厌恶后悔能够影响个体评估,例如,通过使不作为比采取行动更有吸引力,引导个体的行为偏离规范的决策模式(Zeelenberg and Pieters,2007)。在养老决策方面,当自主选择的选项最终表明是次优选择时,个体可能会害怕体验更多的后悔(Bodie and Prast,2012;Muermann et al.,2006)。

最后,个体可能进行不规范的跨期折现(对现在和未来的取舍)。例如,与被称为"混合折现"(hyberbolic discounting)的标准折现模型相比,个体可能会过快地对未来事件进行折现(Laibson,1997)。具体来说,在养老的情境下,个体可能会以比经济模型所规定的更高的比例来对未来收益进行折现(Brown et al.,2017a),从而有可能导致他们用较少的当前收入为养老进行长期储蓄。

决策规则的影响。另一个可以导致可能是次优的养老决策的行为决策规则是接受常规的做法。在养老投资领域往往能观察到常规做法的影响效应。例如,蔡等人(Choi et al.,2003)研究表明,有56%~87%的员工因实行自动注册制而参加了401(k)计划,并且往往能一直接受常规的缴费率。贝希尔斯等人(Beshears et al.,2009)研究发现,在公司把新员工的常规养老储蓄率从3%提高到6%的情况下,虽然常规储蓄率翻了一番,但员工参与率没有发生变化。

此外,决策规则可能会因个体面对的可选方案数量不同而不同。研究还表明,在促进个体主动决策方面,选择越多并不总是越好。塞西—艾扬格等人(Sethi-Iyengar et al.,2004)研究表明,选择越少,参加退休计划的人就越多。更一般地,个体可能会回避复杂的决策(Agnew and Szykman,2011;Brown et al.,2017b)。有学者(Beshears et al.,2009)在分析养老储蓄缴费率和养老储蓄投资组合的资产配置时发现,许多员工在他们的整个职业生涯里没有对他们的投资资金进行重新配置。

智能投资顾问如何进行资产处置?

在这一节里,我们来考察市场上可获得的自动化资产处置服务,并报告我们调查提供这类自动化服务的智能投资顾问的结果。我们的调查对象包括两家管理资产最多的面向消费者的独立投资咨询公司(财富前线公司和增值公司)、两家资产管理规模最大的直接面向消费者的智能投资咨询公司[先锋集团麾下的先锋个人投资顾问服务公司(Vanguard Personal Advisor Services)和嘉信智能投资组合公司(Schwab Intelligent Portfolios)]、两家以美国老年人为目标市场的面向消费者的智能投资咨询公司(联合收入公司和摩云致邻公司)以及两家为投资顾问提供自动化资产处置工具的公司[贝莱德集团旗下的爱退休公司(iRetire)和收入发现公司(Income Discovery)]。我们之所以把最后两家公司包括在内,是因为大多数一般智能投资咨询公司目前无法提供类似的自动化资产处置服务。因此,我们不得不设法从其他方面了解市场上可获得的各种智能顾问提供的资产处置咨询服务。

现在,从市场上可获得以下几种自动化资产处置服务:

(1)根据个人预期剩余寿命的缩短或达到人生重要阶段(如停止工作)的情况调整养老资产配置的服务。这项服务现在被嵌入目标日期基金。目前,我们调查的面向消费者的智能咨询公司大多都提供这项服务,但其他公司也能轻松提供这项服务。

(2)帮助个人做出年金化决策的服务。目前,这项服务似乎只有在使用卖给投资顾问的决策支持工具中才能自动获得。

(3)帮助个人优化社会保险金申领决策的服务。这项服务可从几家面向消费者的智能投资咨询公司和一种卖给投资顾问的支持工具中获得。我们认为这是一种资产处置服务，因为关于社会保险金申领时间的决策可能对社会保险养老金的终身价值产生重大影响，从而对个人在任何给定年份可用于消费的收入产生重大影响。

（4）帮助个人优化医疗保险计划选择并预测自负段医疗费用的服务。这项服务由怡安翰威特（Aon Hewitt）和韦莱韬悦（Willis Towers Watson）等医疗保险公司提供，并可在私人医疗保险交易所购买，也可在联邦医疗保险网站（Medicare.gov）上购买（但系统的版本没有那么新）。我们之所以认为这是一种资产处置服务，是因为医疗费用会对个人财务安全产生影响（Hoffman and Jackson, 2013）；购买不同的医疗保险计划（它们可能产生的经济影响超过做出错误的社会保险金申领时间决策损失的保险金终身价值）可享受明显不同的福利；如果没有专家帮助，个人很难在不同的保险计划之间做出选择（Handel and Kolstad, 2016）。两家面向消费者的智能投资咨询公司正在推出这样的工具，而另外两家智能投资咨询公司则通过真人投资顾问提供关于医疗保险选择的投资咨询服务，因此隐含地认识到这种工具的重要性。

（5）帮助有多个养老金账户的个人决定何时从哪个账户取款的服务。这项服务可从某些智能咨询公司和接受决策支持工具的投资咨询公司那里获得。

（6）帮助个人计算可安全提取多少储蓄用于可持续养老消费的服务。这项服务也可以从某些智能投资咨询公司和接受决策支持工具的投资顾问那里获得。

我们在调查过程中发现，目前还没有一家智能投资咨询公司提供上述全部的服务；接受我们调查的面向消费者的智能投资咨询公司没有一家提供医疗保险决策支持工具，也没有一家提供年金化决策支持工具。不过，有些智能投资咨询公司雇用了能提供养老金和医疗保险计划咨询服务的真人投资顾问。

有些公司已经开发嵌入上述大部分或全部决策支持工具中的软件服务，但它们大多把这些服务卖给真人投资顾问。因此，装备精良的传统投资顾问如今似乎能够提供比智能投资顾问更加完备的资产处置服务。规模较大的提供智能投资咨询服务的投资咨询公司提供全部或大部分资产处置服务，但在许多情况下，它们是通过真人投资顾问提供一般投资咨询服务来这么做的。因此，有人对这种投资咨询服务的质量提出了质疑，至少在选择正确的医疗保险计划和做出正确的年金化决策等计算难度较大的问题上就是如此。

我们应该明确,我们并不是在批评面向消费者的智能咨询公司关于提供哪些自动化服务的业务决策。例如,财富前线公司把注意力完全集中在了现在还不需要资产处置服务的千禧一代人身上,而对于其他公司关于何时和如何提供自动化服务的决策,我们没有事后批评的依据。联合收入公司和摩云致邻公司似乎是提供所有这些服务的最佳"人选",因为它们专做老年人市场。不过,它们是新公司,仍在成长。(我们注意到,联合收入公司已经有大部分自动化决策支持工具在运营,并且正在"制造"两种目前缺少的工具。)

在调查中,我们根据智能咨询公司的特点对它们做了以下分类:商业模式(它们是否收取补偿性付款和是否有真人顾问参与;是否随着客户年龄的增长,自动改变对客户资产的配置;是否提供后续的资产处置服务)、养老收入计算工具、社会保险决策工具和医疗保险决策工具(请参阅介绍这些特征的附录和编码)。表 9.1 列示了我们的调查结果。

表 9.1　　美国主要智能投资咨询公司资产处置咨询服务的特征调查

公司名称	商业模式	是否收取补偿性付款	是否有真人辅助	资产是否根据客户年龄自动再配置	是否有养老收入计算工具	年金险服务支持	社会保险决策工具	医保决策工具
联合收入	独立;B2C;专做老年人市场	不收	智能或混合	是	有	由真人顾问提供;工具在开发中	有	由真人顾问提供;工具在开发中
摩云致邻	独立;B2C;专做老年人市场	收取年金险佣金	纯混合	是	有	由真人顾问提供	无	无
增值公司	独立;B2C	不收	智能或混合	是	有	由真人顾问提供	有	由真人顾问提供
财富前线	独立;B2C;专做千禧一代	向有关基金收取(可要求免除)	纯智能	不是	无	无	无	无
先锋集团	基金有限公司;B2C	向有关基金收取;还收取年金险佣金	纯混合	是	有	由真人顾问提供	有	由真人顾问提供;工具正在开发
嘉信理财	基金有限公司;B2C	向有关基金收取,并且还收取年金险佣金	纯混合	不是	有	由真人顾问提供	由真人顾问提供	由真人顾问提供
贝莱德爱退休	基金有限公司;B2B2C	向有关基金收取	咨询工具	取决于顾问	有	有	无	无
收入发现	软件即服务;B2B&B2B2C	不收	咨询工具	是	有	有	有	无

注:关于表中指标的含义,请见本章附录。
资料来源:本章作者编制。

智能投资咨询服务市场的结构和监管问题

正如我们的调查所显示的那样,智能投资咨询公司直到最近才开始推出资产处置服务。在接受我们调查的市场领军企业中，没有一家企业是主要依靠缴费确定型养老金计划为养老消费筹资的员工提供他们所需的全套自动化资产处置服务。我们预计，在未来10年，有关资产处置的专家知识会显著增加，而资产处置的专家咨询服务质量和对资产处置专家咨询服务的信心也将得到提升。由于这种咨询服务会涉及各种可自动化并嵌入智能咨询服务中的计算、排序和预测，因此，智能咨询公司很可能在普及这种咨询服务方面扮演重要的角色。

我们应该注意，现在是否存在有可能阻碍公正、高质量的智能资产处置咨询服务发展和推广的市场结构。如果确实存在，那么，我们就应该考虑现有的监管框架是否足以对付这样的市场结构。

杰克逊（Jackson，2009）率先提出了金融监管三方困境的概念，而智能投资咨询业就是金融监管三方困境的一个当代版例子。与其他投资顾问一样，智能投资顾问也存在委托代理问题，即代理人与雇用他们的委托人之间利益不完全一致的问题。智能投资咨询服务也存在三方委托代理的问题，因为智能投资咨询服务关系涉及三类当事人：寻求投资咨询服务的客户、提供投资咨询服务的实体以及提供购买受到投资咨询服务影响的理财产品的公司。

在理想的情况下，智能投资咨询服务提供商与消费者的利益完全一致，并且应该以帮助消费者应对他们所面对的各种行为决策挑战为主要宗旨。智能投资顾问主要通过两个途径能够做到这一点：一是运用计算机算法来解决消费者自己无法轻松解决的复杂的优化问题；二是提供选择架构和网络接口，帮助消费者更好地理解自己的情况，并就复杂的资产处置产品和策略做出更优的决策（Baker and Dellaert，2018；Philippon，2019）。

这两种支持有可能帮助消费者避免由以上定义的行为效应作用域造成的行为限制。在行为效应的心理表征作用域，智能投资顾问可以考虑市场上存在的全部可选方案以及它们的全部关键属性，并根据消费者个人的情况量身定制结果。智能投资顾问还可以根据经过经验验证的证据为消费者预测金融市场和他们自己生活（如寿命和医疗费用）在未来可能发生的变化。在行为效应的评估作用域，智能投资顾问可让消费者系统考量他们面对的全部可选方案的各种属性，而智能投资顾问可被设计成让消费者选择自己权衡的结果。智能投资顾问还可以通过营造数字环境来帮助消费者更好地了解包括未来情境设想在内的各种可选方案，以便在知情的情况下对各种可选方案的不同属性做出更加明智的取舍。最后,在行为效应的决策规则作用域,智能投资顾问可以提供包括不同可选方案全部属性在内的均衡决策规则,而这些决策规则可用来根据各可选方案对消费者的预期吸引力对各可选方案进行排序,从而有可能在决策过程中让消费者的注意力集中在最重要的可选方案和属性上,并帮助消费者更好地利用自己的认知能力(Dellaert et al.,2018)。

但是,由于消费者个人很难自己做出和评估资产处置的决策,因此,他们担心智能投资顾问(会像它们的真人同行一样)可能会为了提高自己的报酬而有选择地"调整"新出现的专家资产处置建议,甚至不惜牺牲客户的利益。在这方面,理财产品供应商可能有动机说服投资顾问不要对客户那么忠诚。理财产品供应商比投资顾问的客户更加了解理财产品领域,也比投资顾问的客户更加了解上文介绍的行为效应,因此能够设计产品来利用这些效应。此外,由于理财产品供应商是投资顾问的重复性供应商,因此,与投资顾问对自己客户的"监控"相比,他们能更加有效地"监控"投资顾问,并且更有能力根据反馈信息调整与投资顾问签订的合同条款。

即使智能投资顾问坚定不移地抵制理财产品供应商的影响,也无法保证自己的利益与客户的利益完全一致。一种更具战略意义、以短期盈利为导向的智能投资顾问能利用行为效应来影响消费者的决策,使他们的决策朝着有利于投资顾问但不利于消费者的方向发展。例如,在行为效应的心理表征作用域,智能投资顾问可以通过只考虑对咨询公司最有利的策略性可选方案子集,来限制消费者选择市场上有供给的可选方案。智能投资顾问还可以把咨询业务集中在这些可选方案的某个属性子集上,引导消费者选择对咨询公司来说更加有利可图的可选方案(如通过集中关注与高利润相关的属性),或做出凸显这些属性未来情景的预测。在行为效应的评估作用域,智能投资顾问可以有选择地把权衡结果应用于对可选方案属性的评估,引导消费者选择对咨询公司来说更加有利可图的可选方案。智能投资顾问还可采取搭建认知框架和有选择地突出重点等行为策略,来使消费者对这些公司有利可图的选择更加敏感。最后,在行为效应的决策规则作用域,智能投资顾问可以采用选择性决策规则或策略性默认,来使消费者更难选择对他们最有价值的可选方案。

我们绝不是想说市场上的智能投资顾问目前正在玩弄这些行为伎俩,而只是想表示它们有充分的机会这样做。而且,根据其他市场的经验,我们有理由担心有些市场行为主体会这么做。例如,杰克逊(Jackson,2009)在根据从房地产销售数据到金融机构卖给第三方客户的数据考察了许多不同的理财产品和服务后报告称,在他考察的每个理财产品和服务市场上,智能投资咨询公司都从理财产品供应商那里收取额外报酬,因此,它们(至少有一部分)在做有违客户利益的事情。毫不奇怪,立法机构已经对所有这些市场(只有一个市场例外)进行了干预,目的就是要使智能投资咨询公司的利益更加符合自己客户的利益,并推行一种把信义义务和信息透明义务结合在一起的模式性监管策略。[①]

杰克逊(Jackson,2009:107—108)也对这些义务是否能够充分保护消费者表示了担忧(我们也有同感),他说:

在存在潜在问题——也就是市场力量不足以保护消费者——的情况下,有人怀疑,只靠强制推行信义义务是否能够奏效,因为这种义务通常要求补偿性付款收取人根据许多因素来评估这种补偿性付款的合理性。关于一般披露是否存在向消费者付款的信息的问题,有人可能也会表示类似的担忧。还真难说,措辞含糊的信息披露对大多数消费者能有多大的帮助。

就是这种同样的监管策略——信息披露加信义义务——是当今监管智能投资顾问的主要策略。面向消费者的智能投资咨询公司必须依照《1940年投资顾问法》(SEC,2017a)在美国证券交易委员会注册、接受证监会的监督并履行相关程序。[②] 该法规定了一些信义义务和信息透明义务——通常简称为"适当性"和"信息披露"义务——并授权证券交易委员会对智能投资咨询公司进行监察,以确定它们是否履行了这些义务。虽然向其他投资顾问提供服务的智能投资咨询公司并不直接归美国证监会监管,但美国证监会(SEC,2017a)在监察智能投资咨询公司的投资咨询客户时可以评估这些做B2B业务的智能投资咨询公司的资质(还请参阅:Mottola et al.,2019;Klass and Perelman,2019),就像美国金融业监管局(FINRA,2016)可以在监察归它监管的经纪自营商时可以评估这些智能投资顾问那样。

在这篇幅很短的一章中,我们无法充分考察这种基于准则的监管策略是否对所有投资顾问都有意义,因为这是一个影响范围远远超出智能投资顾问的问题。其实,我们关注的是这种监管策略的已知局限性如何与我们在这里讨论的

---

① 当时唯一的例外是学生资助办事处与私人贷款机构的关系,而现在这种关系也不再是例外(Barr et al.,2017)。

② 州证券监管机构对资产不足1亿美元的智能投资咨询公司负有主要监管责任。由于智能咨询服务具有规模经济效益,因此,本章重点考察联邦监管问题。

投资咨询服务以下两个特殊特征相互影响的问题:智能投资咨询服务的自动化性质和资产处置背景。

自动化。智能咨询服务的自动化性质会对采用信义义务和信息透明义务的监管策略产生一些潜在的影响。首先,投资咨询服务的自动化性质有可能使得咨询建议的内容及其可能出现的偏倚,无论是事前还是事后,在监管机构面前都会变得更加透明,[①]即便在混合服务的系统(如有真人投资顾问与客户互动的系统)中情况也是如此,前提是这些系统能够记录自动化投资咨询服务提供的建议和采取的后续行动,从而允许监察咨询建议与实际采取的行动之间出现系统性差异的原因(以便检查在系统自动生成的咨询建议中并不存在的偏差是不是由真人投资顾问造成的,如倾向于建议客户购买高佣金理财产品)。因此,我们有理由乐观地认为,智能投资咨询服务的发展有利于提高投资顾问现有的执行信息披露和适当性规定的能力,以缓解他们要面对的三方困境问题(Schwarcz and Siegelman,2015)。当然,前提是监管机构能够掌握为监察智能投资咨询服务所需的专业知识(Baker and Dellaert,2018;Philippon,2019)。

其次,由于面向消费者的智能投资顾问以自动化的方式向消费者披露信息,因此,应该由比消费者个人更有能力评估和比较信息的第三方来搜集、跟踪和比较信息。第二个差异也让我们有理由对改善基于现有披露义务的透明度持乐观的态度。当然,如果智能投资顾问向这样的第三方支付补偿性付款,那么,这种市场的发展可能只会改变三方困境的表现形式,但无法减轻三方困境的问题。因此,重要的是应该考虑收取这种补偿性付款是否符合现有的信义义务规定;如果符合,那么是否应该为了规范甚或禁止这种付款而修改这些规定。

再者,除非智能投资顾问自身在竞争中胜出,并且成为消费者的主要理财平台,否则竞争的赢家就能从智能投资顾问那里获得经常性的数据反馈,并能够监测、比较和报告智能投资顾问对其客户的忠诚度。这些理财平台也会受制于它们自己要面对的三方困境,因为我们知道的全部理财平台不是归理财产品供应商所有,就是从理财产品供应商那里收取补偿性付款。因此,就像上面刚讨论的能力比较有限的第三方咨询平台一样,这种市场发展可能只会改变智能

[①] 基于机器学习模型的智能咨询服务由于这些模型的可解释性问题,因此可能不那么透明。由于以下两个原因,我们撇开这些问题不谈:首先,我们的理解是,目前这一代智能投资顾问使用了可理解的模型。其次,可解释性问题是一个比较普遍的问题,在其他场合也受到了极大的关注(Selbst and Barocas,2018)。

投资顾问面对的三方困境的表现形式。所以,对于监管机构来说,重要的是应该监控理财平台市场的发展,并且考虑自己是否有为监察这些实体有可能取得成功的商业行为所需的授权;如果监管机构已经获得这方面的授权,那么,它们就应该考虑自己现有的法定权限是否赋予自己为保护面对这种三方困境的消费者所需的手段。

最后,由于"数学杀伤性武器"的问题——如得到广泛使用的模型出现了意料之外的缺陷——我们有理由对在自动化投资咨询服务的背景下取代信义义务的免责和其他规范性规定保持警惕(O'neil,2016)。特别是考虑到智能投资咨询服务业的市场集中潜力,因此,对智能投资咨询服务业进行规范,就有可能导致向单一模式的趋同,而这种趋同有可能随着智能投资咨询服务业规模的扩大而产生负面影响。正如我们已经在其他场合主张的那样,由于这个原因,监管机构应该考虑依靠竞争(以及竞争中的竞争)来提高智能投资咨询服务的质量,而不是用一种模式来进行规范(Baker and Dellaert,2018)。

资产处置。投资顾问提供资产处置服务的动机不同于他们提供资产积累服务的动机。按照受托管理资产规模收费的做法,通常被理解为能使投资顾问的动机与他们处在资产积累的客户保持一致。虽然按受托管理资产规模收费的做法赋予投资顾问建议客户过度储蓄的动机,但前面讨论的大多数行为效应会导致个人储蓄低于最佳水平,因此,投资顾问的客户实际上不太可能储蓄过度。事实上,正如巴尔等人(Barr et al.,2009)认为的那样,储蓄产品市场就是报酬激励可能会减少行为效应负面影响的市场的一个实例。

资产处置服务提出了一个更难解决的投资顾问与客户利益一致的问题。正如我们的调查所显示的那样,资产处置服务有市场需求,而且也有一些投资顾问提供这种服务,即便他们只是为了在投资咨询服务市场上脱颖而出。遗憾的是,现有的投资顾问报酬模式没有一种能够很好地提高资产处置服务的质量。

一方面,基于受托管理资产规模的投资顾问报酬模式,在防止客户寿命意外延长导致养老资产不足方面,在一定程度上能使投资顾问的利益与其客户的利益保持一致;另一方面,基于受托管理资产规模的投资顾问报酬模式并不能激励投资顾问推荐年金产品(因为客户购买年金产品就会减少委托投资顾问管理的资产),也不会显著激励投资顾问提供资产处置服务,除非为了满足投资咨询公司目标市场的消费者需求。基于佣金的报酬模式会激励投资顾问推荐年金产品和医疗保险计划,但这种激励机制也不是为了提高服务质量而量身定制的。我们在医疗保险市场上能够看到对质量要求不够的提示性示例:我们根据对医疗保险市场的观察得出结论,唯一使用可用的高质量投资咨询服务工具的投资顾问,其客户都是大雇主,而且正在把他们的退休员工的传统养老健康计划改为私人交易计划,并且要求为他们的退休员工提供高质量的决策支持[在这方面值得注意的是,我们通过调查了解到先锋集团正在与美世(Mercer)公司这样一家投资咨询公司合作开发它的医疗保险产品(Thornton,2018)]。由于个人没有足够的能力来评估资产处置服务的质量,市场似乎也没有推动高质量的资产处置服务发展。此外,由于资产处置引发了一些现实世界中的模型没能很好解决的难以应对的建模挑战,因此,关于哪种资产处置策略最适合哪些消费者的问题,仍然存在很大的不确定性。这些挑战包括一些纯粹技术性的问题,如贷款在解决巨额意外支出方面的潜在作用,或房产作为一种本质上是非金融资产而主要是非流动性资产的特殊作用。

这些挑战会涉及一些具有挑战性地把规范考虑和行为考虑组合在一起的问题。这些问题很难从退休人员那里引出;而且即使能引出,也可能高度异质,如遗赠动机和个人适应环境变化的能力等问题(从而影响负面结果在预测模型中的权重)。对于智能投资顾问(或者求助于智能投资顾问的投资顾问)来说,由此产生的不确定性是它们(或他们)在考虑如何构建自己的模型来解决这种不确定性时重视自身利益的机会,例如,它们(或他们)可以通过推荐(或者不推荐)购买年金产品或某些类型的年金产品,倘若这样做会增加它们(或他们)的报酬[或者减少它们(或他们)的报酬]。

随着投资咨询服务的日益普及,《1940年投资顾问法》基于准则的监管方法赋予美国证监会权力监察投资顾问使用的资产处置工具,甚至询问投资顾问为什么不使用这些工具;而美国金融业监管局似乎也有类似的权力对经纪交易商进行监察(SEC,2017a;FINRA,2016)。现在,美国证监会的监察重点包括"电子投资咨询",以及"关注注册投资顾问的合规计划、营销、投资建议形成程序、数据保护和与利益冲突有关的信息披露"(SEC,2017b:2)。美国金融业监管局似乎也同样认为自己现有的权力足以完成这项监察任务。美国金融业监管局关于数字投资咨询服务的报告指出,"我们认为投资咨询公司应该考虑并根据自己的商业模式调整自己的做法",而不需要"任何新的法律规定"或改变"任何监管部门规定的经纪自营商必须履行的现有义务"(FINRA,2016:1)。

因此，在我们看来，在沿着智能投资咨询服务监管路径前进的道路上遇到的艰难挑战并不在于获得考虑这些问题的法律授权（另见：Klass and Perelman，2019）。事实上，在这个监管前沿，我们受到波兰斯基等人（Polansky et al.，2019）的鼓励。尽管这几位作者当然是在陈述他们的个人观点，而不是美国金融业监管局的观点，但他们对数字投资咨询和资产处置服务的调查表明，这个重要议题很容易被提上金融监管的议事日程。其实，资产处置服务面临的迫在眉睫的挑战是研发，因此，研发可能就是金融业监管局在它2016年的报告中提到的关于"资产处置"的可靠"最佳实践"。

结束语

生命周期投资中的资产处置提出了在理论和行为两个方面都难以应对的挑战。说资产处置提出了理论上难以应对的挑战，是因为我们要在现实世界税收、转移性支付、保险、医疗护理和其他方面的制度规则下制定最佳的资产处置策略。说资产处置提出了在行为方面难以应对的挑战，是因为：首先，必须认识到有可能阻止消费者遵循这些策略的行为效应可能会被企业利用；其次，必须制定应对这些行为效应的策略。无论是直接向消费者提供的还是通过真人投资顾问间接提供的智能投资咨询服务在这方面都有巨大的潜力。我们的市场调查显示，资产处置工具已经开始出现。此外，美国证监会和金融业监管局最近对数字投资咨询服务的关注表明，金融服务监管机构既有权力也有意愿对这些新出现的工具履行监察职责。

因此，我们以两个可供监管方面思考的具体观察结果来结束本章。首先，监管机构可以要求投资顾问和经纪自营商只能使用相当于民航飞机用于记录航行过程情况的黑匣子的内置式智能投资顾问记录装置的自动化工具，因此创建和维护一种允许对任何咨询建议进行评估的档案保管制度。其次，监管机构应该着手为智能投资咨询服务业制定一份简单规定该做什么和不该做什么的要求清单，并开发能确定清单上所列的要求是否得到遵守的检测方法。输入数据应该是标准化（但不断变化且秘密）的单个场景，可用来检测输出数据是否以符合规定要求的方式变化，还能用来对不同投资顾问的工具进行比较。

我们建议的第一种方法，就像装在飞机上的黑匣子一样，应该能够方便事后故障评估。考虑到这个领域的技术开发还处于早期阶段，而且采用高度规范的事前监管固有的重大风险,有必要采用事后追责法。规定数据保存的要求应该有助于事后追责法的推行。在智能投资咨询服务市场上,不可能在资源的基础上推行作用类似于飞机黑匣子的数据保存做法,因为这样的做法可能会给投资咨询公司带来潜在的责任风险。因此,这种数据保存规定有可能是集体行动问题的解决方案,并且具有重要的意义。原因就在于,随着时间的推移,投资咨询公司会更新自己的算法、模型和数据来源,如果不要求它们记录咨询建议形成的过程,那么就可能无法对咨询建议进行事后评估。

我们建议的第二种方法是在以前的研究(Baker and Dellaert,2018)中提到的"监管路径"的一个具体例子。尽管严格规定智能投资咨询服务必须使用的数据来源和算法(主要是因为前面讨论过的数学杀伤性武器的问题)可能是一种错误的做法,但美国证监会和金融业监管局正在为研究自动化投资咨询服务做出的努力肯定能形成可付诸实施的行为准则。自动化投资咨询服务的一个好处是,我们能够采用一种无法用于真人投资咨询服务的方式,对自动化投资咨询服务进行检测。尽管这样做显然也不是一项简单的任务,但政策制定机构至少应该考虑开发简单的输入/输出数据检测方法,而监管机构则能够采用这种方法来确定这些行为准则是否得到了遵守。

附录:用于确定智能投资顾问属性的特征

商业模式。接受我们调查的公司主要采用以下不同类型的商业模式:面向消费者的独立投资咨询公司(独立,B2C)、基金公司面向消费者的投资咨询公司(基金公司,B2C)、基金公司的咨询工具(基金公司;B2B2C)以及独立的投资咨询工具(软件服务,B2B)。

补偿性付款。在这里是投资顾问从客户以外的其他方面收取的并导致服务发生偏差的付款。我们按这个指标把投资顾问分为:不收取补偿性付款(不收);收取包括在资产配置中的相关基金所收的费用;收取年金产品的佣金。

是否有真人顾问辅助。这个指标分为:纯智能(无真人顾问辅助);纯混合(总是有真人顾问提供辅助,且不收取额外费用);智能/混合(有购买真人辅助的选项);咨询工具(授权真人投资顾问与客户一起使用的自动化工具)。

资产是否自动再配置。在这里指客户个人的资产配置是否会随着本人年龄的增长或本人达到人生的里程碑阶段(如不再工作)而自动变更。这个指标分为"是""否"和"取决于顾问"三类。后一类是指咨询工具,它具有补充咨询顾问使用的任何资产配置方法的作用。

养老收入计算器。这个指标分"有"和"无"两种。"有"表示这项服务有自动化决策工具,根据客户披露的全部资产和收入来源建议退休后的消费或提出类似的个性化消费建议。

年金险服务支持。这个指标分"是""否"和"有真人顾问提供"。"是"表示这项服务在自动化养老收入计算器中包括年金险服务选项。"有真人顾问提供"表示为这项服务工作的真人顾问可以提供有关年金险的建议。

社会保险决策工具。这个指标分"有"和"无"。"有"表示这项服务提供一种帮助个人决定何时申领社会保险金并把社会保险金包括在任何养老收入工具中的工具。

医疗保险决策支持工具。这个指标分为"无""有真人顾问提供"和"工具在开发中"。"有真人顾问提供"表示为提供这项服务工作的真人顾问可以提供有关医疗保险计划的一般建议;"工具在开发中"表示,智能投资顾问会通知我们,它们正在开发一种类似于怡安翰威特和韦莱韬悦公司养老健康保险交易所目前已经投入使用的自动化决策支持工具。

参考文献

Agnew, Julie R. and Lisa R. Szykman (2011). 'Annuities, Financial Literacy and Information Overload' In *Financial Literacy: Implications for Retirement Security and the Financial Marketplace* (eds.) Olivia S. Mitchell and Annamaria Lusardi, 260–97. Oxford, UK: Oxford University Press.

Austin, J. T. and J. B. Vancouver (1996). 'Goal Constructs in Psychology: Structure, Process, and Content.' *Psychol Bull* 120(3): 338–75.

Baker, T. and B. Dellaert (2018). 'Regulating Robo Advice across the Financial Services Industry.' *Iowa L. Rev.* 103: 713.

Baker, T. and J. Simon (2002). *Embracing Risk: The Changing Culture of Insurance and Responsibility*. Chicago, IL: University of Chicago Press.

Barr, M. S., H. E. Jackson, and M. E. Tahyar (2017). *Financial Regulation: Law and Policy*. St. Paul: Foundation Press.

Barr, M., S. Mullainathan, and E. Shafir (2009). 'The Case for Behaviorally Informed Regulation,' in D. Moss and J. Cisternino, eds., *New Perspectives on Regulation*. Cambridge, MA: pp. 25–61.

Benartzi, S., A. Previtero, and R. H. Thaler (2011). 'Annuitization Puzzles,' *Journal of Economic Perspectives*, 25(4): 143–64.

Bengen, W. P. (1994). 'Determining Withdrawal Rates Using Historical Data.' *Journal of Financial Planning* 7, 4 (October): 171–80.

Beshears, J., J. Choi, D. Laibson, and B. Madrian (2009). 'The Importance of Default Options for Retirement Saving Outcomes: Evidence from the United States,' in

J. R. Brown, J. B. Liebman and D. A. Wise eds., *Social Security Policy in a Changing Environment*. Chicago, IL: University of Chicago Press, pp. 167–95.

Blanchett, D. M., M. Finke, and W. D. Pfau (2013). 'Low Bond Yields and Safe Portfolio Withdrawal Rates,' *The Journal of Wealth Management*, 16(2): 55.

Bodie, Z. and H. Prast (2012). 'Rational Pensions for Irrational People, Behavioral Science Lessons for the Netherlands,' in L. Bovenbyrg eds., *The Future of Multi-Pillar Pensions*. Cambridge, UK: Cambridge University Press, pp. 299–29.

Borghans, L., J. Heckman, B. Golsteyn, and H. Meijers (2009). 'Gender Differences in Risk Aversion and Ambiguity Aversion,' *Journal of the European Economic Association*, 7(2–3): 649–58.

Brown, J. R., A. Kapteyn, E. F. P. Luttmer, and O. S. Mitchell (2017a). 'Cognitive Constraints on Valuing Annuities,' *Journal of the European Economic Association* 15(2): 429–62.

Brown, J. R., A. Kapteyn, E. F. P. Luttmer, O. S. Mitchell, and Anya Samek (2017b). 'Behavioral Impediments to Valuing Annuities: Evidence on the Effects of Complexity and Choice Bracketing.' NBER Working Paper No. 24101. http://www.nber.org/papers/w24101 (accessed March 2, 2019).

Chai, J., W. Horneff, R. Maurer, and O. S. Mitchell. (2011). 'Optimal Portfolio Choice over the Life Cycle with Flexible Work, Endogenous Retirement, and Lifetime Payouts.' *Review of Finance*. 15(4): 875–907.

Chen, A., S. Haberman, and S. Thomas (2017). 'Optimal Decumulation Strategies during Retirement with Deferred Annuities.' https://ssrn.com/abstract=2911959 (accessed March 2, 2019).

Chernev, A., U. Böckenholt, and J. Goodman (2015). 'Choice Overload: A Conceptual Review and Meta-Analysis.' *Journal of Consumer Psychology*, 25(2): 333–58.

Choi, J. J., D. Laibson, B. C. Madrian, and A. Metrick (2003). 'Optimal Defaults.' *American Economic Review*, 93(2): 180–5.

Cook, K. A., W. Myer, and W. Reichenstein (2015). 'Tax-Efficient Withdrawal Strategies.' *Financial Analysts Journal*, 71(2): 16–28.

Dellaert, B. G. C., T. Baker, and E. J. Johnson (2017). *Partitioning Sorted Sets: Overcoming Choice Overload while Maintaining Decision Quality*. Columbia Business School Research Paper No. 18(2).

Dimmock, S. G., R. Kouwenberg, O. S. Mitchell and K. Peijnenburg (2016). 'Ambiguity Attitudes and Economic Behavior: Results from a US Household Survey.' *Journal of Financial Economics*. 119(3): 559–77.

Fidelity (2018). '4 Tax-Efficient Strategies in Retirement,' *Fidelity Viewpoints*. March 5. https://www.fidelity.com/viewpoints/retirement/tax-savvy-withdrawals (accessed March 2, 2019).

Financial Industry Regulatory Authority (FINRA) (2016). *Report on Digital Investment Advice*. FINRA Report. Washington, DC.

Fisch, J. E., M. Labouré, and J. A. Turner (2019). 'The Emergence of the Robo-advisor' in J. Agnew and O. S. Mitchell, eds., *The Disruptive Impact of FinTech on Retirement Systems*. Oxford, UK: Oxford University Press, pp. 18–37.

Fox, C. R. and A. Tversky (1995). 'Ambiguity Aversion and Comparative Ignorance.' *The Quarterly Journal of Economics*, 110(3): 585–603.

Gershman, S. J., E. J. Horvitz, and J. B. Tenenbaum (2015). 'Computational Rationality: A Converging Paradigm for Intelligence in Brains, Minds, and Machines.' *Science*, 349(6245): 273–8.

Gottlieb, D. and O. S. Mitchell (2015). 'Narrow Framing and Long-Term Care Insurance.' NBER WP 21048. *R&R*.

Handel, B. R. and J. T. Kolstad (2015). 'Health Insurance for "Humans": Information Frictions, Plan Choice, and Consumer Welfare.' *American Economic Review* 105(8): 2449–2500.

Hegarty, M., and M. A. Just (1993). 'Constructing Mental Models of Machines from Text and Diagrams.' *Journal of Memory and Language*, 32: 717–42.

Hoffman, A. and H. Jackson (2013). 'Retiree Out-of-Pocket Healthcare Spending: A Study of Consumer Expectations and Policy Implications,' *American Journal of Law & Medicine*, 39: 62–133.

Horneff, V., R. Maurer, O. S. Mitchell, and R. Rogalla. (2015). 'Optimal Life Cycle Portfolio Choice with Variable Annuities Offering Liquidity and Investment Downside Protection,' *Insurance: Mathematics and Economics*, 63: 91–107.

Horneff, W., R. Maurer, O. S. Mitchell, and M. Stamos (2009). 'Asset Allocation and Location over the Life Cycle with Survival-Contingent Payouts,' *Journal of Banking and Finance*, 33(9): 1688–99.

Hubener, A., R. Maurer, and O. S. Mitchell. (2015). 'How Family Status and Social Security Claiming Options Shape Optimal Life—Portfolios.' *Review of Financial Studies*, 29(1): 937–78.

Huffman, D., O. S. Mitchell, and R. Maurer (2017). 'Time Discounting and Economic Decision-making among the Elderly.' *Journal of the Economics of Ageing*. https://doi.org/10.1016/j.jeoa.2017.05.001 (accessed March 2, 2019).

Jackson, H. (2009). 'The Trilateral Dilemma in Financial Regulation,' in A. Lusardi eds., *Overcoming the Saving Slump: How to Increase the Effectiveness of Financial Education and Saving Programs*. University of Chicago Press, pp. 82–116.

J.P. Morgan Asset Management (2014). 'Breaking the 4% Rule.' https://am.jpmorgan.com/blob-gim/1383280103367/83456/RI-DYNAMIC.pdf?segment=AMERICAS_US_ADV&locale= en_US (accessed March 2, 2019).

Johnson-Laird, P. N. (1983). *Mental Models*. Cambridge, MA: Harvard University Press.

Laibson, D. (1997). 'Golden Eggs and Hyperbolic Discounting.' *The Quarterly Journal of Economics*, 112(2), 443–78.

Lam, Jonathan (2016). 'Robo-Advisers: A Portfolio Management Perspective.' Yale Department of Economics Senior Essay.

Klass, J. and E. L. Perelman (2019). '*The Transformation of Investment Advice: Digital Investment Advisers as Fiduciaries*' in J. Agnew and O. S. Mitchell, eds., *The Disruptive Impact of FinTech on Retirement Systems*. Oxford, UK: Oxford University Press, pp. 38–58.

Lancaster, K. J. (1966). 'A New Approach to Consumer Theory.' *Journal of Political Economy*, 74 (2): 132–57.

Liberman, N., and Y. Trope (2008). 'The Psychology of Transcending the Here and Now.' *Science*, 322(5905): 1201–5.

Mitchell, O. S. and J. Moore (1997). 'Projected Retirement Wealth and Savings Adequacy in the Health and Retirement Study.' NBER Working Paper No. 6240.

Muermann, A., O. S. Mitchell, and J. Volkman. (2006). 'Regret, Portfolio Choice, and Guarantees in Defined Contribution Schemes.' *Insurance: Mathematics and Economics*. 39: 219–29.

O'Neil, C. (2016). *Weapons of Math Destruction: How Big Data Increases Inequality and Threatens Democracy*. New York, NY: Crown Publishers.

Payne, J. W., J. R. Bettman, and E. J. Johnson (1993). *The Adaptive Decision Maker*. New York, NY: Cambridge University Press.

Philippon, T. (2019). 'The FinTech Opportunity' in J. Agnew and O. S. Mitchell (eds.), *The Disruptive Impact of FinTech on Retirement Systems*. Oxford, UK: Oxford University Press, pp. 190–217.

Polansky, S., P. Chandler, and G. R. Mottola (2019). 'The Big Spend Down: Digital Investment Advice and Decumulation' in J. Agnew and O. S. Mitchell (eds.), *The Disruptive Impact of FinTech on Retirement Systems*. Oxford, UK: Oxford University Press, pp. 129–48.

Salisbury, L. C. and G. Y. Nenkov (2016). 'Solving the Annuity Puzzle: The Role of Mortality Salience in Retirement Savings and Decumulation Decisions,' *Journal of Consumer Psychology*, 26(3): 417–25.

Schwarcz, D. and P. Siegelman (2015). 'Insurance Agents in the 21st Century: The Problem of Biased Advice' in D. Schwarcz and P. Siegelman, (eds.), *Handbook on the Economics of Insurance Law*. Cheltenham, UK: Edward Elgar Publishing, pp. 36–70.

Schwarz, N., H. Bless, F. Strack, G. Klumpp, H. Rittenauer-Schatka, and A. Simons (1991). 'Ease of Retrieval as Information: Another Look at the Availability Heuristic.' *Journal of Personality and Social Psychology*, 61(2): 195–202.

Scott, J. S., W. F. Sharpe, and J. G. Watson (2009). 'The 4% Rule – At What Price?' *Journal of Investment Management*, 7(3): 31–48.

Securities and Exchange Commission (SEC), Division of Investment Management (2017a). *Robo Advisers Guidance Update*. No. 2017–2. https://www.sec.gov/investment/im-guidance-2017-02.pdf (accessed March 2, 2019).

Securities and Exchange Commission (SEC), Office of Compliance Inspections and Examinations (2017b). 'Examination Priorities for 2017.' https://www.sec.gov/about/offices/ocie/national-examination-program-priorities-2017.pdf (accessed March 2, 2019).

Selbst, A. D. and S. Barocas (2018). 'The Intuitive Appeal of Explainable Machines.' *Fordham Law Review*, forthcoming.

Sethi-Iyengar, S., G. Huberman, and W. Jiang (2004). 'How Much Choice Is Too Much? Contributions to 401 (k) Retirement Plans.' *Pension Design and Structure: New Lessons from Behavioral Finance*, 83: 84–7.

Thornton, Nick (2018). 'Vanguard, Mercer Roll Out New Healthcare Cost Model. *Benefits Pro*, June 20, 2018. https://www.mercer.us/our-thinking/healthcare/new-model-for-estimating-healthcare-costs-in-retirement.html (accessed March 2, 2019).

Tversky, A., and D. Kahneman (1992). 'Advances in Prospect Theory: Cumulative Representation of Uncertainty.' *Journal of Risk and Uncertainty*, 5(4): 297–323.

van Schie, R. J., B. G. Dellaert, and B. Donkers (2015). 'Promoting Later Planned Retirement: Construal Level Intervention Impact Reverses with Age.' *Journal of Economic Psychology*, 50: 124–31.

Yaari, M. E. (1965). 'Uncertain Lifetime, Life Insurance, and the Theory of the Consumer,' *The Review of Economic Studies*, 32(2), 137–50.

Zeelenberg, M. and R. Pieters (2007). 'A Theory of Regret Regulation 1.0.' *Journal of Consumer Psychology*, 17(1): 3–18.

Zelinsky, E. (2012). *The Origins of the Ownership Society: How the Defined Contribution Paradigm Changed America*. New York, NY: Oxford University Press.

第十章　如何使基于金融科技的投资咨询服务能满足参与者的需要：教训和挑战

斯蒂芬·L. 德谢纳（Stephen L. Deschenes）
P. 布雷特·哈蒙德（P. Brett Hammond）

　　商品和服务的在线供应正在包括金融服务在内的许多行业迅速发展。在金融服务领域，网络创新往往聚焦于改造中台和后台业务，协助投资管理（前台业务），以实现规模经济和/或网络化效应。相比之下，现在我们正在目睹计算能力、互联网带宽和云计算能力在客户获取、服务、教育和咨询方面的应用。在这方面，网上智能投资咨询服务已经赢得了公众的关注，并且吸引了大量的风险投资，因为投资咨询服务有望通过数字化，能以较低的成本为个人投资者提供高质量的体验，从而对金融业产生颠覆性的影响。

　　虽然智能投资咨询服务可以说还处在起步阶段，但是，在我们从投资者和投资咨询服务提供商的角度观察到的几股可识别力量的作用下，我们已经可以从中总结出一些经验教训，并且不难发现这个行业正不断遭遇新的挑战。在这一章里，我们从投资者和服务提供商的角度来回顾智能投资咨询服务的目标和宗旨、不断发展的商业模式以及关于智能投资咨询服务的人口统计学数据、投资咨询服务"模式"和投资者行为的现有证据。我们的回顾表明，在客户这方面，不但富有的千禧一代投资者在使用智能投资咨询服务，而且其他希望使用移动终端快速、便捷地获得理财服务的人也在使用智能投资咨询服务。在企业这方面，早期的支持者曾预言智能投资咨询服务的出现会对投资咨询服务业产生颠覆性的影响。但实际上，无论是传统还是新创的投资咨询服务提供商，都在用智能投资咨询服务取代完全传统的"真人接触"式服务提供模式，同时还用智能投资咨询服务来招揽新客户和服务现有客户。此外，仅仅提供投资咨询服务是不够的；要想取得成功，企业还必须推销由被动交易所交易基金和共同基金完成并由投资咨询服务驱动的投资。

对于投资者和服务提供商来说，智能投资咨询服务的总体效果是降低个性化服务的价格，在让提供商提供不同的价格和定制点的同时，又能使用户从投资咨询服务谱系中选择不同的价格和定制点。因此，现在出现了很多不同形式的投资咨询服务，包括"纯"智能服务、辅之以"与真人顾问接触"的混合型服务、传统的面对面咨询（有时也辅以在线工具）以及包括推销目标日期基金和其他资产配置基金等低成本产品的投资咨询服务。

现在说哪种趋势强劲、哪种趋势疲软还为时过早，而不同的智能投资咨询服务模式在基本算法、由基本算法提供的咨询建议和易用性方面存在差异。在市场景气时，这些方面的差异可能不像在市场低迷时那么明显。最后，我们将考察智能投资咨询服务可能会带来怎样的体验，包括在行业洗牌期间会发生什么情况。我们还要考察进一步发展理财产品的潜力，其中包括能更好地管理市场波动风险的主动管理基金。显然，智能投资咨询服务给我们带来了很多希望，但迄今为止，几乎没有证据能够证明使用智能投资咨询服务的实际效果，比如资产配置方面的变化和对财务安全的长期影响。

如何看待智能投资咨询服务带来的体验

许多人可能会认为，智能投资咨询服务能带来怎样的体验完全取决于通过自动化工具向投资者提供的信息的性质、质量和呈现方式。因此，我们可以集中关注在线咨询背后的计算机算法、咨询建议的详细内容以及界面的外观和给人的感觉。但在实践中，这种投资咨询服务旨在解决的理财问题的复杂性，也对智能投资咨询服务能带来的体验产生巨大的影响。咨询服务系统的规范性，个人投资者包括目的、宗旨和行为在内的特点以及不同投资选项的可用性和适用性，都会对用户体验产生巨大的影响，而这些影响体验的因素反过来是由投资咨询服务提供商的目标和组织结构促成的。

正如菲什等人（Fisch et al., 2019）指出的那样，智能投资咨询服务往往涵盖在时间上选择不同的税前和税后资产配置和基金以及储蓄和消费支出，但很少涉及遗赠和税务策划。因此，智能投资咨询服务位于为客户提供量身定制的服务与服务受到监管这个连续统的一端，而金融或理财教育则位于这个连续统的另一端。智能投资咨询服务企业和顾问在不考虑客户个人状况的情况下提供关于储蓄、投资和资产配置好处的信息(见图10.1)。

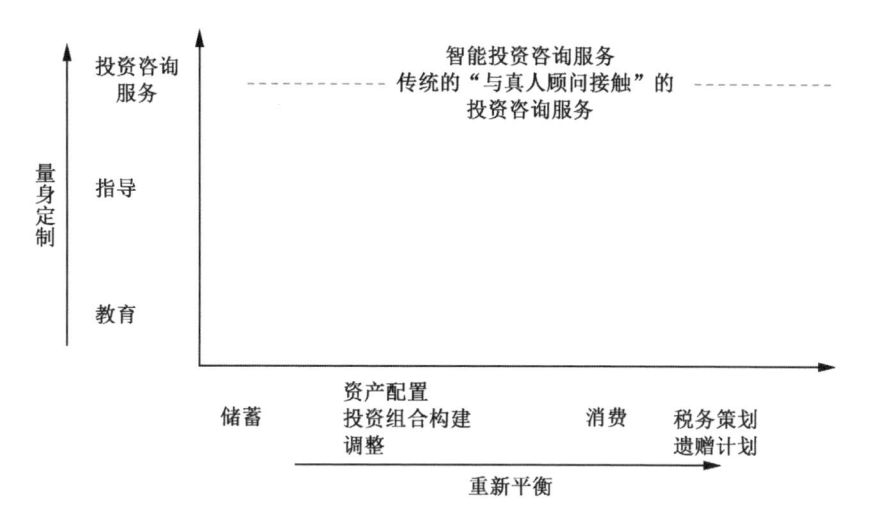

注:目前,智能投资咨询服务主要集中在资产配置、基金选择和调整(或重新平衡)方面。
资料来源:本章作者自己编制。

图 10.1　投资咨询服务空间中的量身定制服务及其复杂性

量身定制和复杂性。"指导"往往是指给客户提供关于储蓄目标和内容广泛的资产配置的建议,但一般不会推荐具体的证券或投资产品。相比之下,"提供投资咨询服务"不仅仅是教育和指导,而且还包括提出适合客户个人的理财产品的具体建议。因此,"提供投资咨询服务"意味着投资顾问已经收集到有关客户的必要和充分的信息,并对信息进行评估,以确定投资建议的适用性。[①] 接下来就是要解释充分和适当的投资建议的实际定义。

从投资者的角度看,他们接受投资咨询服务的总体目标是为了达到自己的理财目的而储蓄、投资和消费。从咨询服务提供商的角度看,他们提供投资咨询服务的目的是为投资者提供充分的服务,承担尽信义义务的责任,并聚集和/或留住资产。虽然投资者和投资咨询服务提供商的目标不尽相同,但双方都很关心效率问题,并关注对信息收集、评估和投资咨询服务交付成本与一生消费可能增长带来的好处之间的平衡。

---

① 理财教育、指导和咨询都有具体的监管定义。例如,英国财政部(HM Treasury,2017)报告了关于英国理财咨询覆盖范围的讨论。

理论研究表明,如果消费者能在生命周期的早期阶段接受投资顾问的投资组合和/或理财建议,那么就能在一生中每年增加 1.1% 的确定性等价消费(certainty-equivalent consumption)(Kim et al.,2016),或者在退休后每年增加 23% 的确定性等价消费(Blanchett and Kaplan,2013)。尽管这两项研究没有区分真人和智能投资咨询服务,但它们的结论特别适用于智能投资咨询服务,因为它们采用类似智能的系统和基于规则的方法对理财行为进行了分析。正因为如此,智能投资咨询公司声称它们能提供投资顾问所能提供的部分或大部分定制服务;同时,它们通过可记录、可复制和可重复的软件算法,并且以较低的成本系统和精确地提供定制服务。智能投资顾问的不同之处在于它们的数字化、自动化和易用性潜力。凭借这些潜力,智能投资顾问能够以较低的成本,为现有客户和新客户提供系统化的投资咨询服务(见图 10.2)。

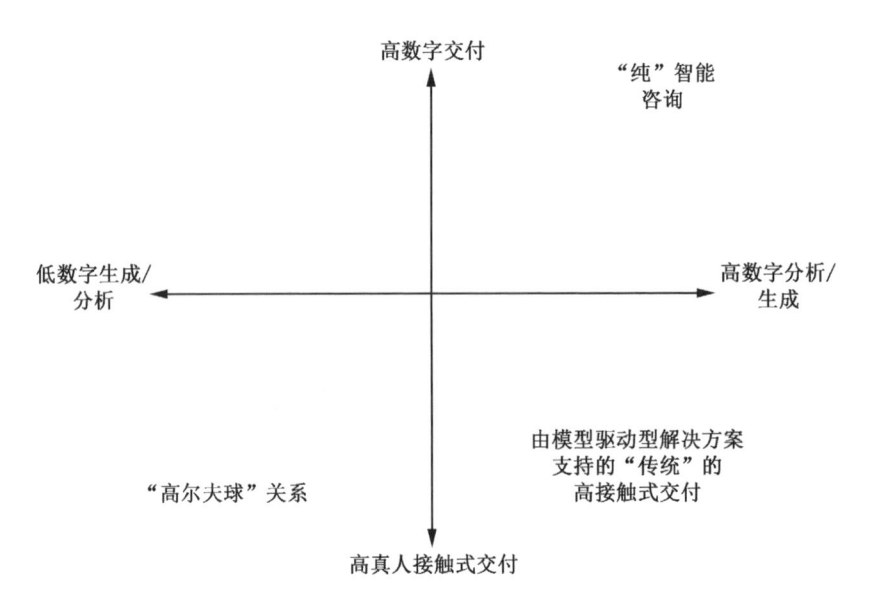

资料来源:本章作者编制。

图 10.2 咨询意见生成和交付数字化

有许多不同的组织结构安排都与智能投资顾问有关。在有些情况下,独立的智能投资顾问会在线提供投资咨询服务;而在另一些情况下,经营各种业务的理财服务公司把自动化资产配置咨询服务作为众多服务手段之一,帮助投资顾问一对一地与客户互动,构建和管理投资组合,并做出其他理财策划决策(见表 10.1)。

第十章　如何使基于金融科技的投资咨询服务能满足参与者的需要：教训和挑战　173

表 10.1　　　　　　　美国市场上的智能投资咨询服务类型与提供企业

服务类型	服务说明	受托管理水平	服务对象	例子
指导	评估投资组合以确定所推荐的资产配置方案	无自由处置权；无投资咨询服务	全体达到资产阈值的客户免费享受；其他客户付费享受	"亿创理财"网上顾问
理财策划	对投资组合进行一次全面审核，以确定达到理财目标的可能性；提出旨在实现理财目标的储蓄率、提现率、优化配置和投资方面的建议	无自由处置权；提供咨询服务		先锋集团理财策划团队
账户管理	提供商确定适当的资产配置和投资，并持续负责投资组合管理	通常有自由处置权；提供咨询服务	客户根据咨询服务付费；账户最低资产额不同，最低为 2 万美元	富达公司投资组合投资咨询服务部
私人客户	提供商确定适当的资产配置和投资方案，并持续负责投资组合管理；客户可获得税务、遗赠和理财策划等其他必要的服务	有自由处置权；提供投资咨询服务	客户按资产额付费最低资产额通常为 50 万美元左右	嘉信理财公司私人客户部
注册投资顾问推荐	提供商把寻求投资咨询服务的客户介绍给委托提供商保管资产的本地注册投资顾问	无	有更复杂理财需要的客户	明道证券公司美国交易公司顾问指导部

资料来源：本章作者根据自己完成的咨询产品和服务调查编制。

智能投资咨询服务经历了演化，而不是革命

　　智能投资咨询服务的自动化或数字化特征并没有完全成型。最早是增值公司从 2008 年开始提供智能投资咨询服务，然后财富前线公司紧随其后，早期智能投资咨询服务的重点是调整目标日期基金（Scott-Briggs,2016）。后来，这种投资咨询服务在一家名叫"明特"（Mint）的网上支票账户聚合公司的推动下卖给了财捷集团（Intuit）（Future Advisor,2015）。然而，这种智能投资咨询服务的硅谷中心观并没有充分关注像艾普达（Mpower）和理财引擎（Financial Engines）这两家为雇主和雇员服务的新创企业这样更早的智能投资咨询服务先驱。例如，理财引擎公司、伊博森（Ibbotson）公司等独立的智能投资咨询公司，在雇主正设法向雇员提供理财建议的时候，通过缴费确定型养老金计划提供税前资产配置和储蓄投资咨询服务。根据美国有关法律的规定，雇主必须通过独立的投资咨询机构向雇员提供投资咨询服务。

　　无论是从接受投资咨询服务的人数还是投资咨询服务企业的收入情况来

看,最初采纳这种咨询建议的情况都令人失望。后来,伊博森公司被卖给了晨星公司(Morningstar),理财引擎公司和晨星公司都表示愿意管理它们提供投资咨询服务的资产。到了2018年,理财引擎公司为近150家《财富》500强企业雇主发起的员工退休计划开设了近100万个咨询和管理账户,并通过富国银行(Wells Fargo)管理的401(k)计划平台争取到了越来越多的客户(Toonkel and Randall,2015)。

最近,理财引擎公司改做401(k)账户管理收入和个人养老金账户滚存存款的业务。这种税前和(或)税后资产咨询加管理的商业模式,如今已经成为独立公司和金融服务集团的行业标准。此外,富达公司、先锋集团和美国教师保险和年金协会(TIAA)等传统理财机构也开始把提供在线投资咨询服务作为一种留住已经吸引到的资产和通过附加服务吸引更多资产的手段。

智能投资咨询服务流程

智能投资咨询服务的流程和模式不尽相同,不但是因为它们涵盖的内容不同,而且还因为真人顾问参与的力度不同。许多投资者通过网络、广播或电视广告、口碑营销、某个雇主的员工退休计划,在某些情况下是通过投资顾问的推荐来了解智能投资顾问。以上这些方式中的一种或几种方式促使我们去访问智能投资顾问网站。总的来说,这种投资咨询服务的采纳流程包括最初的认识、评估、建模、结果和建议以及后续行动等步骤。每一个步骤都可以在网上完成,也可以通过电话或与真人投资顾问进行面对面的互动。

评估。投资咨询服务通常通过要求投资者填写网上调查问卷来评估投资者的目标、财务状况和个人特点。就像智能投资咨询服务的其他方面一样,业内调查问卷的用途和质量各不相同。这种评估被用来衡量投资者的风险认知、容忍度和承受能力,这几个指标通常会被概括在一张风险容忍度评分表中,分"保守""适度保守""适中""适度激进"或"激进"五个等级。在投资者已经发生关系的理财公司,投资者的一些财务和个人信息可从他们在这家机构的往来账户中获得。

有人对这种衡量风险容忍度和与风险感知有关的反应的方法提出了质疑,因为行为研究已经表明,人类经常以一种看似非理性的方式行事。相关文献中的例子包括非对称性风险厌恶(前景理论)、锚定效应和"赌资"效应(赢20%后输20%的感觉被认为不同于输20%后再输20%的感觉)。其他的行为因素还有"双重自我"说中的实际行为不同于自我预测行为。

然而,心理学文献支持使用效度已经过验证的调查问卷。例如,用来评估损失厌恶和先前理财决策自我评估风险的问题被认为可用来解释投资者的投资组合和投资决策变化(Guillemette et al.,2012)。一方面,客户的风险自我评估和效度已得到验证的调查问卷已经被证明比投资顾问的评估更能确定客户的风险容忍度(Roszkowski and Grable,2005;Elsayed and Martin,1998);另一方面,风险调查问卷很少进行效度或信度心理测量检验,许多调查问卷的问题设计得很差,把风险容忍度和风险承受能力混为一谈,无法识别高度厌恶风险的投资者(Kitces,2016),也很难识别理财素养差的客户。

另一种作为评估个人风险特征的替代性方法赋予投资者的每个投资目的一定的风险。举例来说,所有为上大学而储蓄的投资者都有相似的风险,而养老储蓄或用于租房的储蓄则被赋予不同的风险。不同目的的投资也可被赋予相对较大的权重,就像威利塔(Veritat)和财富平台(WealthBench)公司所做的那样(Weinrich,2012)。虽然这种策略要求个人识别、制定理财目标并对它们进行排序,但它确实有助于我们避免掉入个人风险容忍度评估的潜在陷阱。

资产配置和基金选择的计算器。智能投资顾问使用形式化模型来生成投资和储蓄建议,其中的许多模型都是根据现代投资组合理论构建的。这些模型的输入数据包括投资者的风险厌恶程度、年龄、流动资产和其他信息,以及投资咨询服务提供商对预期资产回报、波动性和相关性的估计。模型有很多功能,从相当简单的提供资产整体配置和基金组合的建议到还提供综合性的保险、信托、遗赠计划及其他理财规划产品和服务的咨询建议。

毫不奇怪,智能投资顾问的资产配置和基金选择模型会根据对资本市场过程的统计假设生成不同的结果,采用历史收益率和波动率、估计预期输入数据和贝叶斯方法来进行分析,而所有这些数据和方法都会生成不同的预测。智能投资顾问的模型还可以使用不同的业绩衡量周期进行重新估计,并采用历史采样频率。共同基金业需要基金基准,而且处处需要。智能投资咨询业与共同基金业不同,还没有在资本市场假设、业绩衡量周期或"要解决什么"等方面建立标准。此外,智能投资顾问很少公开自己的模型和输入数据,因此不可能对它们采用的方法论和方法进行比较。当然,历史证据可能具有误导性,正如在金融危机期间,传统上不相关的证券变得高度相关。

咨询建议交付。现实中,已经出现各种各样的智能咨询建议交付系统。一些投资咨询服务提供商,如橡实公司(Acorns),可以让新客户把一个应用软件下载到手机上。然后,用户输入自己的基本信息,就能获得资产配置和基金选择的咨询建议;通过个人银行账户转账,上线运行10分钟就能把事情搞定。另一些投资咨询服务提供商与独立公司或金融服务集团的投资顾问密切合作。这些投资顾问专注于包括初次谈话在内的沟通、建议交付、投资组合构建和其他后续工作。自动化的建议交付系统负责接收投资者输入的数据并生成咨询建议,然后由投资顾问把建议转达给客户。先锋等一些公司在不同的价格点上提供不同程度的"真人接触"式服务。

投资者的接受程度。根据关于高净值家庭(可投资资产超过10万美元)的行业调查,许多客户似乎认为随时获得有关自己投资组合的信息十分重要(Cerulli Associates,2017)。不管通过什么渠道[银行、电线屋经纪人(wirehouse)、投资顾问、直接投资机构、养老金计划管理公司]或资产规模如何,有20%～30%的高净值投资者使用在线工具和计算器,30%～55%的高净值投资者通过在线工具查看自己的账户或进行交易。即使在那些目前还没有使用智能投资顾问的投资者中,也有20%～45%年龄在40岁以下的投资者"多少有可能"或"很可能"使用智能投资顾问,但年龄更大、更富有的投资者使用智能投资顾问的可能性要小得多。

值得注意的是,大约80%的受访者表示,除了先锋集团和嘉信理财公司外,他们大多没有听说过其他智能投资咨询服务提供商。只有2%～5%的受访者表示,他们使用了13家最著名的智能投资咨询服务提供商提供的智能投资咨询服务(Cerulli Associates,2017)。那些已经这样做的受访者表示,他们这样做的主要原因是这种服务使用方便、费用又低。在不太可能使用数字投资咨询服务的投资者中,有近60%的投资者更喜欢与真人投资顾问,而不是与技术互动;而且在40岁以下的投资者中有多达40%的人表达了这种观点。

尽管到目前为止,只有一小部分投资者真正采纳智能投资顾问的建议,但千禧一代和更年轻的群体似乎比他们的前辈更容易接受智能投资顾问的建议。在年龄较轻的投资者中,收入和净值较高、上网方便以及愿意承担更多风险的投资者使用智能投资咨询服务最多(Cohen,2018;Cerulli,2017)。值得注意的是,使用智能投资咨询服务的投资者是用新资产,而不是转移已经委托理财经理人管理的资产来投资(Cerulli,2017)。换句话说,智能投资咨询服务目前正在被用来进行增量储蓄,从而影响了这个行业可能的增长速度。

投资者的行为及其影响

说到底,我们最关心的是智能投资咨询服务会怎样影响投资者的消费、退休后的收入和总体福祉。如上所述,理论研究预测到未来这些方面的改善,但现实世界中的相关证据寥寥无几。华沙夫斯基和阿梅里克斯(Warshawsky and Ameriks,2000)、博迪(Bodie,2003)、考特立佛夫(Kotlifoff,2006)、多德等人(Dowd et al.,2008)以及特纳(Turner,2010)的早期研究都对智能投资顾问提供的咨询建议进行了评估,并且发现了显而易见的缺陷。具体而言,他们发现的缺陷包括收集财务信息太少,风险容忍度假设依据不足,没有审核总体净值,资产配置模型和咨询建议过于简单,客户端界面经常令人困惑不解。

最近,比较智能投资顾问提供的服务变得十分流行,而且可以在各种理财网站上都看到(例如,Investor Junkie、Investopedia、Kiplinger、Motley Fool 等网站)。然而,这方面的比较大多是关注网站的功能和易用性,很少检验咨询服务产生的结果或影响。怡安翰威特理财引擎公司(Aon Hewitt Financial Engines,2014)对智能投资顾问提出的咨询建议进行了比较系统的考察,具体研究了 14 个大型缴费确定型养老金计划项目提供的三种"帮助"或咨询建议,内容包括目标日期基金、托管账户以及基于 2006～2012 年数据的在线咨询。在此期间,只有 5.4% 的养老金计划参与者使用在线或智能投资咨询服务,相比之下,分别有 17% 目标日期基金计划参与者和 12% 托管账户持有人使用在线或智能投资咨询服务,而其余的(略低于 65%)都是"自主投资者"。[1] 在某些计划中,对目标日期基金的使用主要是由某些计划自动注册("退出")功能驱动的,而对托管账户和智能投资咨询服务的使用则完全是由"加入"功能驱动的。

至于投资回报,2006～2012 年期间,选择任何形式"帮助"或投资咨询服务的计划参与者,与没有选择"帮助"或投资咨询服务的参与者相比,年度净回报率要高出 3%;那些既使用目标日期基金又进行自主投资的计划参与者与完全自主投资的参与者相比,年回报率大约高出 90 个基点。但他们的回报率明显低于接受任何形式帮助或投资咨询服务的计划参与者(每年大约要少 2% 的回

---

[1] 为了便于计算,参与者持有的目标日期基金必须至少占其资产的 95%。

报率)。值得注意的是,使用不同帮助或投资咨询服务的计划参与者之间的回报率差异可以忽略不计。

先前的研究已经证实,对长期财务安全影响最大的因素是个人缴费率,其次是缴费期限的长短(Hammond and Richards,2010)。因此,应该注意,怡安翰威特理财引擎公司(Aon Hewitt Financial Engines,2014)的研究表明,在所有计划参与者群体中,接受网上投资咨询服务的计划参与者缴费率最高,平均为9%,托管账户持有人的缴费率是7.5%,自主投资计划参与者的缴费率是6.6%,而目标日期基金计划参与者的缴费率则只有4.4%。虽然托管账户持有人年龄比在线投资咨询服务用户大,但在线投资咨询服务用户的平均账户余额明显高于其他计划参与者。

以上这些数据虽然并非最具权威性,但能够表明,至少在中短期内,使用投资咨询服务(包括智能投资顾问提供的投资咨询服务),能取得较好的结果。虽然我们无法知道求助于投资咨询服务的投资者倘若没有求助于投资咨询服务是否能比没有求助于投资咨询服务的投资者做得更好,但可以肯定的是,投资咨询服务,包括智能投资顾问提供的投资咨询服务,不会造成危害,而且可能会带来助益。

在本书菲什等人(Fisch et al.,2019)写的那一章里,作者详细考察了这些模型的性质和智能投资顾问实际提供的咨询建议的质量,结果发现:虽然个人投资者在重复访问同一投资咨询服务提供商的网站后可能会得到相同的咨询建议,但由于评估风险容忍度和财务状况、基础模型和模型输入数据的方法不同,不同的投资咨询服务提供商可能会向投资者提供不同的咨询建议。有些模型已经通过了它们推荐的投资组合在一个完整的商业周期里的表现的验证,而另一些模型则没有经过一个完整商业周期的验证。值得注意的是,许多研究都存在自主选择的问题,也就是说,不管投资顾问提出什么样的建议,求助于投资顾问的投资者(与没有求助于投资顾问的投资者相比)更有可能采取对他们的财富和一生消费产生积极影响的措施。

马斯登等学者(Marsden et al.,2011)控制自主选择的研究表明,与投资顾问合作时,某些类型的活动(如设定目标、计算养老金需要、投资组合多样化)就会增加,但对储蓄率和短期资产价值没有显著的影响。其他一些证据来自对投资顾问和经纪人的比较,因为后者并不需要按照客户利益最大化的原则行事。一项实验(Guillemette and Jurgensen,2017)和一项比较研究(Martin and

第十章 如何使基于金融科技的投资咨询服务能满足参与者的需要：教训和挑战 179

Finke,2012)都表明,与经纪人的咨询建议相比,注册投资顾问的建议能使投资者的账户出现较大的余额。查尔莫斯和罗伊特(Chalmers and Reuter,2012)的一项比较研究得出的结论是,与经纪人建议相关的投资结果要比自主投资组合和目标日期基金差得多。赫希勒等人(Hoechle et al.,2018)对考察自主选择的研究表明,与跟踪大盘基准的银行客户相比,接受银行投资顾问建议的银行客户业绩较差。但总的来说,这些研究并没有把重点放在智能投资顾问身上。

一项仍在进行的案例研究

秃鹰资本公司(Condor Capital,2018)赞助了一项值得关注的研究,这项仍在进行中的研究通过跟踪在20家知名智能投资咨询公司开设应税和税收递延账户的方式来关注智能咨询建议的影响,这20家智能投资咨询公司有几家是独立经营的公司,另一些是经营范围更大的金融服务公司的分支机构。[①] 已经开设的应税账户采用适合具有中等风险容忍度的长期投资者的数据,而税收递延账户则采用了适合风险容忍度较高的长期投资者的数据。重要的是应该记住,在分析结果时发现,这种研究受限于较短的时间框架(两年或不到两年)和许多未知变量的影响,包括用于建立投资组合的具体基金以及投资咨询服务提供商改变资产配置的时间。

据秃鹰资本公司报告,几个有关应税账户的结果值得关注,而有关税收递延账户的调查和相对比较结果也大致相似。首先,投资咨询公司之间和内部的智能投资咨询服务收费因客户的资产规模而异。在某些情况下,收费差别还取决于账户持有人只使用数字平台还是求助于真人顾问作为补充。如表10.2所示,只使用数字平台的应税账户收费从(每年)占账户资产额的零个基点到大约90个基点不等,但大部分是在25~30个基点之间;客户的最低投资额也有所不同,从零到10万美元不等。

[①] 据秃鹰资本公司报告,这项由它赞助的正在进行的研究由后端基准公司(Backend Benchmarking)具体负责。这并不是说一些著名的公司没有被包括在这项研究中,理财引擎公司就是其中最著名的公司,它是创建最早而且是最成功的智能投资咨询公司之一。

表 10.2　20 家接受调查的智能投资咨询公司的应税账户收费和最低投资额规定

公司名称	收费标准	账户最低投资额规定
橡实公司(Acorns)	余额小于 5 000 美元,每月收费 1 美元;余额大于 5 000 美元每年按 25 个基点收费	无
联合金融公司(Ally Financial)	每年按 30 个基点收费	2 500 美元
增值公司(Betterment)	只提供数字咨询服务,每年按 25 个基点收费;加其他服务(无限制在线聊天,每年一次电话咨询真人顾问)按 40 个基点收费;特优服务(无限制聊天和电话咨询)按 50 个基点收费;如果资产超过 200 万美元,不收费用	只提供数字咨询;无其他服务和特优服务,最低限额为 10 万美元
女性投资公司(Ellevest)	只提供数字咨询服务,按 25 个基点收费;特优服务(可访问真人顾问)	只提供数字咨询,没有限额规定;提供特优服务,最低限额 5 万美元
电子交易公司(交易所交易基金)[E*Trade(ETFs)]	每年按 30 个基点收费	5 000 美元
来富达公司(Fidelity Go)	每年按 35 个基点收费	5 000 美元
未来顾问公司(FutureAdvisor)	每年按 50 个基点收费	10 000 美元
可对冲公司(Hedgeable)	余额小于 5 万美元,每年按 75 个基点收费;余额在 100 万美元及以上,按递减至 30 个基点的费率收费	没有限额规定
美林优势公司(Merrill Edge)	每年按 4 个基点收费	5 000 美元
个人资本公司(Personal Capital)	余额小于 100 万美元,每年按 89 个基点收费;余额在 100 万美元及以上的,费率递减	10 万美元
嘉信理财公司(Schwab)	只提供数字投资咨询服务,不收费;访问真人顾问,每年按 28 个基点收费	5 000 美元
有效数字公司(Sigfig)	余额小于 1 万美元不收费;余额大于 1 万美元,每年按 25 个基点收费	2 000 美元
索菲公司(SoFi)	余额小于 1 万美元,不收费;余额大于 1 万美元,每年按 25 个基点收费;如果客户向索菲公司借款,不收费	100 美元
宏达理财公司(TD Ameritrade)	"基本"余额,每年按 30 个基点收费;账户余额超过"基本"余额的,根据资产规模和投资组合的"选择性"余额分级收费	"基本"余额 5 000 美元;"选择性"余额 25 000 美元
美国教师保险和年金协会(TIAA)	每年按 30 个基点收费	5 000 美元
先锋集团(Vanguard)	余额小于 500 万美元的,每年按 30 个基点收费;超过 500 万美元的,按递减费率收费	50 000 美元
财富前线公司(WealthFront)	余额小于 1 万美元的,不收费;余额大于 1 万美元的,每年按 25 个基点收费	500 美元

第十章　如何使基于金融科技的投资咨询服务能满足参与者的需要：教训和挑战

续表

公司名称	收费标准	账户最低投资额规定
理财简单公司（Wealth Simple）	余额小于10万美元的，每年按50个基点收费；余额大于10万美元的，每年按40个基点收费	无
怀斯班杨公司（Wise Banyan）	不收费	无
扎克优势公司（Zack's Advantage）	余额小于10万美元的，每年按50个基点收费；余额大于10万美元的，每年按35个基点收费	5 000美元

资料来源：根据秃鹰资本公司赞助的研究的结果编制。

想必，低收费和低最低投资额的智能投资咨询服务产品要通过投资管理和其他收费来进行交叉补贴。如果咨询公司提供"特优"服务或"选择性"服务（即客户可与真人顾问互动），那么，收费就会比纯数字服务高15～25个基点，总收费在40～50个基点之间。这可以与托管账户比较，托管账户的收费通常至少是这种服务收费的两倍。请注意，许多智能咨询公司提供的特优服务，都规定较高的账户最低投资额。

其次，我们比较了资产配置和基金选择的结果。对于中风险容忍度的长期投资者来说，经典的经验法则是60/40的投资组合（60%的股票和40%的债券，预期年波动率约为10%）。在表10.3中，我们可以看到20家智能投资咨询公司中有11家对相似投资者的股票配置与经典配置（60%）相差不到2个百分点。

表10.3　20家接受调查的智能投资咨询公司应税账户不同资产在资产配置中的占比与国内、外股票占比

公司名称	2017年 股票	2017年 固定收益证券	2017年 杂项资产	2017年 现金	2018年 股票	2018年 固定收益证券	2018年 杂项资产	2018年 现金	2017年 国内	2017年 国际	2018年 国内	2018年 国际
橡实公司	62	38	0	0	62	38	0	0	**84**	**16**	75	25
联合金融公司	59	38	2	1	61	37	0	3	69	31	59	41
增值公司	65	35	0	0	65	35	0	0	**49**	**51**	49	51
女性投资公司	62	36	0	2	56	**41**	0	2	71	29	63	73
电子交易公司	60	39	0	1	61	36	0	2	75	25	76	24
来富达公司	61	39	0	0	60	40	0	1	71	29	70	30
未来顾问公司	59	**41**	0	0	59	39	0	0	49	51	45	55
可对冲公司	**56**	34	**8**	2	59	32	**8**	2	79	21	**79**	**21**
美林优势公司	60	39	0	1	60	36	0	4	66	34	64	36

续表

公司名称	在资产配置中的占比(%)								国内外股票占比			
	2017年				2018年				2017年		2018年	
	股票	固定收益证券	杂项资产	现金	股票	固定收益证券	杂项资产	现金	国内	国际	国内	国际
个人资本公司	**68**	25	5	2	**71**	24	4	**11**	70	30	69	31
嘉信理财公司	62	**23**	5	**10**	64	**22**	4	**11**	51	49	51	49
有效数字公司	61	37	0	2	63	35	0	2	59	41	60	40
索菲公司	60	40	0	0	60	40	0	0	67	33	66	34
宏达理财公司	65	33	0	0	**71**	28	0	0	65	35	60	40
美国教师保险和年金协会	61	37	0	3	62	36	0	2	61	29	71	29
先锋集团	59	**41**	0	0	62	38	0	0	61	29	60	40
财富前线公司	58	**41**	0	1	63	35	0	2	69	31	70	30
理财简单公司	62	38	0	0	62	38	0	0	66	34	66	34
怀斯班杨公司	65	35	0	0	65	35	0	0	62	38	63	37
扎克优势公司	58	32	0	9	**58**	32	0	9	72	38	72	28

资料来源:根据秃鹰资本公司赞助的研究的结果编制。

总的来说,股票配置比例从56%到71%不等,固定收益证券的配置比例从22%到41%不等,而"杂项"投资和现金的占比则从0%到15%不等。在股票配置中,国内股票(与国际股票相对应)的占比从45%到75%不等。

值得注意的是,无论是从股票和固定收益证券占比还是国内和国际股票占比的角度看,许多智能投资咨询公司都是主动型资产配置者,它们动态甚至策略性地管理自己受托管理的投资组合。例如,虽然增值公司在过去的两年里没有改变它的资产配置比例,但宏达理财公司(TD Ameritrade)把股票占其资产配置的比例从65%提高到了71%,并把其国内股票的配置比例从65%降低到了60%。关于秃鹰资本公司赞助研究(Condor Capital,2018)的基金,我们发现智能投资咨询公司通常使用指数基金,特别是股票指数基金。因此,毫不奇怪,智能投资咨询公司的全部股票配置都表现出类似于大盘股混合基金的表现,而且明显倾向于大盘股,略微倾向于成长股。智能投资咨询公司资产配置中的固定收益证券比例各不相同,有些公司青睐市政债券、通胀保值债券(TIPS)和美国国库券,另一些公司偏爱新兴市场国家的固定收益证券,而还有一些公司则更接近"保持中立"。几乎所有智能投资咨询公司的固定收益资产配置对公司

第十章 如何使基于金融科技的投资咨询服务能满足参与者的需要：教训和挑战

债券、高收益债券和抵押贷款支持证券均保持中立或持负面态度。

最后，我们在图10.3和图10.4中比较了中等风险容忍度投资者的投资业绩。7家智能投资咨询公司为期两年的投资，总回报率从21%到27%不等（折合成年回报率为10%~13%）。同样是这7家智能投资咨询公司，夏普比率令人印象深刻，从1.5%（橡实公司）到2.2%（嘉信理财公司）不等。当然，这些结果表明近期股市表现强劲。在市场低迷时期，能更好地检验智能投资顾问能发挥怎样的作用，我们观察有两年历史的账户的上行和下行捕获率，就能清楚这一点。图10.5显示，下行捕获率较低（即降幅小于大盘降幅）的智能投资咨询服务提供商位于左边，而那些上行捕获率较高（即涨幅大于大盘）的智能投资咨询服务提供商处于较高的位置，因此，处于较高位置和位于左边的提供商有更高的上行捕获率和较低的下行捕获率。

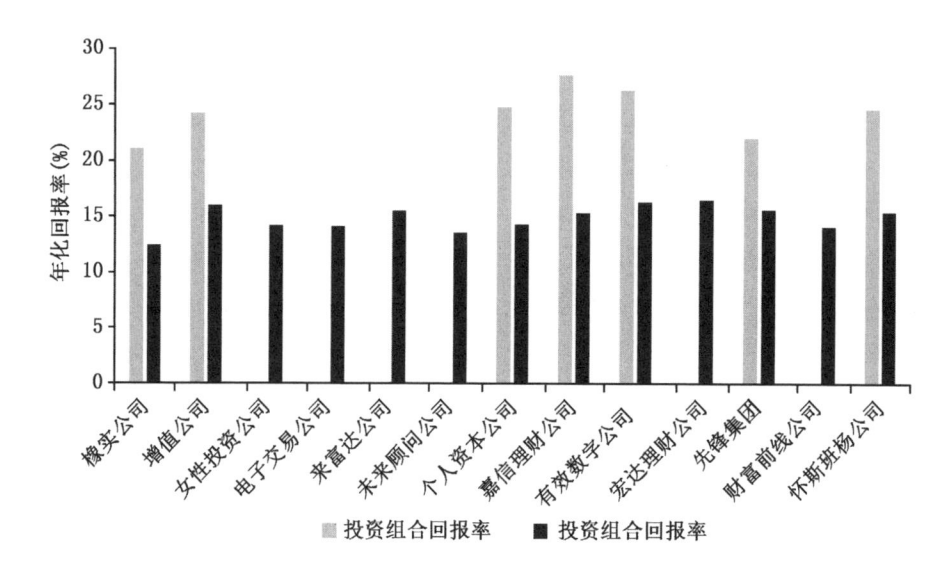

注：秃鹰资本公司和后端基准公司报告称，它们于2016年初在20家智能投资咨询公司开设了7个账户，又在2017年初另外开设了14个账户。

资料来源：Condor Capital(2018)。

图10.3 20家智能投资咨询公司中等风险容忍度投资者的应税账户投资组合和资产回报率(%)

有两个提供商（先锋集团和增值公司）位于正中间，它们的资产配置构成相同（65/35），在两年内没有发生变化。值得关注的是，嘉信理财公司资产配置中的股票比例几乎相同（64%），但固定收益证券的占比较低，现金的比例较高

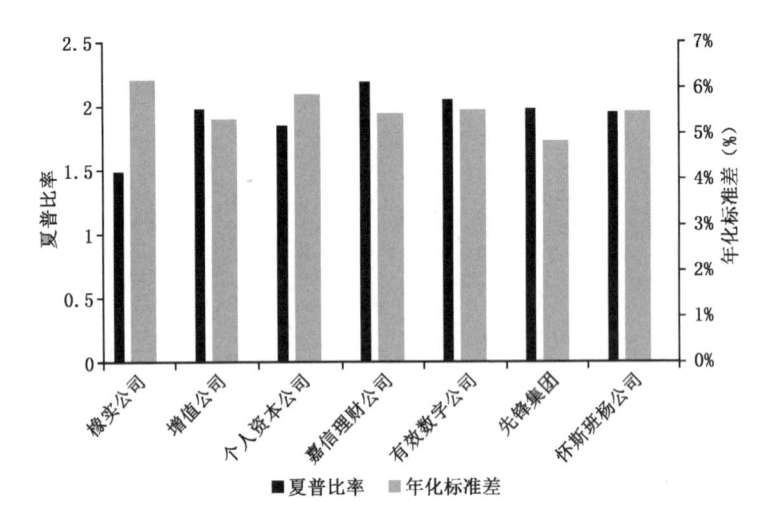

184　金融科技:养老保障体系的革新力量

资料来源:Condor Capital(2018).

图 10.4　7 家智能投资咨询公司应税账户 2 年年化风险/回报率统计(截至 2017 年底)

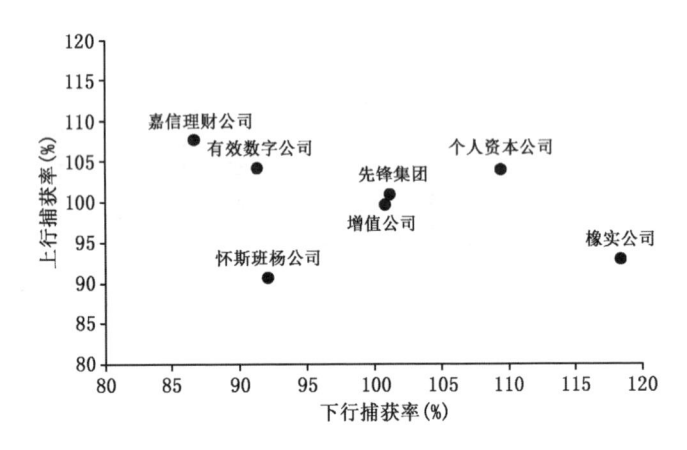

资料来源:Condor Capital(2018).

图 10.5　7 家智能投资咨询公司 2 年回报率上行捕捉率和下行捕捉率(截至 2017 年底)

(10%～11%),这可能提供了下行保护,同时保留了股票的敞口风险。另一方面,虽然橡实公司的股票配置比例略低(62%),但它在国内股票上的配置是全体样本提供商中最高的。因此,近期国际股市的出色表现导致橡实公司客户的投资回报率下降,并且限制了对资产配置的下行保护作用。

在未来的几年里,秃鹰资本公司的研究项目将对智能投资咨询公司的影响和特点产生更长远的结果。只有到那时,我们才能就智能咨询建议对投资者福祉的长期影响得出更加可靠的结论。

结束语

迄今为止,主要是年龄较轻、经济比较富裕的投资者求助于智能投资咨询服务,因此,智能投资咨询服务在使用上的变化可能是渐进且群体驱动型的。与大多数传统的投资咨询服务和理财产品需花费的时间、填写表格的数量、签名和面对面沟通相比,智能投资咨询服务易于获得和使用似乎吸引了这些投资者。还有令人憧憬的早期证据表明,与未使用网上投资咨询服务的投资者相比,使用这种服务的投资者在实现更多储蓄的同时还能提高投资回报率。

虽然智能投资咨询服务似乎没有对提供这类服务的企业产生重大的颠覆性影响,但这个行业正在发生变化。独立的智能投资咨询公司数量急剧增加,早期的智能投资咨询公司不直接参与资产管理,根据自己提供的投资咨询服务收费,现在转变为根据自己提供的嵌入管理账户的服务收费。此外,传统的投资公司和投资顾问正在收购新创的智能投资咨询公司,从它们那里获得技术许可,并创建新的分层式投资咨询服务模式。这些传统公司也在采用所谓的"半机器人"("部分真人、部分智能")解决方案,就像银行柜员与客户面对面互动的银行业务演变成一种包括网上银行业务在内的服务方式。就像有可能通过提供其他服务那样,投资咨询公司通过提供智能投资咨询服务来吸引和留住那些因这种服务的易用性和他们自己资产而被吸引的客户。

市场低迷是智能投资咨询服务业接下来要面对的一个严峻考验。一些独立的智能投资咨询新创公司已经经历了至少一次重大的市场洗牌,并且幸运地生存了下来(如理财引擎公司和另外一些在全球金融危机前已经创建的智能投资咨询公司)。我们可以预期,智能投资咨询公司在资产配置和咨询建议交付方面的差异将在下一次市场洗牌中凸显出来。

但是,我们仍需进一步了解智能投资咨询服务的内容和模式以及行业组织和服务交付如何影响客户行为的问题。其中的一个相关问题是,智能投资咨询服务是否消除了提高消费者金融知识素养的需要。而更加重要的是,一般的投资咨询服务,特别是智能投资咨询服务,提出了一些超出本章讨论范畴的法律和监管问题。贝克和德拉埃特(Baker and Dellaert, 2019)、菲什等人(Fisch et al.，2019)以及波兰斯基等人(Polansky et al.，2019)在本书的其他章节中讨论了其中的一些问题。

参考文献

Aon Hewitt Financial Engines (2014). *Help in Defined Contribution Plans: 2006 Through 2012,* May. https://corp.financialengines.com/employers/FinancialEngines-2014-Help-Report.pdf (accessed March 2, 2019).

Baker, T. and B. Dellaert (2019). 'Behavioral Finance, Decumulation and Robo-Advice.' In J. Agnew and O. S. Mitchell (eds.), *The Disruptive Impact of FinTech on Retirement Systems.* Oxford, UK: Oxford University Press, pp. 149–71.

Blanchett, D. and P. Kaplan (2013). 'Alpha, Beta, and Now...Gamma,' *Journal of Retirement,* 1(2), Fall: 29–45.

Bodie, Z. (2003). 'An Analysis of Investment Advice to Retirement Plan Participants.' In O. S. Mitchell and K. Smetters eds., *The Pension Challenge: Risk Transfers and Retirement Income Security.* Oxford, UK: Oxford University Press, pp. 19–32.

Cerulli Associates (2017). 'Chapter 6: Digital Preferences' in *The Cerulli Report: U.S. Retail Investor Products and Platforms 2017: Retooling for the Modern Investor.* Boston, MA: Cerulli Associates, pp. 92–105.

Chalmers, J. and J. Reuter (2012). *What is the Impact of Financial Advisors on Retirement Portfolio Choices and Outcomes?* May 21. https://ssrn.com/abstract=2078536 (accessed March 2, 2019).

Cohen, L. (2018). 'ETFs and Mutual Fund Households,' Strategic Business Insights, *CFD's MacroMonitor,* March.

Condor Capital (2018). 'Bringing Transparency to Robo Investing,' *The Robo Report, 6th ed., 4th Quarter 2017.* Martinsville, NJ: Condor Capital.

Dowd, B., A. Atherly, and R. Town (2008). 'Planning for Retirement? Web Calculators Weak on Health Care Costs.' AARP Public Policy Institute Working Paper. Washington, DC: AARP Public Policy Institute.

Elsayed, H. and J. Martin (1998). 'Survey of Financial Risk Tolerance.' *Australian Technical Brief,* Chandler and Macleod Consultants.

Fisch, J. E., M. Labouré, and J. A. Turner (2019). 'The Emergence of the Robo-adviser' in J. Agnew and O. S. Mitchell (eds.), *The Disruptive Impact of FinTech on Retirement Systems.* Oxford, UK: Oxford University Press, pp. 13–37.

Future Advisor (2015). *A History of Robo-advisors.* April 8. San Francisco, CA: FutureAdvisor.

Guillemette, M., M. S. Finke, and J. Gilliam (2012). 'Risk Tolerance Questions to Best Determine Client Portfolio Allocation Preferences.' *Journal of Financial Planning,* 25(5): 36–44.

Guillemette, M. and J. B. Jurgenson (2017). 'The Impact of Financial Advice Certification on Investment Choices.' *Journal of Financial Counseling and Planning.* 28(1): 129–39.

Hammond, P. B. and D. P. Richardson (2010). 'Retirement Saving Adequacy and Individual Investment Risk Management Using the Asset/Salary Ratio,' in O. S. Mitchell and R. Clark (eds.), *Reorienting Retirement Risk Management.* New York: Oxford University Press, pp. 13–35.

HM Treasury (2017). 'Annex A: Revised Text for Article 53 of the Regulated Activities Order'. *Amending the Definition of Financial Advice: Consultation.* 27 February. https://www.gov.uk/government/consultations/amending-the-definition-of-financial-advice-consultation/amending-the-definition-of-financial-advice-consultation#annex-a-revised-text-for-article-53-of-the-regulated-activities-order (accessed March 2, 2019).

Hoechle, D., S. Ruenzi, N. Schaub, and M. Schmid (2018). 'Financial Advice and Bank Profits.' *The Review of Financial Studies* (31)11: 4447–92.

Kim, H., R. Maurer, and O. S. Mitchell. (2016). 'Time is Money: Rational Life Cycle Inertia and the Delegation of Investment Management.' *Journal of Financial Economics*. 121(2): 231–448.

Kitces, M. (2016). 'The Sorry State of Risk Tolerance Questionnaires for Financial Advisors.' Kitces.com, *Nerd's Eye View*. September 14: https://www.kitces.com/blog/risk-tolerance-questionnaire-and-risk-profiling-problems-for-financial-advisors-planplus-study/ (accessed March 2, 2019).

Kotlikoff, L. J. (2006). *Is Conventional Financial Planning Good for Your Financial Health?* Boston, MA: Boston University. https://www.kotlikoff.net/sites/default/files/Is%20Conventional%20Financial%20Planning%20Good%20for%20Your%20Financial%20Health_0.pdf (accessed March 2, 2019).

Marsden, M., C. D. Zick, and R. N. Mayer (2011). 'The Value of Seeking Financial Advice.' *Journal of Family and Economic Issues*, 32(4): 625–43.

Martin, T. and M. S. Finke (2012). *Planning for Retirement*. https://ssrn.com/abstract=2195138 (accessed March 2, 2019).

Polansky, S., P. Chandler, and G. Mottola (2019). 'Digital Investment Advice and Decumulation.' In J. Agnew and O. S. Mitchell (eds.), *The Disruptive Impact of FinTech on Retirement Systems*. Oxford, UK: Oxford University Press, pp. 129–48.

Roszkowski, M. J. and J. Grable (2005). 'Estimating Risk Tolerance: The Degree of Accuracy and the Paramorphic Representations of the Estimate,' *Journal of Financial Counseling and Planning*, 16(2): 29–47.

Scott-Briggs, A. (2016). 'What is a Robo-advisor, Origin and History?' *Techbullion*. November 24. https://www.techbullion.com/robo-advisor-origin-history/ (accessed March 2, 2019).

Toonkel, J. and D. Randall (2015). 'Original Robo-adviser Financial Engines Seeks Life Beyond 401(k)s.' Reuters, *Retirement News*. May 25. https://www.reuters.com/article/us-financialengines-future-insight/original-robo-adviser-financial-engines-seeks-life-beyond-401s-idUSKBN0OC0BE20150527 (accessed March 2, 2019).

Turner, J. (2010). 'Rating Retirement Advice: A Critical Assessment of Retirement Planning Software.' Pension Research Council Working Paper No. 2010-03. Philadelphia, PA: Pension Research Council.

Warshawsky, M. and J. Ameriks (2000). 'How Prepared Are Americans for Retirement?' in O. S. Mitchell, P. B. Hammond, and A. Rappaport, eds., *Forecasting Retirement Needs and Retirement Wealth*. Philadelphia, PA: University of Pennsylvania Press, pp. 33–67.

Weinrich, G. (2012). 'Wharton Professor Gives Advisory Model Radical Makeover.' *Think Advisor*. February 27. https://www.thinkadvisor.com/2012/02/27/wharton-professor-gives-advisory-model-radical-mak/ (accessed March 2, 2019).

第十一章　金融科技创造的机会

托马斯·菲利蓬（Thomas Philippon）

本章旨在考察金融业及其监管长期演进背景下的金融科技运动。2007～2009年的金融危机促使有关当局采取新的监管举措，并且加快了落实已有举措的步伐。笔者认为，目前的监管框架是有用的，但已经快要走到尽头，以后不太可能再创造显著的增量收益。如果监管机构想要取得更大的成就，就必须考虑能让金融科技发挥更大作用的其他途径。

金融科技包括金融领域由数字技术和数字创新支持的商业模式创新，而商业模式创新能够对现有行业结构产生颠覆性影响，并且导致行业边界变得模糊，促进战略性去中介化，彻底改变现有的企业创建以及产品和服务提供方式，为创业开启新的大门，并普及金融服务，但同样也会引发隐私保护、监管和执法等方面的严峻挑战。今天，对金融科技至关重要的创新例子包括加密货币和区块链、新的数字咨询和交易系统、人工智能和机器学习、互联网点对点借贷、股权众筹以及移动支付系统。

本章以当前的金融体系相当低效为分析起点。为了证明这一点，笔者用美国经历了2007～2009年金融危机以后的数据对自己的研究（Philippon，2015）进行了更新，并且发现，自那次金融危机以来，美国金融中介的单位成本只是略有下降。其他国家的证据也非常相似（Bazot，2017）。最近有研究表明，许多发达经济体已经到了"发展金融"于事无补的地步。[①] 通过改善金融服务来大幅度

[①] 尤其请参阅：Favara（2009）、Cecchetti and Kharroubi（2012）以及 Shin（2012）。

增加收益，从技术上看是可行的，但在没有新企业进入的情况下不太可能做到。

下面，笔者先对最近做出的监管努力和遇到的监管挑战进行回顾。2009年以后制定的金融法规没有像大萧条以后实施的金融法规那样影响深远，但有证据表明，这些监管努力使金融部门变得比较安全。[①] 然而，当前的监管方式有一个非常典型的特点：几乎只关注已有企业。这种方式不太可能带来进一步的改善，因为财务杠杆、规模和相互关联性、税收优惠和寡头垄断利润等都普遍存在棘轮效应。这些扭曲已深深根植于今天的金融体系，以至于消除这些扭曲的政治和协调成本已经高到令人望而却步的地步。

有一种替代性金融监管方法基于这样一种思想：鼓励新企业进入并促进新制度发展，或许是应对金融监管方面其他挑战的最好办法。对于现有企业来说，这种替代性监管方法可能会产生某种形式的遏制：采用这种监管方法的目的就是要巩固已经做出的努力，防止未来出现监管套利，但并不强制推行自上而下的结构性变革。新方法应该把重点放在新进入者身上，并有利于金融科技企业的持续发展。新方法的主要精髓就是，通过鼓励不利用财务杠杆进行交易的服务企业的进入以及创建廉价、透明和开放的交易机制的方式来实现自下而上的结构性变革。最后，笔者以概述这种新方法的一些指导原则的方式来结束本章。

现行制度效率低下

在过去的130年里，美国金融中介的单位成本一直保持在2%左右（Philippon，2015）。巴佐特（Bazot，2017）对其他主要经济发达国家（德国、英国、法国）的研究也发现了类似的金融中介单位成本。信息技术进步带来的好处并没有惠及金融服务的最终用户。本节主要是为了以下两个目的对本人之前的研究进行更新：首先，衡量金融中介的单位成本是一件困难的事情，而且统计机构最近对金融数据进行了一些重大修改。我们需要知道这些修改是否会影响这篇原始文献的主要观点。其次，菲利蓬（Philippon，2015）收集的是2007~2009年金融危机以前的数据，因此有必要了解自那以来金融中介的单位成本发生了怎样的变化。然后，笔者将讨论金融中介劳动报酬和就业方面的最新趋势。最后，笔者介绍一些揭示金融与经济增长关系的证据。

[①] 例如，资本金要求明显提高，但融资成本并没有增加（Cecchetti，2015）。当然，提高资本比率可能是可取的做法（Admati et al.，2013）。

融资费用和中介化资产。为了讨论这个问题,笔者使用了一种由家庭、非金融企业部门和金融中介部门三种行为主体组成的简单经济模型。这个经济模型的详细情况见本章附录。图 11.1 所示的金融收入份额可被定义为:[1]

$$\frac{Y_t^f}{Y_t} = \frac{金融业增加值}{国内生产总值}$$

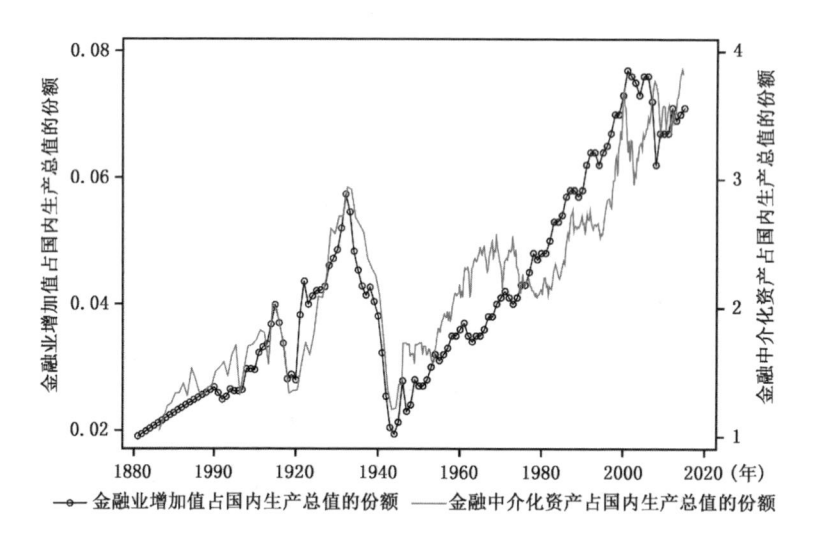

注:这两个数据序列都用占国内生产总值的份额来表示。这里所说的金融收入是金融业和保险业的国内收入,即金融业和保险业的总收入减去它们的净出口收入。金融中介业务所涉及的资产包括非金融企业发行的债券和股票、家庭积欠的债务以及各种提供流动性服务的资产。本图引用了 1886～2012 年的金融中介业务所涉及的资产的数据。

资料来源:Philippon(2015).

图 11.1　金融业收入与金融中介业务所涉及的资产

这个模型假设,金融业在规模不变的条件下提供服务。于是,金融业的收入 Y_t^f 可由下式给出:

$$Y_t^f = \phi_{c,t} b_{c,t} + \phi_{m,t} m_t + \phi_{k,t} k_t \tag{11.1}$$

---

[1] 菲利蓬(Philippon,2015)讨论了各种不同的衡量指标。从理论上讲,最好的衡量指标是增加值,即利润和工资的总和。因此,只要有可能,笔者就使用金融业增加值占国内生产总值的份额,即金融业的名义增加值除以美国经济的名义国内生产总值。但有这样一个问题:1945 年以前,利润并不总能得到正确的衡量,而且又不存在增加值的概念。笔者采用美国金融业的劳动报酬份额,即金融业全体员工的薪酬除以美国全体员工的总薪酬,并把这个比率作为一个替代性衡量指标。菲利蓬(Philippon,2015)还解释了有关政府支出(由于战争)、服务业崛起(金融业作为服务业的一个组成部分,也呈现出类似的状况)、全球化(剔除金融服务的进出口)等方面巨大变化的主要结论的稳健性。

式中，$b_{c,t}$ 表示消费信贷，m_t 表示各种提供流动性服务的资产，而 k_t 则表示企业中介化资产的价值。$\psi_{i,t}$ 是被金融中介技术压低的金融中介化单位成本。因此，这个模型表示，金融业的收入与适当定义的中介化资产的数量成正比。这个模型假设不存在收入效应（即金融收入的份额没有随人均国内生产总值增长而扩大的趋势），但这并不意味着金融收入份额就恒定不变，因为资产与国内生产总值的比率有可能发生变化，而是表示，收入份额不会随着全要素生产率的提高而机械增长。这些假设与历史数据相符。[①]

衡量中介化资产的规模是一件复杂的事情，因为这些资产是异质的。就公司金融而言，这个模型基本上就是一个用户成本模型。公司金融的改善（ψ_k 下降）有助于降低资本的用户成本，从而会增加资本存量。从理论上看，资本存量应该包括全部的无形投资，并且应该按市场价值来计算。在过去的 30 年里，金融业的增长有很大一部分与家庭信贷有关。这个模型提供了一种模拟家庭金融的简单方法，并且还包括由金融中介机构开展的具体负债业务（存款、支票账户、某种形式的回购协议）提供的流动性服务。我们可以把式（11.1）等号右边写成 $\psi_{c,t}\left(b_{c,t}+\frac{\psi_{m,t}}{\psi_{c,t}}m_t+\frac{\psi_{k,t}}{\psi_{c,t}}k_t\right)$。菲利蓬（Philippon，2015）研究发现，$\frac{\psi_{m,t}}{\psi_{c,t}}$ 和 $\frac{\psi_{k,t}}{\psi_{c,t}}$ 接近于 1。[②] 因此，我们可以把中介化资产定义为：

$$q_t \equiv b_{c,t}+m_t+k_t \tag{11.2}$$

式（11.2）的原理就是衡量非金融用户、家庭和非金融企业资产负债表上的金融中介工具。这是正确的做账方法，但不是解读金融中介机构资产负债表的正确方法。在把各种类型的信贷、股票和流动资产汇总成一个衡量指标后，我们就能得到由金融机构充当中介的非金融部门金融资产的数量（见图 11.1）。

单位成本和质量调整。 下面，我可以通过用金融业的收入除以金融中介化资产数额来计算单位成本：

[①] 1925 年和 1980 年金融业收入占国内生产总值的比例相同，这表明人均国内生产总值和金融业收入占国内生产总值的份额之间没有机械的关系。同样，比肯巴赫等（Bickenbach et al.，2009）的研究表明，在过去 30 年里，德国金融业的收入份额一直非常稳定。更准确地说，采用欧洲克莱姆斯（EU-KLEMS）的数据（参见 O'mahony and Timmer，2009），我们就能看到，德国金融业收入占国内生产总值的比例 1980 年是 4.3%，1990 年是 4.68%，2000 年是 4.19%，2006 年是 4.47%。

[②] 这在大多数情况下是正确的，但在质量调整幅度太大时就不是这样。菲利蓬（Philippon，2015）对美国金融系统进行了经过校准的质量调整。

$$\psi_t \equiv \frac{y_t^f}{q_t} \tag{11.3}$$

图 11.2 表示,我们计算得到的单位成本约为 2%,并且在时间上相对比较稳定。换句话说,据笔者估计,创造并维持 1 美元的中介化金融资产需要花费 2 美分。同样,储户的年回报率平均要比借款人的融资成本低 2 个百分点。更新后的数据序列与原始文献中的数据序列相似。巴佐特(Bazot,2017)对另外一些国家中介化金融资产的单位成本进行了估计,并且发现这些国家中介化金融资产的单位成本趋同于美国的水平。

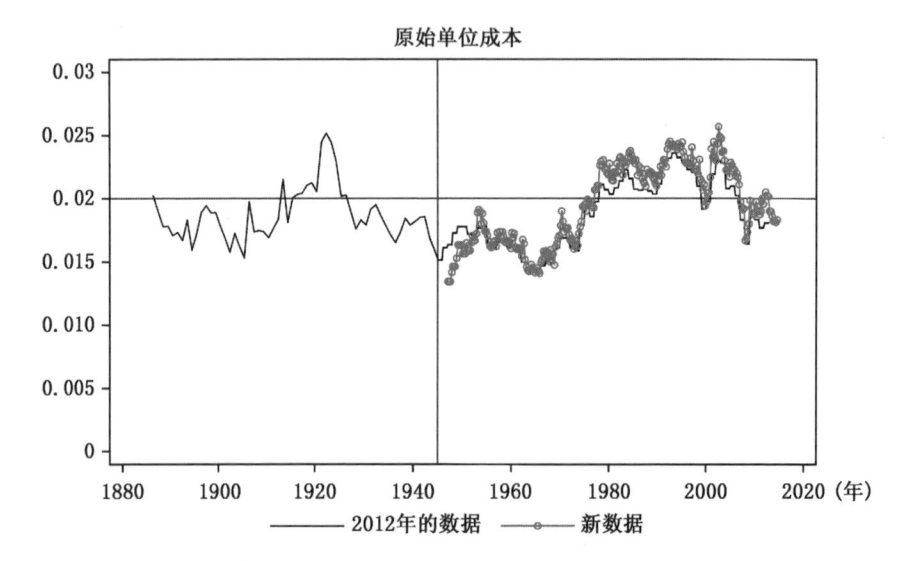

注:原始单位成本的计算方法是金融业收入与中介化金融资产的比率(见图 11.1)。2012 年的数据取自菲利蓬(Philippon,2015),而新的数据在 2016 年 5 月获取。本图引用了 1886~2015 年的数据。

资料来源:菲利蓬(Philippon,2015),但数据经过了更新。

图 11.2 金融中介化的单位成本

然而,图 11.2 中的中介化金融资产原始单位成本并没有考虑借款人特征的变化。借款人的特征变化要求对中介化资产的原始单位成本进行质量调整。例如,公司金融包括为蓝筹股公司发行商业票据以及为高科技新创企业募集股权。在这两项活动中,对每一美元中介化资产的监控要求显然都是不同的。同样,在家庭金融方面,贷款给贫穷家庭的成本高于贷款给富裕家庭的成本。近年来，相对比较贫穷的家庭都能申请信贷。[①] 当高质量和低质量借款人的比例随着时间的推移发生变化时，就会出现中介化资产单位成本的计算问题。

下面，笔者按照菲利蓬（Philippon, 2015）的做法对中介化金融资产数据序列进行质量调整。图 11.3 显示了质量调整后的单位成本序列。由于经过质量调整后的中介化金融资产（略微）多于原始文献中的中介化金融资产，因此，调整后的单位成本因结构的原因低于未调整的单位成本。当有新企业进入和/或有大量信贷扩张（即出现新的借款人）时，这两个序列之间的差距就会扩大。但是，即使是调整后的序列，我们也没有看到金融中介化的单位成本随时间显著下降。

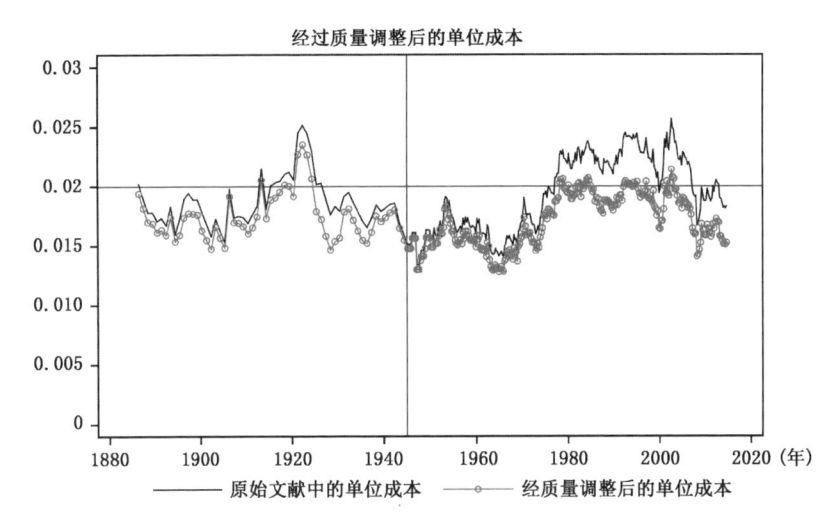

注：经质量调整后的单位成本考虑了企业和家庭特征的变化。本图引用了 1886~2015 年的数据。

资料来源：Philippon(2015)。

图 11.3　单位成本与质量调整

金融业从信息技术进步中获得了比其他行业多的好处。但是，信息技术进步在金融服务业并没有像在零售业那样惠及最终用户。资产管理服务依然成本很高，银行赚取了很大的存款利差（Drechsler et al., 2017）。金融服务能够并

[①] 摩尔和帕伦博（Moore and Palumbo, 2010）利用消费者经济状况调查的数据研究发现，1989~2007 年期间，债务余额为正的家庭占比从 72% 上升到了 77%，而且主要集中在家庭收入分布的底层。收入在 0~40 百分位之间的家庭积欠的债务占未偿债务总额的比例从 1989 年的 53% 上升到了 2007 年的 61%。迈耶和彭斯（Mayer and Pence, 2008）的研究表明，2005 年次级抵押贷款的发放额占根据《房屋抵押公开法》（HMDA）发放的抵押贷款总额的 15%~20%。

且理应便宜得多。关于这一点，令人困惑的问题倒不是金融科技到现在才出现，而是金融科技为什么没有早点出现。

工资和就业。 金融业的相对工资可定义如下：

$$relw = \frac{\overline{w}_t^{fin}}{\overline{w}_t^{all}} \tag{11.4}$$

式中，$\overline{w}$ 表示平均工资（总薪酬除以员工总人数）。这个衡量指标并没有控制行业内劳动力构成的变化（关于这个问题的微观证据，请参见：Philippon and Reshef, 2012）。图 11.4 对以前的发现进行了更新。我们可以清楚地看到 20 世纪 20 年代的高工资、大萧条和"二战"后的工资下降以及 1945～1980 年这个时期非常稳定的工资。1980 年以后，相对工资开始再次上涨，部分原因是低技能工作实现了自动化（如自动柜员机），部分原因是金融业雇用了更多的脑力劳动者。

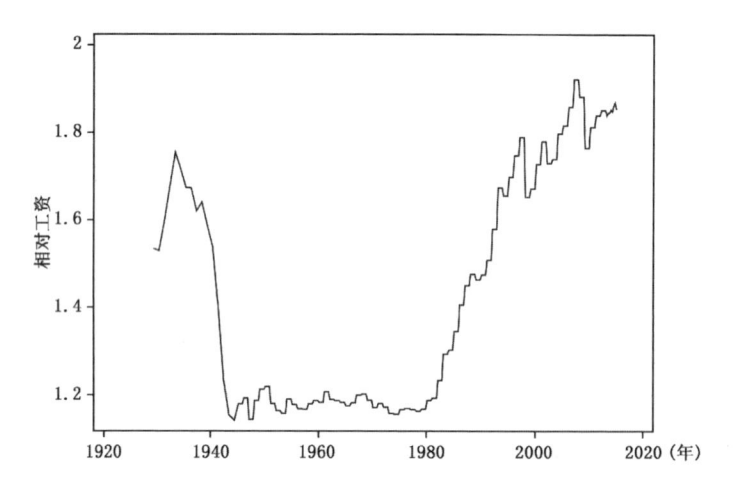

注：金融业的平均工资除以各行业的平均工资。
资料来源：Philippon and Reshef(2012)，但数据经过了更新。

图 11.4　金融业和各行业相对工资变化比较

在 2007～2009 年的金融危机以后，相对工资水平上涨趋缓，且持续时间有限。相对于其他私营部门，金融业的劳动报酬收入占比略有增加（也就是说，金融业的利润占比略有下降），这表明未来会有所缓和，但变化不会很大。

图 11.5 对金融业和其他行业就业人数在过去的 25 年里发生的动态变化进行了比较。令人惊讶的是，2007～2009 年金融危机最初对金融业造成的冲击并不比对其他经济部门造成的冲击更加严重。两者之间的主要差别在于：2010

年以后,金融业就业的复苏势头较弱。总体而言,金融业在这场危机以后有所萎缩,但萎缩的严重程度远不及大萧条以后。

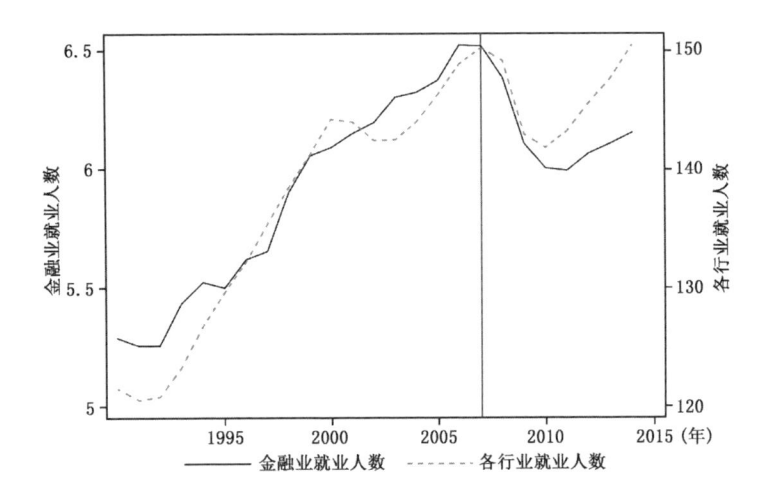

注:就业人数按百万计。

资料来源:Philippon and Reshef(2012);数据经过更新。

图 11.5 金融业与各行业就业人数比较

金融和经济增长。有大量的经济学文献研究金融和经济增长之间的关系。莱文(Levine,2005)进行了权威的文献综述,而莱文(Levine,2014)则对这个问题进行了最新的论述。图 11.6 中的上图显示了一个重要发现。1960 年信贷市场较大的国家(用未偿信贷占国内生产总值的比例计算)在 1960~1995 年间经济增长也较快。

同样重要的是应该强调,金融与经济(长期)增长之间的关系并不是信贷扩张的机械结果。正如莱文(Levine,2005)所强调的那样,金融与经济增长关系的主要驱动因素是资本配置。正如法瓦拉(Favara,2009)以及切凯蒂和哈鲁比(Cechetti and Kharroubi,2012)所指出的那样,金融体系越完善,就能越有效地配置资本,但未必需要发放更多的总信贷。这几位作者认为,信贷与经济增长之间的关系并不是单调的。[①] 一种快速发现这一点的方法就是仅对经合组织国

---

① 这也与信贷繁荣问题有关。舒拉里克和泰勒(Schularick and Taylor,2012)已经研究证明了信贷快速扩张带来的风险。不过,这并不是说所有的信贷繁荣都会产生负面影响。德拉里恰等(Dell 'Ariccia et al.,2016)发现,只有 1/3 的信贷繁荣会导致金融危机,但许多信贷繁荣与金融改革和经济增长有关。

家的相同数据进行研究。在经合组织国家,信贷与经济增长之间的关系并不显著,如图11.6中的下图所示。

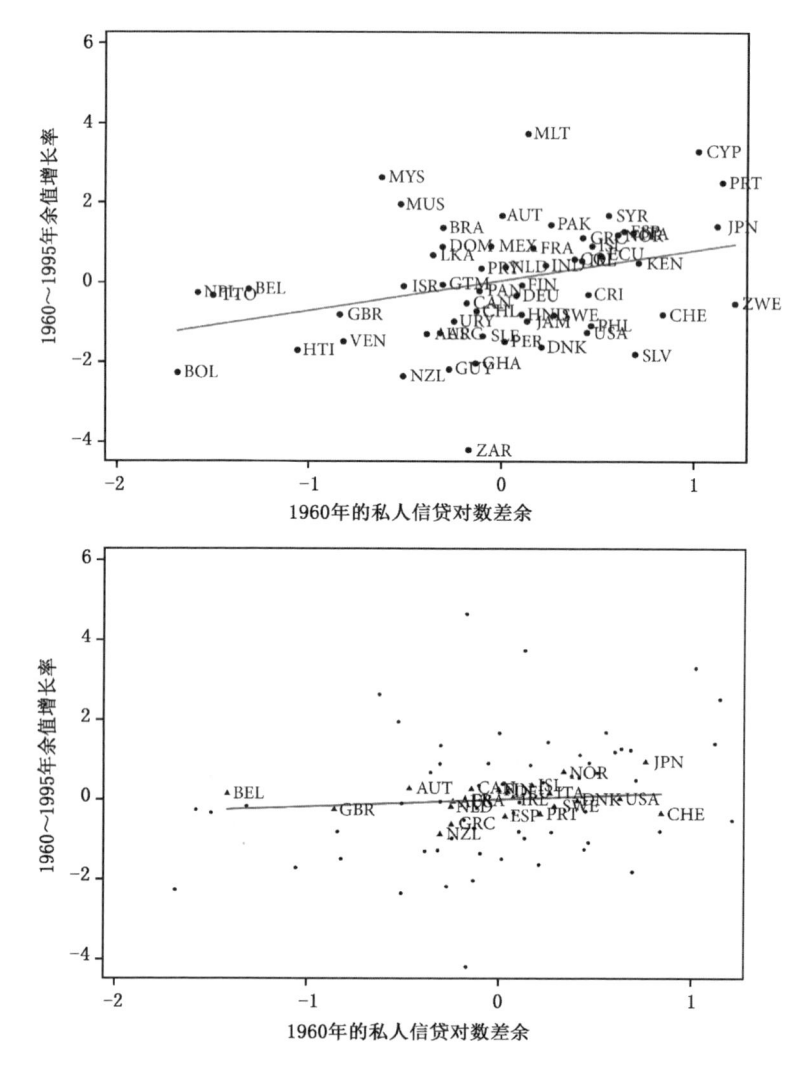

ARG—阿根廷;AUS—澳大利亚;AUT—奥地利;BEL—比利时;BOL—玻利维亚;BRA—巴西;CAN—加拿大;CHE—瑞士;CHL—智利;COL—哥伦比亚;CRI—哥斯达黎加;CYP—塞浦路斯;DEU—德国;DNK—丹麦;DOM—多米尼加;ECU—厄瓜多尔;ESP—西班牙;FIN—芬兰;FRA—法国;GBR—英国;GHA—加纳;GRC—希腊;GTM—危地马拉;GUY—圭亚那;HND—洪都拉斯;HTI—海地;IND—印度;IRL—爱尔兰;ISL—冰岛;ISR—以色列;ITA—意大利;JAM—牙买加;JPN—日本;KEN—肯尼亚;LKA—斯里兰卡;MEX—墨西哥;MLT—马耳他;MUS—毛里求斯;MYS—马来西亚;NLD—荷兰;NOR—挪威;NPL—尼泊尔;NZL—新西兰;PAK—巴基斯坦;PAN—巴拿马;PER—秘鲁;PHL—菲律宾;PRT—葡萄牙;PRY—巴拉圭;SLE—塞拉利昂;SLV—萨尔瓦多;SWE—瑞典;SYR—叙利亚;TTO—特立尼达和多巴哥;URY—乌拉圭;USA—美国;VEN—委内瑞拉;ZAR—扎伊尔;ZWE—津巴布韦。

资料来源:Beck et al. (2011)dataset. Available at http://www.worldbank.org/en/publicarion/gfdr/data/financial-structure-database(accessed March 25,2019).

图11.6　全部国家与经合组织成员国信贷与经济增长

小结。金融对于经济增长,特别是对于资本配置非常重要,但最近金融业的增长大部分与有效的资本配置几乎没有关系。金融服务依然昂贵,金融创新并没有给消费者带来显著的好处。问题的关键并不是金融没有创新:金融确实是在创新,但这些创新并没有提高整个系统的效率。这并不是一个很大的理论难题:我们知道,创新可以由寻租和商业剽窃驱动。如果真是这样,创新的私人回报和社会回报有着根本的区别。为速度而展开的竞争就是一个明显的例子:就社会福利而言,预知和发现之间有着巨大的差异,尽管两者都能产生相同的私人回报(Hirshleifer,1971)。大多数行业都存在私人回报和社会回报不一的问题,但经济学家倾向于认为,准入和竞争限制了由这个问题造成的低效率的严重程度。

但近几十年来,准入和竞争机制的缺失一直是一个金融业特有的问题。伯杰等人(Berger et al.,1999)对20世纪90年代有关美国银行业兼并的证据进行了回顾。从1988年到1997年,美国的银行和银行机构的数量减少了近30%,而美国最大的8家银行机构占全美银行业总资产的份额则从22.3%扩大到了35.5%。美国银行业每年要发生几百起并购案,包括资产超过10亿美元的机构之间的强强联合。① 银行并购的主要动机是谋求市场力量和多样化。伯杰等(Berger et al.,1999)发现只有很少的证据能够证明银行并购后成本效率比得到了提高,这一点与图11.3和11.5的结论一致。德杨等人(De Young et al.,2009)的研究表明,美国银行业的并购一直持续到21世纪10年代末。他们认为,有越来越多的证据表明,美国银行业的并购在一定程度上是由想争取"大到不能倒"的地位的愿望驱动的,但银行并购对某些类型的借款人、存款人和其他外部利益相关者产生了负面影响。

同样重要的是要记住,金融效率会对福利产生显著的影响。为了计算金融效率对福利的影响,我们使用了本章附录中给出的一个简单模型。图11.7把经济主体的福利描绘成金融中介化单位成本的函数。福利用消费单位当量来计算,并且把金融中介化单位成本为2%的基准情况下的福利定义为标准消费单位当量。笔者分析发现,经济主体愿意用8.7%的消费来换取金融中介化单位成本下降到1%的结果。

---

① 银行业并购是一波并购大潮的一个组成部分。在美国历史上全部行业的十大并购案中,有九起发生在1998年(Moore and Siems,1998)。在这些并购案中,有四宗发生在银行业[花旗集团—旅行者集团(Citicorp-Travelers),美国银行—国民银行(Bank America-Nations Bank),美国第一银行—芝加哥第一银行(Banc One-First Chicago)和西北银行—富国银行(Norwest-Wells Fargo)并购案]。

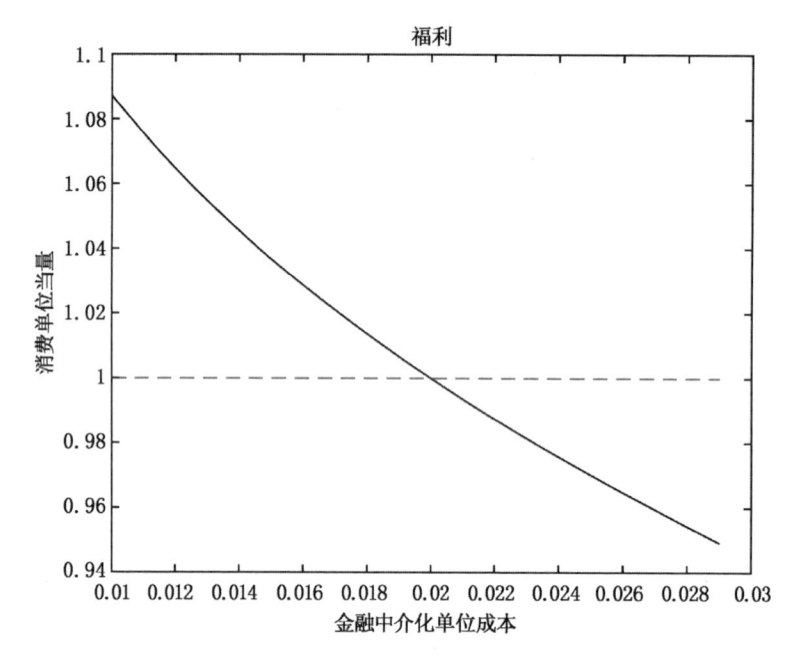

注：福利计算公式是用本章附录中的模型构建的。福利被计算为经济主体愿意为降低金融中介化单位成本而放弃的消费量。

图 11.7　福利与金融中介化单位成本

退一步看，我们就很难不把金融业看作是一个垄断利润过高、总体效率低下的行业。令人困惑的是，为什么这种情况持续了那么长的时间。关于这个问题，有几种看似合理的解释：金融交易活动中的零和博弈、监管效率低下、进入壁垒森严、规模收益递增，等等。[1] 笔者不准备在这里对所有这些解释进行解

---

[1] 格林伍德和沙尔夫斯泰因（Greenwood and Scharfstein, 2013）对美国现代金融业的发展进行了颇具启示意义的研究。他俩指出，在过去的 30 年里，资产管理和家庭信贷业务为美国现代金融业的发展做出了主要贡献。就资产管理而言，他俩揭示了一个重要的既定事实：个人付费通常有所减少，但资产配置已转向了高收费管理公司。因此，它们受托管理的资产平均收费大致没变。根据格鲁德等人（Glode et al., 2010）的研究，在代理人试图通过（过度）投资于金融专业技能来保护自己免受机会主义行为的影响时，就有可能发生"军备竞赛"。博尔顿等人（Bolton et al., 2016）的研究表明，一个市场的撇脂行为会导致另一个市场的资产质量下降，并允许金融机构赚取超额垄断利润。帕尼奥塔和菲利蓬（Pagnotta and Philippon, 2018）研究发现，有可能出现为了加快交易速度而过度投资的情况，因为交易场所可以通过加快交易速度来实施差别化定价，并推高价格。热内奥利等人（Gennaioli et al., 2014）对相对较高的金融中介费用做出了另一种解释。在他们的模型中，得到信任的金融中介机构能够提高投资者的风险容忍度，从而有可能允许投资者获得较高的回报。由于信任是一种稀缺资源，因此，信息技术进步并不一定会导致金融中介化单位成本下降。

读。在笔者看来,这里的要点比较简单:金融业有(很多)改进的空间。在下一节里,笔者将论证当前的监管方法不太可能给金融业带来这样的改进。

现行监管透视

笔者并不准备在这里对近期的金融监管实践进行全面概述,而是认为专注于现行监管固有的做法会增加政治经济和协调成本。

最近取得的成就。就像英韦斯(Ingves,2015)总结的那样,金融监管机构已经从2008年的金融危机中吸取了一些教训,并试图修复现行的监管框架。例如,在那场危机爆发之前,银行监管主要是依靠设定得相当低的风险加权资产比率。

今天的银行业监管已经大相径庭:

(1)风险加权资产比率已经显著提高;

(2)采用多种衡量指标,包括简单的财务杠杆比率、流动性比率和反周期的资本充足率规定;

(3)对具有系统重要性的金融机构征收附加费,并且把系统风险监管扩展到了银行业以外;

(4)监管机构进行严格的压力测试,而银行被要求立"生前遗嘱"。

这些监管规定仍在完善之中,但并不总是一帆风顺。例如,欧洲的银行压力测试在2009年设计得十分糟糕,直到2014年才变得可信。新的监管规定执行成本很高,有时甚至非常复杂,因此最好能够合并部分措施并精简报告程序。但总的来说,监管规定是存在的,其中的一些复杂规定是有意为之。正如英韦斯(Ingves,2015)指出的那样,多重衡量指标加大了银行钻制度空子的难度。采用多种风险衡量指标也是有用的,因为不同的衡量指标有不同的优点和缺点。例如,如果我们考虑在某个时间点上进行跨资产类别套利,风险加权资产比率比简单的财务杠杆比率要好。此外,正如布雷和甘巴克尔塔(Brei and Gambacorta,2016)所指出的那样,简单的财务杠杆比率更具反周期性。

这次监管紧缩,虽然没有大萧条后的那次紧缩那样雄心勃勃,但已经实现了几个重要目标。在没有对融资成本产生不利影响的情况下提高了资本金要求(Cecchetti and Schoenholtz,2014)。例如,欧洲银行管理局(EBA,2015)报告称,在2013年12月~2015年6月期间,欧盟银行"普通股一级"(CET1)的资本比率提高了1.7%，其中资本金比率提高了1.9%，而风险加权资产比率提高了约0.1%。银行业的风险有所下降，至少在发达经济体是这样。① 但是，有些重要的目标仍然难以实现。

关于财务杠杆比率的争议。在2007～2009年的金融危机结束以后，关于银行监管的最重要辩论是围绕银行资本金要求的充足水平展开的。阿德马蒂等人（Admati et al.，2011）支持高资本金充足率，并且驳斥了一些关于此类要求假设成本的误导性说法。最后，资本比率得到了显著提高，但没有达到这些作者建议的水平。关于银行财务杠杆比率的辩论表明，当前的金融监管方式存在一个严重的缺陷。几乎所有人都认为，（2008年）危机前的银行财务杠杆比率过高，但事实证明，要想就新的资本金比率目标达成一致，难度就更大。国家有相互冲突的目标，游说势力强大。而且，也许最重要的是，我们不知道什么是"正确的"比率，因为有几种取舍关系需要考虑。如果世界上只有商业银行和一个全球性监管机构，那么就能够估计出最优资本金比率；但是，由于阿德马蒂和赫尔维系已经解释的原因（Admati and Hellwig，2013），因此，这个比率有可能相当高。可是，我们的世界并非如此。不同的监管机构并不总是愿意合作，不同的司法管辖区相互竞争、彼此拆台，而我们则担心金融活动会逃离受监管的银行业。监管套利无处不在，而监管机构则根本不知道这种套利何时以及怎么会发生。于是，找到次优（或第三优）比率就变成了一项艰巨的任务。现行管理办法的信息和协调要求令人望而却步。笔者将在本章的最后一节里讨论另一种也许更加可取的监管方法。

财务杠杆比率难以衡量。监管财务杠杆比率也是很难的事情，因为银行有很多方法可以在不增加自己的"可衡量"财务杠杆比率的情况下铤而走险。使用衍生产品就是这样一个例子。引自切凯蒂和舍恩霍尔茨（Cecchetti and Schoenholtz，2016）的图11.8显示了两种不同的会计准则规定的净额结算法对资产负债表规模的影响。美国的公认会计准则（GAAP）比国际财务报告准则（IFRS）允许在更多的场合采用净额结算法。因此，采用美国公认会计准则确定的权益资产比率似乎大于采用国际财务报告准则确定的权益资产比率。对于那些积极从事衍生品交易的银行来说，这两种衡量指标之间存在很大的差别，因此会对金融监管产生实质性的影响，但衍生品资产的真实风险却很难判断。

---

① 例如，可在"http://vlab.stern.nyu.edu"（2019年3月3日访问）上参阅阿查理亚等人（Acharya et al.，2017）用"系统风险衡量指标"（Systemic Risk Measure）计算的实时价值。

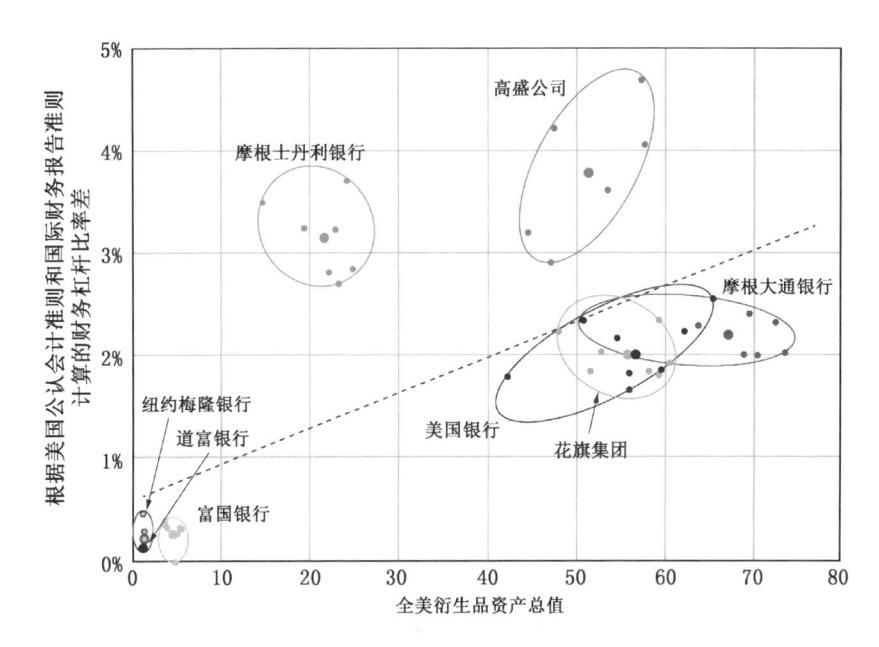

注：纵轴表示根据美国公认会计准则计算的财务杠杆比率（权益除以资产）减去根据国际财务报告准则计算的财务杠杆比率的差。

资料来源：Cecchetti and Schoenholtz（2016），Leverage and Risk：http：//www.moneyandbanking.com（2019年3月3日访问）。

图11.8　依照不同会计准则计算的财务杠杆比率差和衍生品资产总值

银行希望做大且不透明。有几个原因驱使银行希望把自己做大。正如科夫纳等人（Kovner et al.，2014）的研究结论表明的那样，如图11.9所示，其中一个原因就是为了获得更好的成本效益比。其他原因还包括获得市场力量、政治影响力和隐性担保。桑托斯（Santos，2014）的研究得出了与"大到不能倒"的观点相吻合的结论：最大的银行享有的融资优势显著大于最大的非银行和非金融企业。随着银行的做大，财务杠杆比率越来越高，也变得越来越信息不透明。切凯蒂等人（Cecchetti et al.，2014）考察了复杂性不断提高对监督和解决问题的影响。最后，隐性担保不只是单家银行规模的函数。凯利等人（Kelly et al.，2016）研究发现了政府为金融部门提供集体担保的证据。

具有全球系统重要性的金融机构与狭义的银行。金融监管面临的一个严峻挑战是，为具有全球系统重要性的金融机构（G-SIFIs）提供可靠的解决机制。金融监管机构要克服两个基本的困难，其中的一个困难就是这些组织规模大、

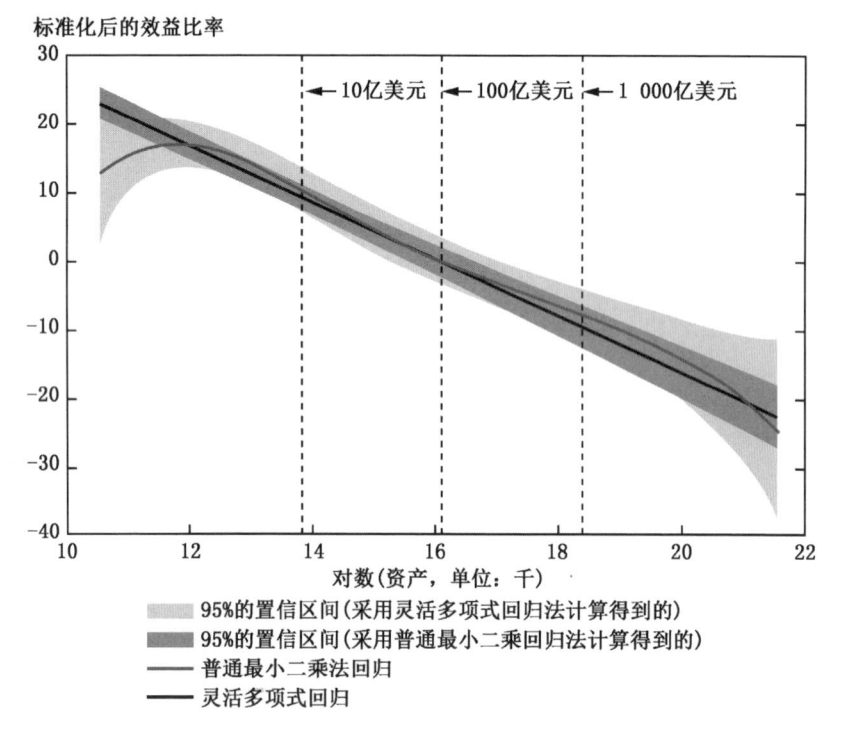

注：成本效益比是非利息支出占净利息收入和非利息收入的份额。
资料来源：Komer et al. (2014)．

图 11.9　成本效益比与资产规模

结构复杂，而且在发生危机时无法预测会造成什么后果。第二个困难是，几乎没有学习和检验各种机制的空间，因为具有全球系统重要性的金融机构通常不会因为特殊原因而破产倒闭。"生前遗嘱"（Livingwills）[即总损失吸收能力（TLAC）]要求是必需的，但在危机真正发生之前很可能不会受到真正的考验。

以上情况导致一些观察人士主张采用某种形式的"狭义银行"。正如彭纳齐（Pennacchi，2012）解释的那样，狭义银行是指投资于名义风险很小的资产并发行可要求偿还的债务的金融机构。狭义的银行可以是从只投资于国库券的货币市场基金到局限于有货币市场工具支持的各种存款，但可以持有许多其他资产的商业银行,具体取决于狭义银行的定义。① 彭纳齐(Pennacchi,2012:8)还指出,"关于狭义银行的建议最经常出现在发生重大金融危机之后"。2008 年的金融危机也不例外。查默莱等人(Chamley et al.,2012)解释了有限目的的银行如何运营的问题,而科克兰(Cochrane,2014)提出了旨在使金融体系具有"防挤兑"能力的改革。

这些学者无疑都提出了支持狭义银行的有力论点,但也有学者提出了一些反驳的论点。狭义银行的理论主张并不像一些支持者认为的那样明确。华莱士(Wallace,1996)的研究表明,狭义银行观是对流动性风险分担观的否定;从这个意义上讲,即根据戴蒙德和迪布维格(Diamond and Dybvig,1983)构建的框架,狭义银行的任何配置都能在自给自足的情况下实现。对狭义银行观的另一种批评意见是,银行联合提供活期存款和贷款服务允许银行多样化使用流动性(Kashyap et al.,2002)。但彭纳齐(Pennacchi,2012)认为,这种协同效应实际上可能是美国联邦存款保险公司(FDIC)提供存款保险的结果。

关于狭义银行,还有一个重要的问题需要解决,那就是必须设立强有力的监管机构对现有银行实施激进式改革,而且还应该创建能把成熟的改革措施扩展到受监管的银行体系以外的激励机制。当然,想法难以付诸实施的事实并不应该妨碍我们研究有关想法的优点。正如津加莱斯(Zingales,2015:1355)所指出的那样,"我们在开展政策工作时必须注意相关性的问题",这可能确实是个问题,因为我们很容易通过对好的想法贴上政治上不可行的标签来诋毁它们,但好的想法确实会促使我们去思考达到相同目的的不同方法。

为什么要推行新策略。对这些问题做出得到广泛认同的诊断与在如何解决这些问题方面存在分歧之间存在着明显的矛盾。我们每个人基本上都同意财务杠杆比率(尤其是短期财务杠杆比率)高、缺乏透明度和结构复杂是 2007～2009 年金融危机的重要推手。很明显,许多大型金融机构仍然享受着因"大到不能倒"而发放的补贴和赚取的寡头垄断利润。然而,正如笔者之前所说的那样,我们手中的工具以及我们对如何使用它们的理解仍然有限;问题并不在于我们不知道该往哪里走,而在于我们不知道该走哪条路。

---

① 狭义的银行有着厚重的历史渊源。有证据表明,在 20 世纪之前,英国和美国的银行大多发放短期贷款。早期的美国银行不发放长期贷款。根据伯登霍恩(Bodenhorn,2000)的研究,银行发放短期贷款给早期的制造企业,后者用银行的短期贷款来支付货款、租金和工资。按照萨默斯(Summers,1975:1)的说法,"从美国银行业问世起,就有为未来信贷可用性提供担保的做法",但"直到 20 世纪 60 年代中期,商业银行贷款承诺政策才成为银行界的一个明确问题"。

有两个因素是造成这些困难的根本原因。首先是深深根植于现有体制中的复杂扭曲因素：对利息支出的税收处理、因"大到不能倒"而发放的补贴和赚取的垄断利润以及全球金融体系正在进行的很多探索。这些扭曲因素受到了能直接或间接从中得益的实力雄厚的在位者的保护（Rajan and Zingales，2003；Admati and Hellwig，2013）。归根结底，把在位金融机构改造成安全、高效的金融服务提供商是一场艰苦的斗争。最好的情况是，这场斗争旷日持久且代价昂贵；而最坏的情况则是根本就不会打响。

第二个问题是，确实很难设计好的监管机制。例如，我们在考虑系统性风险时总会遇到实体监管和功能监管之间的矛盾。功能监管从理论上讲很有吸引力，但从技术上看却很有挑战性，需要多方合作。相比之下，实体监管要简单得多，但指定具有全球系统重要性的非银行金融机构会遇到法律上的挑战，就像最近在大都会人寿保险公司（MetLife）案例中遇到的那种挑战。收紧监管不但困难重重，而且还可能适得其反。最明显的风险是把监管扩展到受监管的银行系统之外。另一个风险在于，合规成本太高，令潜在的进入者望而却步。最后也是最重要的一点是，没人知道一个安全、高效的金融体系应该是什么样子的。我们只知道，当前的金融体系成本高、风险大，而且由"大到不能倒"的机构主导。许多大范围结构性改革的提议，都需要监管机构具有多到几乎不切实际的远见卓识。

因此，由于政治经济和协调成本的缘故，目前的监管方式已经达到了极限。如果我们能够从头开始设计监管规则，那么就应该制定与今天完全不同的规则。对于既有的监管框架，我们不敢有这种奢望，但对于新的监管框架，我们肯定可以寄予希望。在笔者看来，创建并维护简单且透明的金融体系要比把一个复杂且不透明的金融体系改造成简单且透明的系统容易得多。

金融科技创造的机遇

综上，笔者认为，目前的金融监管方式主要是强制现有金融机构接受变革。本节要讨论的问题是，同样的监管目标是否可以通过侧重于新的金融机构和系统的不同监管方法来实现。这种不同的监管方法提出了新的挑战，但在笔者看来，它有可能得益于当前的金融科技运动。因此，在这一节里，笔者并不准备考察当前的金融科技发展趋势，而是要强调指出一些私人创新激励机制与广泛的监管目标之间存在矛盾的情况。

金融科技的一些独有特征。 金融科技运动既有一些与其他颠覆性创新运动相同的共同特点,又有一些金融行业独有的特点。与其他行业的新创企业一样,金融科技新创企业也发起了提供特殊服务的颠覆性创新。现有企业的关键优势在于它们的客户基础、预测行业发展趋势的能力以及对现有监管机制的了解;而新创企业的关键优势在于,它们不受现有体制的束缚,愿意做出冒险的选择。例如,在银行业,连续并购给许多大银行带来了不同层次、充其量只能部分整合的传统技术(Kumar,2016)。相比之下,金融科技新创企业有机会从一开始就建立正确的体制机制。此外,它们都有一种高效运营的文化,而这恰恰是许多现有企业欠缺的东西。

金融业有一个比较特殊的特点,那就是在位企业对财务杠杆高度依赖。如前所述,许多金融合同中都有关于财务杠杆比率的条款,并且获得现行法规规定的补贴。这给人一种错觉,好像要运营一个高效的金融系统,处处离不开财务杠杆。从概念上讲,有人认为,如今,财务杠杆有时被看作是一种具有特殊功能的东西,而有时又被看作是一种缺陷。例如,戴蒙德和拉詹(Diamond and Rajan,2001)认为,在需要用财务杠杆来进行激励时,它就是一种具有特殊功能的东西;财务杠杆存在于糟糕的监管机制设计或监管套利(如在固定面值货币市场基金中)时,或者是可被更好的技术取代的旧有功能(如下面讨论的某些支付系统)时,就是一种缺陷。当然,现在的问题是,我们很难区分被视为缺陷的财务杠杆和具有特殊功能的财务杠杆。因此,金融科技新创企业可以提供帮助,原因有二。首先,金融科技新创企业有助于显示金融技术能在多大程度上提供低杠杆比率解决方案。其次,金融科技新创企业自身的股本比例比在位金融企业要高得多。

一种替代性金融监管方法。 金融稳定和金融服务的可获得性通常被认为是金融监管的两个重要目标。笔者的目的就像叶马克(Yermack,2015)在讨论公司治理的案例中所做的那样,探讨一种替代性监管方法是否有利于实现这两个金融监管目标,特别是在金融业的许多领域实现这两个目标。但是,我们没有理由认为金融监管创新会自动提高金融稳定性,甚至提高金融服务的可获得性。如果监管机构希望利用金融科技来降低"大到不能倒"的机构和高财务杠杆率引发的风险,那么就必须调整监管框架。本节将讨论监管机构在调整监管框架的过程中可能会遇到的挑战。

挑战一：市场准入与公平竞争。金融科技企业的利益与金融监管机构的长期目标并不天然一致。也就是说，金融科技企业想进入它们认为可以盈利的领域，但金融业有许多在位企业已经安营扎寨，因此是新企业很难进入的领域。托管和证券结算市场就是一种高度集中的市场。从理论上讲，区块链技术有助于提高市场效率，但如果新企业无法进入市场，那么，区块链只会增加在位企业的垄断利润。例如，进入受到限制的区块链可能会被在位企业用来扼杀创新。随着成功企业的发展壮大，它们会试图改变监管机制，使之有利于它们，并提高进入成本。竞争的受益者并非固定不变，竞争机制往往会有导致系统封闭的作用，从而扼杀竞争（Rajan and Zingales, 2003）。

以上这种情况凸显了新进入者和在位者之间存在不公平竞争的复杂问题。确保公平竞争是监管的一个传统目标，达罗尔斯（Darrolles, 2016）在金融科技的背景下讨论了这种思想，并从微观经济的角度指出，监管机构确实应该保证公平竞争的环境。但是，这个论点并不适用于困扰金融业的许多扭曲现象。例如，在在位企业由于太大而不能倒闭，或者过度依赖短期财务杠杆的时候，公平的竞争环境又有什么意义呢？只有在进入者能够更好或以较低的成本做与在位者相同的事情的情况下才适用公平竞争论。但如果金融监管的目标是改变金融业的某些结构特征，那么严格贯彻公平竞争原则可能会成为阻碍监管变革的障碍。

公平竞争观也阐明了长期以来有争议的关于资本金要求的问题。过去，在位企业已经把利用隐性和显性公共补贴和准入壁垒做到了极致，而现在要逐个消除这些扭曲，代价很大。[①] 不管怎样，监管机构可以防止 2008 年金融危机后达成一致的准则遭到践踏，而且考虑各种补贴和债务能带来的好处，可以把资本金要求看作是一个降低准入门槛和营造公平竞争环境的途径。自上次危机以来银行资本金的大幅增加，似乎并没有导致银行业务从银行转移到影子银行手中（Cecchetti and Schoenholtz, 2014）。

挑战二：财务杠杆和历史依赖性。正如赖斯曼和舒（Rysman and Schuh, 2016）指出的那样，支付系统一直是金融科技企业的早期目标。他俩对有关消费者支付方式的研究文献进行了回顾，并讨论了移动支付、实时支付和数字货币这三项最近出现的金融科技创新。移动支付在亚洲和非洲部分地区已经十

[①] 此外，正如巴克和瓦尔格勒（Barker and Wurgler, 2015）所说的那样，财务杠杆有可能受到机构投资者的青睐。机构投资者喜欢利用财务杠杆，但却受到公司章程或监管规定的阻碍。

分流行,这些地区的中央银行也鼓励速度更快的支付系统。这些创新可能会改善零售业的交易,但不太可能从根本上改变支付系统,尤其不太可能减少对受到挤兑影响的短期债权的依赖。

我们习惯上认为,许多金融服务(包括支付)要求账户具有固定的名义价值:最好的例子是小额存款和支票账户。在银行业 300 多年的历史中,情况一直如此,但今天的技术进步开启了新的可能性。我们可以实时评估许多金融资产的价值,而且能够(几乎)即时结算付款。因此,许多交易都可以使用浮动价值账户(floating value accounts)来结算。① 假设买方 B 和卖方 S 就用货币单位表示价格 p 达成了一致。B 和 S 都可以用智能手机验证某种金融证券(如债券指数基金)的价值 v。B 可以把标的证券的价款 p/v 划给 S 进行交易结算。S 不需要保存债券基金收益,可以立即把它们转换成货币或国库券基金份额。这里的要点是,新的支付系统不需要像旧的支付系统那样依赖(固定名义价值)存款。类似存款的合约会导致流动性风险,如果更多的交易可以在没有此类合约的情况下进行结算,那么,宏观金融稳定就会得到加强。从技术上讲,这在几年前根本就行不通,但今天可以做到,尽管仍然存在非技术障碍,最明显的是会计和税收障碍。值得注意的是,在信贷领域,我们看到史克亚尔公司(Square)等创新型企业推出了还款与销售挂钩的贷款合同,而不是固定利息贷款合同。

这里的另一个重要观点是历史依赖观。如果在行业还很年轻的时候尽早实施监管,可能会比较有效。货币市场共同基金业的一段历史,可以用来支持这种观点。假设监管者在 20 世纪 70 年代决定,原则上,所有的共同基金都应该使用浮动资产净值。在行业规模较小的时候,这样的监管会比较容易实施,它会引导市场演变,鼓励符合这项基本原则的创新。如今,这个行业有数万亿美元的托管资产,要改变监管就变得困难得多。因此,监管机构面临的挑战就是在应对金融科技时要具有前瞻性。有效的监管要求监管机构确定自己希望金融科技在未来 30 年里具备的一些基本特征,并在现在就强制规定这些特征。

挑战三:保护消费者。金融科技可能会产生新的消费者保护问题,智能投资顾问管理投资组合就是一个例子。对于这个行业来说,投资者何时以及怎样才会"信任"智能投资顾问是个重要的问题(Dhar,2016)。正如贝克和德拉埃特

---

① 这种可能性得到了萨缪尔森的认可(Samuelson,1947:123):"在一个没有交易摩擦和不确定性的世界里……证券本身有可能作为货币流通,并在交易中被接受……"托宾在 1958 年也讨论过这个问题。笔者在这里要感谢基姆·舍恩霍尔茨(Kim Schoenholtz)提供了这些参考信息。

(Baker and Dellaert,2019)讨论的那样,智能投资咨询业肯定会引发新的法律和业务问题,而且很可能成为消费者保护机构头疼的问题。

但是,如果我们的目标是保护消费者,那么,智能投资咨询业就不必完美无缺:它只需要比现在做得更好。同样重要的是,应该记住真人投资顾问的业绩记录有多么糟糕。首先,总体而言,收费并没有下降,因为,在标准产品变得比较便宜的同时,客户被引向了收费更高的产品(Greenwood and Scharfstein, 2013)。其次,这个行业普遍存在利益冲突。例如,伯格斯特雷塞等人(bergstressser et al.,2009)研究发现,经纪人经销的共同基金即使在扣除经销成本之前,风险调整后的回报率也比较低。查尔默斯和罗伊特(Chalmers and Reuter,2012)的研究表明,与基于目标日期基金的投资组合相比,经纪人客户的投资组合在风险水平相当的情况下,风险调整后的回报率要低得多。经纪人客户把更多的资金配置于收费较高的基金,而投资者在没有求助于经纪人的情况下往往能取得较好的投资业绩。穆莱纳桑等人(Mullainathan et al.,2012)研究证明投资顾问并不能消除客户的偏见,而且往往会强化与他们自身利益无关的偏见。即使客户开始投资于多样化程度较高、费用较低的投资组合,投资顾问也会鼓励追逐回报的行为,并且引导客户购买收费较高的主动管理型基金。甫阿等(Foa et al.,2015)研究发现,银行不但可以通过定价,而且还可以通过咨询渠道来影响客户的抵押贷款选择。伊根等人(Egan et al.,2016)的研究表明,不当行为主要集中在拥有零售客户的公司以及受教育程度低、人口老龄化和收入高的县;劳动力市场对不当行为的惩罚力度很小。

因此,智能投资顾问会造成一些问题,但还有很大的改进空间,平均而言,它们应该很容易比真人投资顾问做得更好。我们还可以认为,软件程序应该比真人更容易监控。例如,如果智能投资顾问给出这样的理财建议:"如果您已有70岁,并且接受过高中以上的教育,我们就建议您购买X基金",而X基金恰巧是一只高收费的主动管理型基金,那么,这个建议的意思就很明确。真人投资顾问可能给出的任何类似建议,意思肯定都要含糊得多。我们人类善于进行合理的推诿,而在投资咨询的情况下,这是一个严重的问题。

结束语

金融监管的目的就是促进金融稳定,并提高金融服务的可获得性。因此,金融监管机构应该考虑制定鼓励使用低财务杠杆技术和新企业进入的政策。这种监管方法应用于金融科技领域，就能弥补当前侧重于在位企业的监管方法的不足。这种方法并不要求监管机构预测哪些技术会取得成功或者哪些服务应该分类交易[比如，"金融优步"（finance-Uber）或"金融爱彼迎"（finance-Airbnb）会是什么样子的]，也不要求监管机构强迫有市场影响力的在位者进行自上而下的结构性变革。

附录：一个简单的金融中介化成本核算模型

在本附录中，笔者在自己2015年完成的研究（Philippon，2015）的基础上提出了一个可用来进行金融中介化成本核算的模型。这个模型中的经济由家庭、非金融企业部门和金融中介部门组成。这个经济的长期增长由可用 $A_t=(1+\gamma)A_{t-1}$ 定义的劳动力需求增长型技术进步驱动。在基准模型中，借款人同质，因此可以对平衡型中介化进行简单的表征。

笔者在这里考察两种类型的家庭：一类家庭是长寿家庭，而另一类则是代际交叠家庭。这个模型中的家庭互不直接借贷，而是向中介机构借贷，而中介机构又向企业和代际交叠家庭贷款。

技术与偏好

长寿家庭。长寿家庭（用 l 表示）是纯储蓄者，持有资本，但没有劳动力禀赋。流动性服务在效用函数中用货币来表示。这类家庭选择消费 C，持有流动性资产 M，并要使下式的值最大化：

$$E\sum_{t\geqslant 0}\beta^t u(C_t,M_t)$$

现在，令效用函数为

$$u(C_t,M_t)=\frac{(C_t M_t^v)^{1-\rho}}{1-\rho}$$

就如卢卡斯（Lucas，2000）认为的那样，这些齐次偏好与美国数据中实际余额—收入比缺乏趋势一致性，而恒定不变的风险规避相对形式与均衡增长相一致。设 r 为储户收到的利率。于是，预算约束变为：

$$S_t+C_t+\psi_{m,t}M_t\leqslant (1+r_t)S_{t-1}$$

式中，ψ 表示流动性服务价格，而 S 则表示总储蓄。长寿家庭的欧拉方程 $u_C(t) = \beta E_t[(1+r_{t+1})u_C(t+1)]$ 可写成：

$$M_{l,t}^{v(1-\rho)} C_{l,t}^{-\rho} = \beta E_t[(1+r_{(t+1)}) M_{l,t+1}^{v(1-\rho)} C_{l,t+1}^{-\rho}]$$

流动性需求方程 $u_M(t) = \psi_{m,t} u_C(t)$ 可简化为：

$$\psi_{m,t} M_{l,t} = vC_{l,t}$$

代际交叠家庭。 第二类家庭由两代人组成，也就是分两个时期，属于代际交叠结构。年轻一代(用1表示)有劳动力禀赋 η_1，而年长一代(用2表示)则有劳动力禀赋 η_2。我们令两代人的劳动力供给等于1：$\eta_1 + \eta_2 = 1$。年轻一代的寿命效用是 $u(C_{1,t}, M_{1,t}) + \beta_u(C_{2,t+1}, M_{2,t+1})$。我们来考察他们年轻(即 η_1 充分小)时想借钱的情况。在时期1，这种家庭的预算约束是 $C_{1,t} + \psi_{m,t} M_{1,t} = \eta_1 W_{1,t} + (1-\psi_{c,t}) B_t^C$。每单位借款筛选和监管成本是 $\psi_{c,t}$。在时期2，这类家庭的消费是 $C_{2,t+1} + \psi_{m,t+1} M_{2,t+1} = \eta_2 W_{t+1} - (1+r_{t+1}) B_t^C$。代际交叠家庭的欧拉方程是：

$$(1-\psi_{c,t}) M_{1,t}^{v(1-\rho)} C_{1,t}^{-\rho} = \beta E_t[(1+r_{t+1}) M_{2,t+1}^{v(1-\rho)} C_{2,t+1}^{-\rho}]$$

这类家庭的流动性需求与长寿家庭的流动性需求相同。

非金融企业部门。 非金融企业部门在报酬不变的技术条件下生产产出。为简单起见，我们假设，非金融企业部门的生产函数是柯布—道格拉斯函数：

$$F(A_t n_t, K_t) = (A_t n_t)^\alpha K_t^{1-\alpha}$$

资本存量 K_t 按折旧率 δ 折旧，归家庭所有，并且必须接受金融中介机构的中介服务。令 $\psi_{k,t}$ 为企业金融中介服务的单位价格。因此，非金融企业要解决以下问题：$\max_{n,K} F(A_t n, K) - (r_t + \delta + \psi_{k,t}) K - W_t n$。资本需求等于资本相对于其用户成本的边际产品：

$$(1-\alpha)\left(\frac{A_t n_t}{K_t},\right)^\alpha = r_t + \delta + \psi_{k,t}$$

同样，劳动力需求等于劳动力相对于实际工资的边际产品：

$$\alpha\left(\frac{A_t n_t}{K_t},\right)^{\alpha-1} = \frac{W_t}{A_t}$$

金融中介部门。 菲利蓬(Philippon，2012)详细讨论了不同生产函数对金融服务的影响。当金融中介明确使用资本并雇用劳动力时，中介服务需求会对实际工资产生影响。这个问题在这里不是核心问题，因此，我们假设，金融服务是由边际成本不变的最终产品生产出来的。于是，金融中介机构的收入为：

$$Y_t^f = \psi_{c,t} B_{c,t} + \psi_{m,t} M_t + \psi_{k,t} K_t$$

式中,$B_{c,t}$、M_t 和 K_t 含义同上。

均衡静态比较分析。在这个经济体中,均衡是上述各种价格和数量的一个结果。因此,家庭选择最优的信贷和流动性水平,金融和非金融企业追逐最大的利润,而劳动力和资本市场都出清。于是,均衡就意味着 $n_t = 1$ 和 $S_t = K_{t+1} + B_t^c$。

现在,我们来描述一种非金融部门生产率持续增长(γ),而金融中介部门效率(ψ)恒定不变的均衡。在这种均衡增长的路径上,M 的增长速度与 C 相同。于是,长寿家庭的欧拉方程就变为 $1 = \beta E_t \left[(1+r_{t+1}) \left(\frac{C_{t+1}}{C_t} \right)^{v(1-\rho)-\rho} \right]$,而均衡利率由下式决定:

$$\beta(1+r) = (1+\gamma)^\theta$$

式中,$\theta \equiv \rho - v(1-\rho)$。小写字母表示非趋势变量,即按当前技术水平衡量的变量:资本 $k \equiv \frac{K_t}{A_t}$、经济主体的消费 $ic_i \equiv \frac{C_{i,t}}{A_t}$ 和根据生产率调整的工资 $w \equiv \frac{W_t}{A_t}$。由于在均衡状态下,$n = 1$,因此,方程式(11.2)就变为:

$$k^\alpha = \frac{1-\alpha}{r+\delta+\psi_k}$$

非金融部门的国内生产总值是 $y = k^{1-\alpha}$,而实际工资则是:

$$w = \alpha k^{1-\alpha} = \alpha y$$

在式(11.4)给定的利率水平下,"短寿"家庭的欧拉方程式就是:

$$c_1 = (1-\psi_c)^{\frac{1}{\theta}} c_2$$

如果 ψ_c 是 0,那么,我们有完美的消费平滑:$c_1 = c_2$(请记住它们都表示非趋势消费)。此外,两种家庭都有相同的货币需求 $\psi_m m_i = v c_i$。因此,它们的预算约束分别是 $(1+v)c_1 = n_1 w + (1+\psi_c)b$ 和 $(1+v)c_2 = n_2 w - \frac{1+r}{1+\gamma}b$。于是,我们可以用两种家庭的欧拉方程和预算约束来计算年轻家庭的借款:

$$\frac{b_c}{w} = \frac{(1-\psi_c)^{\frac{1}{\theta}} n_2 - n_1}{1-\psi_c + (1-\psi_c)^{\frac{1}{\theta}} \frac{1+r}{1+\gamma}}$$

借款成本就相当于是对未来劳动报酬收入课征的税收。如果 ψ_c 过高,就不会发生借贷,而消费信贷市场就会崩溃。家庭借贷随着当前和未来收入差额的扩大而增加,而当前和未来收入差额则可用 $\eta_1 - \eta_2$ 求得。流动性需求是:

$$m = \frac{vc}{\psi_m}$$

而总消费则是:

$$c = \frac{1}{1+v}[w - \psi_c b_c + (r - \gamma)k]$$

静态比较简单易懂。在金融中介部门技术、经济体人口结构、非金融企业部门特征恒定不变的均衡增长路径上,以上这些比率也恒定不变。非金融企业部门财务状况的改善会使 y、w、k/y、c/y 和 m/y 增加或上涨,但不会使 b^c/y 发生变化;而家庭经济状况的改善会使 b^c/y、c/y 和 m/y 增加或上涨,但不会影响 k。对金融中介服务的需求的增加会使金融中介部门的收入占比 ϕ 增加,而供给变化会产生方向不明的影响。

在时间 t 上的效用流量是 $u(c,m) = \frac{(cm^v)^{1-\rho}}{1-\rho}$,并且由于 $m = \frac{vc}{\psi_m}$,因此,我们就有:

$$u(c,m) = \frac{\left(\frac{v}{\psi_m}\right)^{v(1-\rho)} c^{(1+v)(1-\rho)} - 1}{1-\rho}$$

为了方便起见,我们可以令 $A=1$,于是,特定一代人的福利是:

$$W = u(c_1, m_1) + \beta u(c_2, m_2) + \frac{\omega}{1-\beta} u(c_1, m_1)$$

$$= \frac{\left(\frac{v}{\psi_m}\right)^{v(1-\rho)}}{1-\rho} \left(c_1^{1-\theta} + \beta c_2^{1-\theta} + \omega \frac{c_l^{1-\theta}}{1-\beta}\right) - \frac{1}{1-\rho}$$

式中,ω 是长寿家庭成员的帕累托权重。

参考文献

Acharya, V. V., L. H. Pedersen, T. Philippon, and M. Richardson (2017). 'Measuring Systemic Risk.' *The Review of Financial Studies*, 30(1): 2–47.

Admati, A. R., P. M. DeMarzo, M. Hellwig, and P. Pfleiderer (2013). 'Fallacies, Irrelevant Facts, and Myths in the Discussion of Capital Regulation: Why Bank Equity is not Socially Expensive.' Working Paper No. 2065. Stanford, CA: Stanford University.

Admati, A. R. and M. Hellwig (2013). *The Bankers' New Clothes*. Princeton, NJ: Princeton University Press.

Baker, T., and B. Dellaert (2019). 'Decumulation and the Regulatory Strategy for

Robo Advice' in J. Agnew and O. S. Mitchell (eds.), *The Disruptive Impact of FinTech on Retirement Systems*. Oxford, UK: Oxford University Press, pp. 149–71.

Barker, M. and J. Wurgler (2015). 'Do Strict Capital Requirements Raise the Cost of Capital? Bank Regulation, Capital Structure, and the Low Risk Anomaly.' *American Economic Review Papers and Proceedings*, 105(5): 315–20.

Bazot, G. (2017). 'Financial Consumption and the Cost of Finance: Measuring Financial Efficiency in Europe (1950–2007),' *Journal of the European Economic Association*, 16(1): 123–60.

Beck, T., A. Demirguc-Kunt, and R. Levine (2011). 'The Financial Structure Database' in L. Lusinyan ed., *Financial Structure and Economic Growth: A Cross-Country Comparison of Banks Markets, and Development*. Cambridge, MA: MIT Press, pp. 17–80.

Berger, A., R. Demsetz, and P. E. Strahan (1999). 'The Consolidation of the Financial Services Industry: Causes, Consequences, and Implications for the Future.' *Journal of Banking and Finance*, 23: 135–94.

Bergstresser, D., J. Chalmers, and P. Tufano (2009). 'Assessing the Costs and Benefits of Brokers in the Mutual Fund Industry.' *The Review of Financial Studies* 22(10): 4129–56.

Bickenbach, F., E. Bode, D. Dohse, A. Hanley, and R. Schweickert (2009). 'Adjustment after the Crisis: Will the Financial Sector Shrink?' Kiel Policy Brief No. 12. Kiel, Germany: Kiel Institute for the World Economy.

Bodenhorn, H. (2000). *A History of Banking in Antebellum America: Financial Markets and Economic Development in an Era of Nation Building*. New York, NY: Cambridge University Press.

Bolton, P., T. Santos, and J. Scheinkman (2016). 'Cream Skimming in Financial Markets,' *The Journal of Finance*, 71(2): 709–36.

Brei, M. and L. Gambacorta (2016). 'Are Bank Capital Ratios Pro-Cyclical? New Evidence and Perspectives. *Economic Policy*, 31(86): 357–403.

Cecchetti, S. (2015). 'The Jury is In.' in D. D. Evanoff, A. G. Haldane and G. G. Kaufman, eds., *World Scientific Studies in Economics Volume 48*. Singapore: World Scientific, pp. 407–24.

Cecchetti, S. and E. Kharroubi (2012). 'Reassessing the Impact of Finance on Growth.' BIS Working Paper No. 381. Basel, Switzerland: Bank for International Settlements.

Cecchetti, S. and K. Schoenholtz (2014). 'Higher Capital Requirements Didn't Slow the Economy.' December 15: https://www.moneyandbanking.com/commentary/2014/12/15/higher-capital-requirements-didnt-slow-the-economy (accessed March 3, 2019).

Cecchetti, S. and K. Schoenholtz (2016). 'Leverage and Risk.' May 2. https://www.moneyandbanking.com/commentary/2016/5/2/leverage-and-risk (accessed March 3, 2019).

Cetorelli, N., J. McAndrews, and J. Traina (2014). 'Evolution in Bank Complexity.' *FRBNY Economic Policy Review* 20(2), December: 85–106.

Chalmers, J. and J. Reuter (2012). 'Is Conflicted Investment Advice Better Than No Advice?' NBER Working Paper No. 18158. Cambridge, MA: National Bureau of Economic Research.

Chamley, C., L. J. Kotlikoff, and H. Polemarchakis (2012). 'Limited-Purpose Banking–Moving from "Trust Me" to "Show Me" Banking.' *American Economic Review*, 102(3): 113–19.

Darolles, S. (2016). 'The Rise of FinTechs and their Regulation.' *Financial Stability*

Review, (20): 85–92.

Dell'Ariccia, G., D. Igan, L. Laeven, and H. Tong (2016). 'Credit Booms and Macrofinancial Stability.' *Economic Policy*, 31(86): 299–355.

DeYoung, Robert, Douglas D. Evanoff, and Philip Molyneux. 2009. "Mergers and Acquisitions of Financial Institutions: A Review of the Post-2000 Literature," Journal of Financial Services Research, vol. 36, no.2, pp. 87–110.

Dhar, V. (2016). 'When to Trust Robots with Decisions, and When Not To.' *Harvard Business Review.* May 17. https://hbr.org/2016/05/when-to-trust-robots-with-decisions-and-when-not-to (accessed March 3, 2019).

Diamond, D. W. and P. H. Dybvig (1983). 'Bank Runs, Deposit Insurance, and Liquidity.' *Journal of Political Economy*, 91: 401–19.

Diamond, D. W. and R. G. Rajan (2001). 'Liquidity Risk, Liquidity Creation and Financial Fragility: A Theory of Banking.' *Journal of Political Economy*, 109: 287–327.

Drechsler, I., P. Schnabl, and A. Savov (2017). 'The Deposits Channel of Monetary Policy.' *The Quarterly Journal of Economics*, 132(4), 1819–76.

EBA (2015). *2015 EU-Wide Transparency Exercise*. London, UK: European Banking Authority. https://www.eba.europa.eu/risk-analysis-and-data/eu-wide-transparency-exercise/2015 (accessed March 3, 2019).

Egan, M., G. Matvos, and A. Seru (2016). 'The Market for Financial Adviser Misconduct.' NBER Working Paper No. 22050. Cambridge, MA: National Bureau of Economic Research.

Favara, G. (2009). An Empirical Reassessment of the Relationship between Finance and Growth. IMF Working Paper No. 03/123. Washington, DC: International Monetary Fund. https://papers.ssrn.com/sol3/papers.cfm?abstract_id=879199 (accessed March 3, 2019).

Foà, G., L. Gambacorta, L. Guiso, and P. E. Mistrulli (2015). The Supply Side of Household Finance. BIS Working Paper No. 531. Basel, Switzerland: Bank for International Settlements.

Gennaioli, N., A. Shleifer, and R. W. Vishny (2014). 'Money Doctors.' *Journal of Finance*, 70(1): 91–114.

Glode, V., R. C. Green, and R. Lowery (2010). 'Financial Expertise as an Arms Race.' *Journal of Finance*, 67(5): 1723–59.

Greenwood, R. and D. Scharfstein (2013). 'The Growth of Modern Finance.' *Journal of Economic Perspectives*, 27(2): 3–28.

Hirshleifer, J. (1971). 'The Private and Social Value of Information and the Reward to Inventive Activity.' *The American Economic Review*, 61(4): 561–74.

Ingves, S. (2015). *Update on the Work of the Basel Committee*. Speech at the IIF Annual Meeting, LIMA. October 10. https://www.bis.org/speeches/sp151010.htm (accessed March 3, 2019).

Kashyap, A., R. Rajan, and J. Stein (2002). 'Banks as Liquidity Providers: An Explanation for the Coexistence of Lending and Deposit-Taking.' *Journal of Finance*, 57: 33–73.

Kelly, B., H. Lustig, and S. V. Nieuwerburgh (2016). 'Too-Systemic-to-Fail: What Option Markets Imply about Sector-Wide Government Guarantees.' *American Economic Review*, 106(6): 1278–1319.

Kovner, A., J. Vickery, and L. Zhou (2014). 'Do Big Banks have Lower Operating Costs?' *FRBNY Economic Policy Review*, 20(2): 1–27.

Kumar, S. (2016). Relaunching Innovation: Lessons from Silicon Valley.' *Banking Perspective* 4(1), 19–23.

Levine, R. (2005). 'Finance and Growth: Theory and Evidence.' in P. Aghion and

S. N. Durlauf, eds., *Handbook of Economic Growth, Volume 1A*, Amsterdam, NL: Elsevier, pp. 865–934.

Levine, R. (2014). 'In Defense of Wall Street: The Social Productivity of the Financial System.' in W. H. Buiter ed., *The Role of Central Banks in Financial Stability: How Has It Changed?* Singapore: World Scientific Publishing Co., pp. 257–79.

Lucas, R. E. J. (2000). 'Inflation and Welfare.' *Econometrica*, 68(2): 247–74.

Mayer, C. and K. Pence (2008). 'Subprime Mortgages: What, Where, and to Whom?' NBER Working Paper No. 14083. Cambridge, MA: National Bureau of Economic Research.

Moore, K. B. and M. G. Palumbo (2010, June). *The Finances of American Households in the Past Three Recessions: Evidence from the Survey of Consumer Finances*. Staff Paper Federal Reserve Board. Washington, DC: Federal Reserve.

Moore, R. R. and Thomas F. Siems (1998). *Bank mergers: creating value or destroying competition?* Financial Industry Issues. Federal Reserve Bank of Dallas.

Mullainathan, S., M. Noeth, and A. Schoar (2012). 'The Market for Financial Advice: An Audit Study.' NBER Working Paper No. 17929. Cambridge, MA: National Bureau of Economic Research.

O'Mahony, M. and M. P. Timmer (2009). 'Output, Input and Productivity Measures at the Industry Level: The Eu Klems Database.' *The Economic Journal*, 119(538): F374–F403.

Pagnotta, E. and T. Philippon (2018). 'Competing on Speed,' *Econometrica: Journal of the Econometric Society*, 86(3): 1067–1115.

Pennacchi, G. (2012). 'Narrow Banking.' *Annual Review of Financial Economics*, 4(1): 141–59.

Philippon, T. (2012). 'Equilibrium Financial Intermediation.' NYU Working Paper. New York, NY: New York University.

Philippon, T. (2015). 'Has the US Finance Industry become Less Efficient? On the Theory and Measurement of Financial Intermediation.' *The American Economic Review*, 105(4): 1408–38.

Philippon, T. and A. Reshef (2012). 'Wages and Human Capital in the US Financial Industry: 1909-2006.' *Quarterly Journal of Economics*, 127(4): 1551–1609.

Rajan, R. G. and L. Zingales (2003). *Saving Capitalism from the Capitalists*. New York, NY: Crown Publishing Group.

Rysman, M. and S. Schuh (2016). 'New Innovations in Payments,' *Innovation Policy and the Economy*, 17(2017): 27–48.

Samuelson, P. (1947). *Foundations of Economic Analysis*. Cambridge, MA: Harvard University Press.

Santos, J. (2014). 'Evidence from the Bond Market on Banks' 'Too-Big-to-Fail' Subsidy.' *FRBNY Economic Policy Review* 20(2), December: 29–39.

Schularick, M. and A. M. Taylor (2012). 'Credit Booms Gone Bust: Monetary Policy, Leverage Cycles and Financial Crises, 1870–2008.' *American Economic Review*, April: 1029–61.

Shin, H. S. (2012). 'Global Banking Glut and Loan Risk Premium. *IMF Economic Review*, 60(2): 155–92.

Summers, B. (1975). Loan Commitments to Business in United States Banking History. *Federal Reserve Bank of Richmond Economic Review* September Issue, 15–23.

Tobin, J. (1958). 'Liquidity Preference as Behavior Towards Risk.' *The Review of Economic Studies* 25(2), 65–86.

Wallace, N. (1996). 'Narrow Banking Meets the Diamond-Dybvig Model.' *Federal*

Reserve Bank of Minneapolis Quarterly Review, 1(3): 3–13.

Yermack, D. (2015). 'Corporate Governance and Blockchains.' NBER Working Paper 21802.

Zingales, L. (2015). 'Does Finance Benefit Society?' *Journal of Finance,* 70(4): 1327–63.